Thilo Thielke

Kenia:
Reportagen aus dem Inneren
eines zerrissenen Landes

W0083828

Januar 2008: Kenia stand an der Schwelle zum Bürgerkrieg. Mit Macheten bewaffnete Jugendliche wüteten in den riesigen Slums der Hauptstadt Nairobi, im Westen des Landes wurden Protestmärsche niedergeknüppelt und im Rift Valley verbrannten Menschen in Kirchen. Auslöser der Unruhen waren die Präsidentschaftswahlen vom 27. Dezember 2007. Präsident Mwai Kibaki hatte die Wahlen knapp gewonnen und sich erneut vereidigen lassen. Opposition und internationale Beobachter witterten jedoch Betrug. Zu offensichtlich waren die Unregelmäßigkeiten bei der Stimmauszählung gewesen. Kenia schlitterte ins Chaos. Vor allem Angehörige der herrschenden Kikuyu-Ethnie fielen brutalen Übergriffen zum Opfer. Seit April 2008 regieren Mwai Kibaki als Präsident und der Raila Odinga als Premierminister gemeinsam. Doch der Frieden in dem einst für stabil gehaltenen ostafrikanischen Land ist brüchig.

Der Spiegelreporter Thilo Thielke reiste wochenlang durch das Land. Aus seinen Beobachtungen, Gesprächen und Fotos entstand ein politisches Tagebuch, ergänzt um frühere Aufzeichnungen aus seiner langjährigen Korrespondententätigkeit in Nairobi. Die packenden Reportagen zeigen, wie schnell die Gewalt eskalierte und wie tief der Riss ist, der die kenianische Gesellschaft spaltet: Verantwortlich sind korrupte Eliten, die sich maßlos bereichern und zusehen, wie die sozialen Unterschiede das Land im Inneren zerreißen.

Der Autor:
Thilo Thielke, geb. 1968, arbeitete von 1985 bis 1990 für die *Neue Presse*, Hannover, danach wechselte er zum SPIEGEL nach Hamburg. Dort war er von 1990 bis 1997 Redakteur bei SPIEGEL TV, von 1997 bis 2000 Redakteur im Deutschlandressort des SPIEGEL, 2001 Redakteur im Sportressort, 2002 Redakteur im Auslandsressort, seit 2003 SPIEGEL-Korrespondent in Nairobi, ab Juli 2008 Korrespondent in Bangkok.
Es erschienen die Bücher: *An Gott kommt keiner vorbei. Das Leben des Reinhard Stan Libuda* (1997), *Eine Liebe in Auschwitz* (2000), *Krieg im Lande des Mahdi* (2006).

Einzelne Beiträge wurden für den SPIEGEL und SPIEGEL ONLINE verfasst. Sie liegen hier in überarbeiteter Form vor.

Thilo Thielke

Kenia

Reportagen aus dem Inneren
eines zerrissenen Landes

Brandes & Apsel

Auf Wunsch informieren wir regelmäßig über das Verlagsprogramm:
Brandes & Apsel Verlag, Scheidswaldstr. 22, 60385 Frankfurt am Main,
Germany
E-Mail: info@brandes-apsel-verlag.de
Internet: www.brandes-apsel-verlag.de

1. Auflage 2008
© Brandes & Apsel Verlag GmbH, Frankfurt am Main
Alle Rechte vorbehalten
Lektorat: Cornelia Wilß, Frankfurt am Main
DTP: Antje Tauchmann, Frankfurt am Main
Umschlag: Franziska Gumprecht, Brandes & Apsel Verlag, Frankfurt am Main
© für Fototeil und Titelfoto: Thilo Thielke, Bangkok
Druck und Verarbeitung: Impress, d.d., Printed in Slovenia
Gedruckt auf säurefreiem, alterungsbeständigem und chlorfrei
gebleichtem Papier.

Bibliografische Information *Der Deutschen Nationalbibliothek*:
Die Deutsche Nationalbibliothek verzeichnet diese Publikation in der Deutschen
Nationalbibliografie; detaillierte bibliografische Daten sind im Internet über
http://dnb.ddb.de abrufbar

ISBN 978-3-86099-868-7

Inhalt

Prolog

Etwas mehr als fünf Jahre haben wir in Kenia gelebt, zuletzt in einem wunderschönen kolonialen Landhaus neben einer Kaffeeplantage am Stadtrand Nairobis. Meine Frau Bianca und ich haben in Nairobi geheiratet, und unsere Kinder Arthur und Sophie wurden hier geboren. Als wir Ende Dezember 2002 kamen, stand Kenia scheinbar vor einem hoffnungsvollen Neubeginn. Als wir im Frühjahr 2008 gingen, stand es in Flammen. Dies ist eine Art *Tagebuch* der letzten Wochen, die wir in dem Land verbrachten, ergänzt um gelegentliche Rückblicke. Es ist keine wissenschaftliche Abhandlung. Es ist eine Sammlung von Geschichten. Über allem steht zweifellos die Frage: Wie konnte die Ordnung in Kenia so schnell zusammenbrechen? Wie war es möglich, dass nach den Präsidentschaftswahlen innerhalb kürzester Zeit weite Teile des Landes verwüstet waren, Straßensperren und Menschen brannten, Marodeure umherzogen und politische Gegner oder Angehörige anderer Ethnien mordeten? Dass ein Land, das mit seinen rund sechs Prozent Wirtschaftswachstum vielen als Musterstaat galt, urplötzlich ökonomisch am Boden lag – ein Trümmerhaufen, den kaum noch ein Tourist besichtigen mag? Es gibt wohl wie immer eine Vielzahl von Gründen, und derzeit sind viele Experten fleißig damit beschäftigt, sie zu gewichten – sie werden wieder einmal zu scheinbar ganz unterschiedlichen Schlüssen kommen; je nachdem, welchem ideologischen Lager sie angehören.

Mir fällt es schwer, eine eindeutige Ursache für die schockierenden Ereignisse auszumachen. Natürlich war das, was wir im Januar und Februar 2008 in Kenia erlebten, ein Stammeskrieg verfeindeter Volksgruppen, die sich aufs Messer bekämpften, und natürlich war es gleichwohl ein politischer Kampf zweier starker Parteien, die beide den Wahlsieg für sich reklamierten. Natürlich war es ein Aufstand der Armen in den Elendsgebieten des Landes, die nicht vom wirtschaftlichen Aufschwung profitierten; natürlich war es auch ein Kampf um Land, und natürlich ist die ungleiche Landverteilung auch ein Erbe des britischen Kolonialismus.

Die ungerechte Landpolitik ist heutzutage aber in erster Linie die Folge des Tribalismus, der in der kenianischen Gesellschaft, Wirtschaft und Politik vorherrscht und das Klima vergiftet. Das Land ist seit 1963 unabhängig. Wenn die Kenianer es gewollt hätten, hätten sie längst eine Lösung für die Verteilung von Grund und Boden finden können. Offenbar hatten aber zu wenig Menschen daran wirklich Interesse. Zu selbstverliebt ist die politische Klasse, zu chauvinistisch, raffgierig und korrupt. Es rebellierten auch von ihrer Führung zutiefst enttäuschte Kenianer, die jene unseligen Zeiten der Autokraten und Antidemokraten endgültig beendet wissen möchten – Menschen, die, wenn sie überhaupt Arbeit haben, mit rund hundert Dollar im Monat auskommen müssen und in einem »Brei aus Schlamm und Scheiße« leben, wie der kenianische Schriftsteller Meja Mwangi (*Nairobi, River Road*) schreibt, während ein Abgeordneter rund 17 000 Dollar monatlich einstreicht und in einem Palast residiert. Der offenkundige Wahlbetrug zugunsten der alten Regierung brachte das Fass zum Überlaufen und riss eine Gesellschaft, die hoffnungslos zwischen Moderne und Atavismus hin- und hertaumelt, in einen Strudel der Gewalt.

Mir begegneten Krieger, die mit Pfeil und Bogen die Straßen blockierten, und während sie Jagd auf vermeintliche Feinde machten, gleichzeitig mit dem Handy telefonierten. Ich sah Krawallbrüder mit nagelgespickten Keulen und Macheten, die Designerklamotten trugen und innenverspiegelte Sonnenbrillen. Leute, die mit dem Landrover zum Morden gefahren wurden und mittelalterliche Kriegshymnen sangen.

Kenia ist ein Land voller Widersprüche: von den Bankentürmen Nairobis bis zur Chalbi-Halbwüste in der Mondlandschaft Nordkenias, von den eingeölten Touristen am Strand von Mombasa bis zu den zerlumpten Fischern am Victoriasee, von der einfachen Manyatta-Lehmhütte bis zur ökologisch einwandfreien Luxuslodge im Nationalpark. Bisweilen ist Kenia ein Land, das seine Wildtiere sorgsamer hegt als seine Bewohner. Es ist auch ein Land, dessen normaler Alltag schon von Brutalität bestimmt wird. Ein Blick in die lokalen Zeitungen reicht, um das zu erkennen. Kaum ein Tag vergeht ohne Raubmorde, Lynchjustiz, tödliche Hexenjagden oder Viehdiebstähle. Lange Zeit glaubten die Kenianer, sie seien vor Bürgerkrieg und Genozid gefeit – anders als die vielen Nachbarn in der Region: Somalia, Äthiopien, Eritrea, Sudan, Uganda, Ruanda, Burundi, Ostkongo. Man sollte nicht vergessen: Das Safariland Kenia liegt direkt im Zentrum der wohl mörderischsten Gegend des letzten halben Jahrhunderts. Es war in letzter Zeit sehr damit beschäftigt, die Rolle des Friedensstifters zu spielen – im Sudan oder in Somalia. Ununterbrochen fanden in Nairobi irgendwelche Kongresse oder Gipfeltreffen statt. Darüber geriet wohl in Vergessenheit, dass das Land selber tief gespalten ist. Es wurde nicht erkannt, dass sich da etwas zusammenbraute.

Nach mörderischen Wochen, die vermutlich einigen Tausend Menschen das Leben gekostet haben, einigten sich die verfeindeten Lager auf eine gemeinsame Regierung und bildeten ein monströses Kabinett mit vierundneunzig Ministern und stellvertretenden Ministern. Diese neue Regierungsmannschaft reißt nun ein tiefes Loch in die leere Staatskasse, und vermutlich springen jetzt wieder irgendwelche europäische EntwicklungshilfeministerInnen ein und zahlen die Zeche. Sie werden damit keine Probleme lösen. Sie haben ohnehin selten Probleme in Afrika gelöst, statt dessen aber viel Misswirtschaft und Korruption gefördert und durch die Finanzierung verkommener Regimes diese letztlich auch legitimiert. Kenia ist ein Pulverfass. Es kann jederzeit in die Luft fliegen.

»Wenn sonst wer nach mir fragt, sagen Sie,
ich sei nach Azanien gefahren.« (Evelyn Waugh)

Bangkok im Juni 2008

Wahltag

Vor dem Wahllokal, einer alten Schule in Nairobis größtem Elendsgebiet Kibera, kommt es zum Tumult. »Diese Betrüger von der Regierung«, schreit einer, »sie haben das Wählerregister für alle, deren Namen mit M anfängt, versteckt.« Sein Nachbar ballt drohend die Faust, er wartet schon seit morgens halb sechs, und nun ist es elf Uhr. Von hinten drängen die Massen, es sind Hunderte. Die schwitzende Menge wogt bedrohlich hin und her. Schnell kommt Panik auf, und inmitten des Chaos' versucht ein deutscher Politiker, Ruhe zu bewahren: Alexander Graf Lambsdorff, Neffe von Otto, dem früheren FDP-Spitzenmann. Er ist Chef der EU-Wahlbeobachtermission und soll kontrollieren, ob alles mit rechten Dingen zugeht bei den Parlaments- und Präsidentschaftswahlen in einem der korruptesten Staaten der Erde. Es ist ein Knochenjob.

»Ich gehe raus und spreche mit dem Wahlleiter«, ruft Lambsdorff in die Menge, »irgendwo muss das Register für den Buchstaben M doch zu finden sein.« »Kommt nicht in Frage! Hiergeblieben!«, johlt die Menge und umkreist den Wahlbeobachter, von dem schnell kaum mehr als sein hellbrauner Lockenkopf zu erkennen ist. Es ist schwül und stickig in dem düsteren Raum. Es kann einem mulmig werden in dem Gedränge. Lambsdorffs blaues Europa-Hemd mit den gelben Sternen ist schon durchgeschwitzt. »Die Leute haben Angst, dass sie betrogen werden, wenn wir jetzt hier rausgehen. Sie glauben nur, was sie mit eigenen Augen sehen«, ruft der FDP-Politiker. Ihm gefällt sein Einsatz trotz der afrikanischen Hektik: Er ist Zeuge, sogar Akteur, bei einem faszinierenden Experiment: Kenia mit seinen mehr als fünfunddreißig Millionen Einwohnern übt Demokratie. Seit Stunden stehen allein in Nairobi Zehntausende vor den Wahlstationen.

Sie wollen nicht zu spät kommen. Viele haben stundenlange Fußmärsche hinter sich.

Im Wahlkampf kam es in Teilen des Landes zu schweren Auseinandersetzungen, immer wieder ist von Betrug durch die Regierung von Mwai Kibaki die Rede, die seit fünf Jahren an der Macht ist. Erst vor einigen Tagen sind im Westen des Landes drei Polizisten gemeuchelt worden. Oppositionsanhänger hatten sie verdächtigt, Wahlzettel zu manipulieren. In der aufgeheizten Atmosphäre, die derzeit in Kenia herrscht, ist so etwas ein Todesurteil. Den Umfragen zufolge, die seit Wochen in kenianischen Tageszeitungen veröffentlicht werden, läuft es auf ein Kopf-an-Kopf-Rennen zwischen Präsident Mwai Kibaki, der erst vor wenigen Monaten die *Party of National Unity* (PNU), eine Sammlung von achtzehn Kleinparteien, gründete und seinem Herausforderer Raila Odinga vom *Orange Democratic Movement* (ODM) hinaus. Dritter im Rennen um das höchste Amt ist Musyoka Kalonzo, der sich zuletzt von Odinga trennte und das *Orange Democratic Movement Kenya* (ODM-Kenya) ins Leben rief. Insgesamt nehmen einhundertacht Parteien an den Parlaments- und Präsidentschaftswahlen teil, 2548 Kenianer bewerben sich für einen der etwas mehr als zweihundert gutdotierten Parlamentssitze.

»Bis auf wenige Ausnahmen«, hatte Wolf Krug, der Leiter der Hanns-Seidel-Stifung in Nairobi, kürzlich in einem Bericht geschrieben, war »der Wahlkampf kaum durch politische Inhalte geprägt. Wie auch in der Vergangenheit dominieren Persönlichkeiten beziehungsweise Stammeszugehörigkeit der politischen Spitzen den Wettstreit um das Präsidentenamt«. Kibaki gehört zu größten kenianischen Ethnie, den Kikuyu (22 Prozent der Gesamtbevölkerung), Odinga ist Luo (13 Prozent) und Musyoka gehört den Kamba an. Zum ersten Mal in der Geschichte Kenias unterstützen die islamischen Führer des, allerdings überwiegend christlichen, Landes die Opposition.

Die Wahl – sie wird also auch eine Wahl der Ethnien und Kulturen Kenias werden. Und davon gibt es viele: »In Kenia leben mehr als vierzig verschiedene Völker, gesprochen werden mehr als fünfzig verschiedene Sprachen«, schreibt der *Baedeker*. Die Stimmung ist seit Wochen aufgeladen. Allein zwischen August und Dezember, also in der heißen Phase des Wahlkampfs, notierten die EU-Beobachter vierunddreißig Morde, die in direktem Zusammenhang mit den Wahlen standen und hundertzwanzig kriminelle Delikte – von Einschüchterung bis Mord. Die Europäer: »In den meisten Fällen gingen Polizei und Justiz dem Missbrauch nicht angemessen nach, und deshalb kamen die Täter straffrei davon.« Hassreden wurden geschwungen, ethnischer Chauvinismus gepflegt. Während die Opposition die PNU als »Kikuyuclique« denunzierte, lästerten Anhänger der Regierung, ein unbeschnittener Mann dürfe in Kenia nicht Präsident werden – Odingas Luo gehören zu den wenigen kenianischen Völkern, die dieses Ritual nicht vornehmen.

Kenia ist also ein Hexenkessel, als im Dezember gewählt werden soll.

Warum aber tut man sich das an, wenn man einen Job als Europaabgeordneter in Brüssel hat, einen Wahlkreis in Bonn, zu Hause zwei kleine Kinder und in Köln einen Fan-Club des FC? »Dies ist endlich mal Entwicklungshilfe, die funktioniert«, sagt Lambsdorff, »nicht die übliche Geldverschwendung«. Und er hat recht: Ausgerechnet an den Deutschen knüpfen sich die Hoffnungen vieler Kenianer. Die Europäische Union gilt als neutral. Der kenianischen Wahlkommission hingegen traut kaum jemand: Präsident Kibaki selbst hat fast alle Posten mit seinem Klüngel besetzt.

»Bleiben Sie bei uns und schauen, ob alles mit rechten Dingen zugeht«, fleht deshalb eine Wählerin, und Lambsdorff staunt. Vom Phlegma politikverdrossener Deutscher ist nichts zu spüren. Doch der Mann kennt auch die Gefahren seiner Mission. Bloße Gerüchte über Manipulationen können schon ausreichen, die tief zerstrittenen kenianischen Ethnien zu den Waffen greifen zu lassen.

Schließlich mischt sich sogar die Weltpolitik ein. Die Wahllokale haben gerade erst geschlossen, da verkündet der burschikose US-Botschafter in Kenia, Michael Ranneberger – offenes Hemd, Baseballkappe auf dem Kopf – im kenianischen Fernsehen bereits, dass alles »frei und fair« abgelaufen sei. Kein Wunder: Die Amerikaner führen in Ostafrika ihren Krieg gegen den Terror, Seite an Seite mit der kenianischen Regierung. Ihr Hauptaugenmerk richtet sich dabei auf den Kampf gegen islamistische Insurgenten in Somalia, den sie derzeit in erster Linie von den verbündeten Äthiopiern führen lassen. Somalia ist ein Nachbarland Kenias, in Kenia lebt eine beträchtliche Anzahl Somalis mit kenianischem Pass, die beiden Länder verbindet eine mehrere hundert Kilometer lange Grenze, die kaum zu kontrollieren ist. Es ist klar: Die Amerikaner haben hier strategische Interessen. Und mit der jetzigen kenianischen Regierung können sie recht zufrieden sein. Als Lambsdorffs spanische Kollegin Ana Maria Gomes als oberste EU-Beobachterin vor zwei Jahren die Wahlfälschungen in Äthiopien bekannt machte, spielten die Amerikaner eine Zeit lang verrückt. Wie konnte die Europäerin nur den Waffenbruder in Addis Abeba düpieren?

Lambsdorff darf sich davon nicht beeinflussen lassen. Sonst steht nicht nur das Renommee der Europäischen Union in Afrika auf dem Spiel, sondern endgültig auch das Vertrauen der Kenianer in die Demokratie. »Niemand erwartet, dass hier alles so reibungslos abläuft wie bei uns«, sagt Lambsdorff, »aber wir haben unsere Standards, und die verteidigen wir.« Zu lange haben die Europäer Kumpanei mit Afrikas zwielichtigen Herrschern getrieben, und manche Entwicklungshilfeminister tun das immer noch. Seit zudem der weltweite Kampf gegen den Terror den Kalten Krieg abgelöst hat und sich China zu Afrikas neuem Wirtschaftspartner aufschwingt, drohen westliche Menschenrechtsvorstellungen unter die Räder zu kommen.

Doch die EU-Leute nehmen ihre Kenia-Mission ziemlich ernst. Fünfzig Langzeitbeobachter haben sie nach Afrika geschickt, hundert zusätzlich für die heiße Phase. Lambsdorff ist unermüdlich im Einsatz, er fliegt zur kenianischen Küste und sieht, wie muslimische Frauen abstimmen (Wahlhelfer: »Lüpfen Sie mal den Schleier, damit ich sehen kann, ob Ihr Gesicht mit dem Passbild übereinstimmt«) und wagt sich in Nairobis finsteres Bahnhofsviertel zwischen die Klebstoff schnüffelnden Bettler. Mit dem Auto hat er Hunderte von Kilometern Schlaglochpiste zurückgelegt und sich mit dem Hubschrauber in die Hochburgen der Opposition um den Politiker Raila Odinga fliegen lassen. Zum Glück haben sich die meisten Gerüchte über Manipulationen bis jetzt als falsch herausgestellt. Hier und da wurde jemand beim Versuch, zweimal abzustimmen ertappt, und es soll wohl auch vorgekommen sein, dass Stimmen gekauft wurden. Heute sieht es so aus, als seien das offenbar Einzelfälle.

Dennoch: Enorme Verzögerungen bei der Wahl in den Slums der Hauptstadt haben Lambsdorff auch misstrauisch gemacht. In den Slums ist die Opposition stark, und ausgerechnet hier öffneten die Wahllokale oft viel zu spät. »Regulär kann man das nicht nennen«, sagt der FDP-Mann müde, »wir müssen das überprüfen.«

Mittlerweile senkt sich tiefschwarze Nacht über Nairobi. Vor der Zentrale der nationalen Wahlkommission sind grimmig schauende Polizisten aufmarschiert. Sie tragen Kampfuniformen und schwenken lange Knüppel. »Das sind ja keine Schlagstöcke, sondern Axtstiele«, staunt Lambsdorff. Langsam wird ihm doch unheimlich. Er hat neulich *Der letzte König von Schottland* im Kino gesehen, einen Film über Idi Amin. Nachdem er an die Macht gekommen war, hatte der Herrscher von Kenias Nachbarland Uganda Hunderttausende von Landsleuten umgebracht.

Im Tross der Lambsdorfftruppe befindet sich an diesem Tag auch ein junger Mann aus Hamburg: Ralph Michael Peters. Der Politologe gehört, genauso wie in den Jahren 1997 und 2002, zu den Kenia-Wahlbeobachtern der EU und berät Lambsdorff als Experte des politischen kenianischen Systems. Er ist einer der ersten, die an diesem Tag misstrauisch werden, als in Kibera, Railas Hochburg in der Hauptstadt, die Auszählung so schleppend vorangeht. Die meisten anderen sind einfach nur überwältigt von der hohen Wahlbeteiligung, der Geduld der Massen in den Warteschlangen und der Friedfertigkeit. Mir geht es genauso. Zur befürchteten Gewalt ist es an diesem Tag nicht gekommen, und Betrugsmanöver sind bislang kaum zu erkennen. Ein paar Tage später werden wir uns allerdings fragen lassen müssen, warum wir nicht klarer sahen, was sich im Land zusammenbraute.

Vielleicht wird man etwas nachsichtig, wenn man jahrelang in Afrika gelebt und all die zusammenbrechenden, gewalttätigen und undemokratischen Trümmerstaaten kennengelernt hat. Man relativiert und betreibt damit ein gefährliches Spiel: Was bedeuten ein paar Tote im Wahlkampf und kleinere Unregelmäßigkeiten vor den Urnen schon im Vergleich zu den Greueln, die wir im Kongo, in Darfur oder in Somalia gesehen haben? Und sagt sich: Es muss doch auch einmal einen afrikanischen Staat geben, der halbwegs funktioniert – neben den Beispielen Botswana und Mauritius und neuerdings Ghana, mit denen uns die Schönredner Afrikas seit Jahren so auf die Nerven gehen. Offenbar werden wir schnell Opfer unseres Wunschdenkens.

Eins ist an diesem Tag bereits unübersehbar: Die Kenianer nehmen diese Wahlen ernst, viel ernster, als man das aus anderen Gegenden gewohnt ist, bitterernst. Man muss das berücksichtigen, wenn man die Gewalt verstehen will, die in wenigen Tagen über das Land hereinbrechen wird.

Ein Gespräch mit Ralph Michael Peters.

Für die Kenianer scheinen diese Wahlen eine unglaubliche Bedeutung zu haben: Millionen waren heute auf den Beinen, um ihre Stimme abzugeben. Sie haben ja schon diverse Wahlen beobachtet – unter anderem in Kenia, Nigeria und Deutschland. Haben Sie so etwas schon einmal erlebt?

»Nein. Das würde auch absolut kein Deutscher machen: so lange Wege auf sich zu nehmen, so lange zu warten. Ich habe ja in Hamburg zuletzt auch ein Wahllokal geleitet und fand den Kontrast deshalb sehr interessant. Die Massivität, mit der die Kenianer gekommen sind, um zu wählen, hat mich sehr überrascht. Wir mussten an kilometerlangen Menschenschlangen in Kibera vorbeifahren, um zum den Wahllokalen zu kommen. Ich muss sagen, insgesamt hat mich die Hingabe der Kenianer überwältigt. Man kann sich, sei es mit dem Taxifahrer, sei es mit dem Kellner im Restaurant oder mit irgendwelchen Hausangestellten, sehr differenziert über Politik unterhalten. Alle sind in Kenia ausgesprochen politisiert. In diesem Land herrscht einfach ein sehr starkes politisches Bewusstsein. Der Taxifahrer kennt die Abgeordneten nicht nur seines eigenen Wahlkreises, sondern der gesamten Region, aus der er kommt. Von daher: Kenia ist eine extrem politisierte Gesellschaft, und das kontrastiert sehr, sehr stark mit anderen afrikanischen Ländern: mit Sambia, mit Uganda, auch mit Nigeria.«

Woran liegt das?

»Das ist eine gute Frage. Vielleicht hat es auch mit der Größe zu tun. Kenia ist deutlich kleiner als Nigeria. Es hat das einfache Mehrheitswahlrecht, und es gibt eine direkte Verbindung zwischen den Abgeordneten und den Wählern. Die Abgeordneten werden abgestraft, wenn sie sich nicht um die Wähler, um ihre Klientel, um ihren Wahlkreis gekümmert haben.«

Es drängt sich der Verdacht auf, dass die Euphorie seit den Wahlen vom Dezember 2002, mit denen Daniel arap Moi abgelöst wurde, besonders groß ist, dass seitdem der Wunsch sehr stark ausgeprägt ist, Politik endlich mitbestimmen zu können.

»Die Wähler waren nach den Wahlen 1992 und 1997 enttäuscht, weil sie eigentlich dafür gesorgt hatten, dass es eine gesellschaftliche Mehrheit gegen arap Moi gab. Doch die Politiker, die gegen ihn angetreten waren, hatten sich nicht einigen können, sie sind mit unzähligen Kandidaten und verschiedenen Parteien angetreten, und dadurch sind die Stimmen aufgesplittet worden. Moi konnte damals weiterherrschen, obwohl er einmal nur 36,8 und einmal 40,1 Prozent der Stimmen bekam. Es gab also damals schon eine politische Mehrheit, doch die Kenianer hatten es immer noch nicht fertiggebracht, den Autokraten abzulösen. Das war für viele eine sehr frustrierende Erfahrung, und viele sagen sich jetzt natürlich: Diese Zeiten sind endgültig vorbei und dürfen nicht wiederkehren. Darum müssen wir uns einmischen und sehr genau aufpassen.«

In zwei Tagen, hat die Regierung angekündigt, soll der Wahlsieger feststehen. In den über zweihundert Wahlkreisen werden die Stimmen zunächst gezählt, dann vor Ort veröffentlicht, von Kontrolleuren der verschiedenen

Parteien abgezeichnet, und später sollen diese Listen Mitarbeitern der Wahlkommission übergeben werden, die sie nach Nairobi bringen, wo dann alle Resultate addiert werden. Die großen Fernsehanstalten des Landes haben überall Mitarbeiter postiert, die die Ergebnisse aus der Provinz nach Nairobi per Telefon übermitteln, so kann sich das Wahlvolk vor dem Bildschirm vom Stand der Zählung überzeugen.

Soweit die Theorie.

Brennende Barrikaden
29. Dezember 2007

Heute nachmittag brannte Kibera. Zuerst waren es Autoreifen, dann verkohlten Geschäfte, und durch die Straßen von Nairobis Riesenslum, der mit rund 800 000 Bewohnern einer der größten Afrikas sein soll, tobte der Mob: Anhänger der Opposition mit orangefarbenen Plakaten; Gewalttäter mit Macheten und armdicken Knüppeln; Plünderer mit Diebesgut; Trunkenbolde, seit dem frühen Morgen schon blau.

Die Unruhe begann mittags am Rande dieses Elendsgebiets. Kurt Pelda, mein Reisegefährte und Freund von der *Neuen Zürcher Zeitung*, und ich hatten das Büro der Wahlkommission in der Innenstadt verlassen, mit dem Motorrad eine Runde durch die Randgebiete der Stadt unternommen und waren schließlich in Kibera gelandet. Die Anhänger der Opposition hatten sich dort bereits versammelt, anfangs waren es nur ein paar, schnell einige Dutzend und schließlich Hunderte. Sie schwenkten die Bilder Odingas und sangen Lieder und tanzten. Nur wenige trugen bereits Massaikeulen, die sogenannten *Rungus*, und Macheten, die sie in Ostafrika *Pangas* nennen. Ihnen gegenüber hatten Paramilitärs Aufstellung bezogen und Wasserwerfer in Stellung gebracht. Von Beginn an herrschte eine unheimliche Stimmung, etwas lag in der Luft. Plötzlich kam Bewegung in die Menge, jemand hatte die Falschmeldung verbreitet, ODM sei zum Wahlsieger erklärt worden, und sofort begann die Menge zu toben, Autoreifen – keine Ahnung, woher die so schnell kamen – anzustecken und Freudentänze aufzuführen. Sofort griff die Polizei ein, prügelte drauflos und schoss mit Tränengas in die johlende Menge. Schnellfeuergewehre wurden drohend geschwenkt, die Stimmung kippte innerhalb weniger Sekunden.

Der Aufmarsch der Uniformierten war aber nicht nur eine völlig überzogene Reaktion gewesen, sondern auch eine sehr törichte. Niemand hatte die Polizisten bis dahin angegriffen. Ironischerweise hatten die meisten ja geglaubt, Odinga habe soeben von seinem Sieg erfahren, und wollten nun das freudige Ereignis mit brennenden Pneus feiern. Der brutale Einsatz jedoch wurde bald zum Fanal.

Steine flogen jetzt, Barrikaden wurden errichtet. Dunkler Rauch stieg auf. Kurt und ich wurden von der Menge mitgezogen, immer tiefer nach Kibera hinein, an quergestellten Autowracks und kollernden Mülltonnen vorbei und durch eine Woge hin- und herquellender Leiber hindurch: die einen in panischer Flucht ins Innere der Wellblechstadt, die anderen angriffslustig hinaus – gegen die Reihen der Kibaki-Garde.

Der Qualm biss in unseren Augen. Überall um uns herum brannten kleine Kioske, Plünderer hetzten an uns vorbei; scheinbar wahllos schleppten sie alles mit sich, was sie abgreifen konnten: Kisten mit Seife, Säcke mit Mais, Flaschen mit Petroleum. Hassparolen wurden skandiert. Und hinten, hinter den Marktständen, tastete sich verängstigt eine kleine Gruppe von Kikuyu hervor und flüchtete in die Arme der nachrückenden Paramilitärs. Ihnen hatten die Geschäfte gehört, die nun geplündert waren und lichterloh in Flammen standen. In ihren Gesichtern erkannten wir die nackte Angst.

Seitdem nimmt die Gewalt zu. In Kisumu, der Oppositionshochburg im Westen des Landes, in Kakamega, in Eldoret: brennende Barrikaden, geplünderte Geschäfte und aufgebrachte Demonstranten. Das Reiseland steht an der Schwelle zum Bürgerkrieg.

Alles sah anfangs nach einem klaren Sieg der Opposition aus, doch dann häuften sich die Merkwürdigkeiten, es roch nach Manipulation. Die ganze Wahl ein Betrug? Freitag abend noch lag Oppositionsführer Raila Odinga (nach der Veröffentlichung der kenianischen *Nation-Media-Group*) mit rund einer halben Million Stimmen vorne, Samstag früh um sechs hatte er nur noch 250 000 Stimmen Vorsprung, zwei Stunden später 140 000. Dann brannten die Städte. Mittlerweile soll seine Führung auf magere 40 000 Stimmen zusammengeschmolzen sein, und das Ergebnis steht immer noch nicht fest. Einige Hochrechnungen sehen Odinga klar vorne, andere sogar Kibaki.

Betrug, mutmaßt natürlich die Opposition. »Wir sind sehr, sehr besorgt«, sagt EU-Wahlbeobachter Alexander Graf Lambsdorff, und er fügt hinzu: »Wir bitten alle Beteiligten, Ruhe zu bewahren, und fordern die Kenianer auf, friedlich zu bleiben.« Der FDP-Politiker kennt die Gefahren: Kenia ist tief zerrüttet, es drohen weitere Konflikte. Immer schon fühlen sich die Kikuyu als Kenias eigentliches Staatsvolk und die Luo als benachteiligt und unterdrückt. In den neunziger Jahren war es in Teilen des Landes bereits zu Kämpfen zwischen diesen beiden Bevölkerungsgruppen gekommen und zu ethnischen Säuberungen.

Entlang ethnischer Linien wurde auch diesmal abgestimmt: Kikuyu und befreundete oder verwandte Ethnien wie die Embu und Meru und ein Teil der Kamba und Kisii wählten mit überwältigender Mehrheit den Präsidenten und seine Partei der Nationalen Einheit PNU, die meisten anderen den Oppositionellen und seine ODM. Dabei hatte Odinga nach dem Wahlsieg der Regenbogenkoalition vor fünf Jahren noch zu Kibakis Kabinett gehört, trennte sich aber vom Präsidenten, nachdem er sich von diesem betrogen fühlte, weil der ihm nicht das Amt des Premierministers übertragen wollte.

Die Innenstadt Nairobis befindet sich im Belagerungszustand: überall Elitepolizisten, Präsidentengarde, Schäferhunde, Schnellfeuergewehre. Ganze Stadtviertel sind wie ausgestorben, die Geschäfte geschlossen. Nur in den vierundvierzig Slums der Stadt rotten sich immer wieder Gruppen zusammen. Wie heute nachmittag auf der Ngong-Road, die nach »Karen« führt, wo viele weiße Kenianer leben, die sogenannten *Kenya Cowboys*, und die dänische Autorin Tania (Karen) Blixen einst ihre berühmte Farm am Fuße der Ngong-Berge hatte. Mit Schüssen in die Luft und Tränengasgranaten versuchten martialisch ausgerüstete Bereitschaftspolizisten die Menge aufzulösen, doch bisweilen wurden sie einfach überrannt.

»No Raila – No Kenya« und »Kibaki must go!« skandierten die Demonstranten und schwenkten drohend allerhand Schlagwerkzeug. Andere taten sich derweil am Besitz von Kikuyu oder vermeintlichen Kikuyu gütlich und räumten deren Geschäfte aus. Auch zu ethnischen Auseinandersetzungen ist es bereits gekommen. In Kibera standen sich Angehörige beider großen Ethnien direkt gegenüber. In Nairobis Somali-Viertel Eastleigh wurde mindestens ein Mann erschossen.

Derweil bezichtigen sich beide Parteien gegenseitig der Manipulation und erklären ihren eigenen Kandidaten zum Sieger. Als der oberste Wahlleiter Samuel Kivuitu gestern abend verkündete, dass noch einige Bezirke nicht ausgezählt seien, wurde er von wütenden Oppositionspolitikern niedergebrüllt. Sie vermuten, dass die Regierung versucht, einige Urnen so lange zurückzuhalten, bis sie genau weiß, um wie viele Stimmen sie das Ergebnis letztendlich frisieren muss, damit ihr Präsident auch sicher gewinnt.

Klar ist bereits, dass zwanzig Minister aus Kibakis Kabinett, darunter der Vizepräsident Moody Awori den Sprung ins Parlament nicht wieder geschafft haben. Auch die Friedensnobelpreisträgerin Wangari Maathai wurde nicht wiedergewählt.

Fünf Jahre nach dem turbulenten Beginn der Regenbogenkoalition und dem langersehnten Ende der Moi-Herrschaft scheint Kenia also im Chaos zu versinken, in Korruption und ethnischem Hass und der Verelendung einer Slumbevölkerung, die nun gegen die soziale Ungerechtigkeit rebelliert. Und im Mittelpunkt der Auseinandersetzungen steht Raila Odinga.

Vor ziemlich genau fünf Jahren zogen wir nach Kenia, und einen meiner ersten Besuche stattete ich damals ihm ab, da war er noch Minister in Kibakis Kabinett. Odinga galt als Hoffnungsträger, und heute gilt er wieder als Hoffnungsträger. Damals an der Seite Mwai Kibakis, und heute als sein erbitterter Gegner.

Ein Rückblick.

Januar 2003. Fast verschwindet der Mann im Nadelstreifenanzug hinter dem Schreibtisch seines Vorgängers, an dem bequem fünf Minister Platz finden würden. Von draußen knallt die Sonne in den elften Stock des Ministeriums für Straßen- und Wohnungsbau, und Raila Odinga ist schon wieder in Eile. Er muss zur Kabinettssitzung ins *State House*, und der Weg führt ihn durch das Verkehrschaos der Zwei-Millionen-Kapitale Nairobi.

Korruptionsbekämpfung steht als erster Tagesordnungspunkt auf dem Programm, das Odinga hektisch in seiner roten Mappe verstaut. Mit irgend etwas muss man ja anfangen. Viel Arbeit steht an. Alle drei Minuten kommt jemand mit einem anderen Anliegen herein.

Denn gut ist es um das ostafrikanische Land, das Odinga und seine Mitstreiter jetzt übernommen haben, nicht gerade bestellt. Kenia liegt danieder, die Straßen sind kaputt, die Landwirtschaft ist am Boden, 56 Prozent der Bevölkerung leben unterhalb der Armutsgrenze; das Sozialsystem ist marode, die Schulen sind für viele unerschwinglich, die Kriminalität ist so schlimm, dass niemand mehr investiert. Und die Korruption bringt es weltweit auf Spitzenwerte.

Odinga soll das nun alles richten. Der Minister gilt als Schmied des siegreichen »Regenbogen«-Wahlbündnisses, das den neuen Präsidenten Mwai Kibaki an die Macht brachte und den alten Kleptokraten Daniel arap Moi nach vierundzwanzig Jahren aus dem Amt fegte und damit auch die 39jährige Herrschaft der Kanu-Partei beendete. Odinga soll, nach Verabschiedung einer neuen Verfassung in wenigen Wochen, der neue Premierminister werden. Nicht wenige halten ihn für den nächsten Präsidenten.

Doch zuerst müssen die dringlichsten Probleme gelöst werden, und diese Arbeit soll nun mit preußischer Disziplin verrichtet werden. Kenias kommender Mann und »Strippenzieher« (*Frankfurter Allgemeine*) hat insgesamt acht Jahre in Magdeburg und Braunschweig studiert und sich dort zum Diplomingenieur ausbilden lassen. Er spricht fließend Deutsch und schätzt deutsche Tugenden.

Wenn er die Situation des kriegszerstörten Deutschland mit dem von Moi ruinierten Kenia vergleiche, so Odinga, erlebe er geradezu »Déjà-vu«: Alles sei zerstört, die Menschen wirkten ausgezehrt. Dennoch hätten sie Hoffnung und die Kraft zum Wiederaufbau: »Wir brauchen einen Marshallplan.«

Tiefgestapelt haben die neuen Regenten nicht gerade, als sie ihre Vorhaben verkündeten. Kibaki versprach die Erneuerung des Landes. Das Schulgeld soll abgeschafft, das System der Krankenversicherung neu gestaltet werden. Strom und Telefonieren will Odinga billiger machen und die Straßen besser. Außerdem sollen die qualifizierten kenianischen Arbeitskräfte heimkommen, die im vergleichsweise wohlhabenden Botswana tätig sind. Gespräche mit der Weltbank sollen geführt werden. Denn die hatte zuletzt alle Gelder eingefroren, weil sie den regierenden Multimillionär Moi für die grassierende Korruption verantwortlich machte.

Die Ankündigungen spiegeln die hohen Erwartungen der Menschen wider, die in dem ausgeplünderten Land derzeit in Wallung geraten. Und die dabei oft mehr Leidenschaft zeigen, als den neuen Machthabern lieb ist. So werden aus allen Landesteilen Vorfälle gemeldet, in denen Passagiere der *Matatu* genannten Kleinbusse Polizisten bedrängen, das von ihnen zuvor kassierte Bestechungsgeld wieder zurückzugeben. Unweit Nairobis drohten achtzehn aufgebrachte Menschen einem Verkehrspolizisten, der vom Fahrer einhundert Kenia-Schilling (rund 1,25 Euro) verlangt hatte, so massiv Prügel an, dass der gleich seine gesamten Tageseinnahmen herausrückte. »Präsident Kibaki hat uns doch gebeten, bei der Korruptionsbekämpfung zu helfen«, verteidigte Mitfahrer Thomas Muinde später die Selbstjustiz, »der Krieg beginnt bei uns, den Bürgern.«

So sieht das nicht nur Muinde. Offenkundig ist das heruntergewirtschaftete Kenia aus einer jahrzehntelangen Lethargie erwacht. Der Aufruhr hat das ganze Land erfasst. Manchmal drohte Lynchjustiz überforderten Pädagogen, die Eltern zurückwiesen, weil die auf der versprochenen kostenlosen Erziehung ihrer Kinder bestanden hatten. Polizisten verhinderten, dass Schulen vom Mob in Brand gesteckt wurden. 3,3 Millionen Schüler würden in den Genuss der kostenlosen Schulbildung kommen, verkündete der Erziehungsminister George Saitoti hastig und versprach, das Chaos an den Schulen schnell zu bändigen.

Auch die Angestellten des wichtigsten Krankenhauses des Landes, des Kenyatta National Hospital in Nairobi, streikten. Sie forderten ausstehende Gehälter und beschuldigten die Klinikleitung, bis zu 1,8 Millionen Kenia-Schilling veruntreut zu haben. Demonstranten durchbrachen die Sicherheitsketten vor dem Gesundheitsministerium. In Sprechchören feierten sie »Mama Rainbow« und meinten damit die neue Gesundheitsministerin Charity Ngilu, eine von drei Frauen im neuen Kabinett.

Manchmal ist selbst Raila Odinga der Aufbruch in die neue Zeit allzu turbulent. »Die Leute sind eben enthusiastisch«, sagt er und tröstet sich damit, dass die Zeit unter Moi vielleicht auch etwas Gutes gehabt habe: »Die Menschen lernten, ihr Los zu ertragen.«

Ralph Michael Peters, der EU-Wahlbeobachter, schrieb damals in seiner Analyse vorausschauend: »Die Kanu-Regierung ist abgewählt worden wegen ihrer verheerenden Wirtschaftspolitik, ihres grundlegenden kleptokratischen Charakters und ihres Primats der Politik der Machterhaltung auf Kosten wirtschaftlicher Rationalität und administrativer Professionalität … Eine zentrale Aufgabe des ersten Regierungsjahres wird der Abschluss der Verfassungsreform sein … Die Einführung des Amts eines Premierministers scheint dabei beschlossene Sache … Das Amt wird auch benötigt, um Odinga die seiner Rolle als Architekt und Integrator des Narc-Bündnisses *(National Rainbow Coalition)* entsprechende herausgehobene Position im Kabinett zu verschaffen. Der Abschluss der Verfassungsreform ist elementar für den Zusammenhalt Narcs.«

Und Mwai Kibaki, der dritte Präsident Kenias? Der sagte in seiner Eröffnungsrede feierlich: »Dies ist ein kritischer Moment in der Geschichte unseres Landes. Die Aufgaben, die vor uns liegen, sind enorm, die Erwartungen sind hoch. Aber ich weiß, dass wir alle unsere Probleme mit eurer Unterstützung und Zusammenarbeit in Möglichkeiten umwandeln werden. Ihr habt mich gebeten, diese Nation aus der gegenwärtigen Wildnis und Malaise ins Gelobte Land zu führen. Und ich werde das tun. Ich werde eine verantwortliche, transparente und innovative Führung anbieten. Ich bin gewillt, alles, was ich besitze, in diese Arbeit zu stecken, denn ich empfinde sie als heilige Pflicht.« Und er schloss mit dem Versprechen: »Kenia wird ein Ort des Glücks sein, für uns alle.«

Die Vereidigung des Präsidenten

30. Dezember 2007

Mittag.

Die indischen Verkäufer des Spring-Valley-Supermarkts in einer von Nairobis wohlhabenderen Wohngegenden schieben hastig die Rolläden hoch. Schnell werden die letzten Waren herausgereicht, ein bisschen Wasser, Spaghetti, die letzten drei Dosen Tomatenmark. Dann wird der Laden wieder geschlossen: Ausverkauft! »Die Mitarbeiter der Vereinten Nationen«, stöhnt die Verkäuferin, »sie haben alles leergekauft. Sie bereiten sich auf den Ernstfall vor.« Nebenan, im Sarit-Einkaufszentrum, wo sonst auch an Wochenenden Einkaufstrubel herrscht, wo wir unser Reisebüro haben, unsere P.O. Box und das Internetcafé, sind die meisten Läden ebenfalls bereits dichtgemacht worden. Über dem Gebäudekomplex kreist ein Helikopter. In der Stadt kursieren derzeit Gerüchte, dass Präsident Mwai Kibaki demnächst den Ausnahmezustand ausrufen lassen wird.

In Kenias Hauptstadt breitet sich langsam Panik aus, Hamsterkäufe in den Läden, und in ausländischen Botschaften werden Evakuierungsszenarien diskutiert. Sonst herrscht auf den Straßen der Hauptstadt gähnende Leere. Und gerade erklärt Oppositionsführer Raila Odinga im kenianischen Fernsehen, dass der Staat ins Chaos schlittern werde, sollte Präsident Kibaki gewinnen, und er erinnert an die Zustände in Côte d'Ivoire.

Ausgerechnet die Elfenbeinküste! Der westafrikanische Staat war vor einigen Jahren in einen mörderischen Konflikt zwischen den Volksgruppen geraten. Dabei galt er als Musterstaat. 15 000 Franzosen lebten dort und machten im Kakaostaat ihre Geschäfte. In der Finanzmetropole Abidjan gibt es sogar eine Eisbahn.

Droht Kenia nun der gleiche Weg? Gänzlich ausgeschlossen scheint das derzeit nicht. Seit langem schon gärt es zwischen den Kikuyu, die im Zentrum des Landes leben, und den Luo, die im Westen beheimatet sind – da, wo der Victoriasee beginnt.

Besonders von der Regierung Mwai Kibakis fühlen sich die Luo verraten. Sie werfen dem Präsidenten vor, sie von der Macht auszuschließen und Vereinbarungen nicht einzuhalten

Aber auch Kibakis Vetternwirtschaft und die Korruption sorgen in weiten Teilen der Bevölkerung zunehmend für Verdruss. Vom wirtschaftlichen Aufschwung von rund sechs Prozent jährlichem Wachstum ist in den Elendgebieten des Landes wenig zu spüren. Unregelmäßigkeiten bei der Stimmauszählung könnten das Fass nun zum Überlaufen bringen. Und es mehren sich die Anzeichen dafür, dass es bei den Wahlen nicht mit rechten Dingen zugeht.

»Es gibt ein großes Fragezeichen bezüglich der Stimmzählung«, erklärt Alexander Graf Lambsdorff. Von diversen Zählungen seien seine Beobachter ausgeschlossen worden, »in Mombasa wurden überhaupt keine Resultate angezeigt«. Insbesondere in der kibakitreuen Provinz *Central* sei eine »hohe Wahlbeteiligung« festgestellt worden. »Hohe Wahlbeteiligung« ist freilich sehr diplomatisch gesagt. Samuel Kivuitu, Chef der kenianischen Wahlkommission ECK, hatte gestern erklärt, die Wahlbeteiligung in Teilen von *Central* hätte bei 115 Prozent gelegen. 115 Prozent! Und von denen haben 99 Prozent für den amtierenden Präsidenten gestimmt.

Angeheizt wird die Stimmung zusätzlich durch Bekanntmachungen von Kibakis *Partei der Nationalen Einheit.* »Es ist klar, dass Mwai Kibaki den größten Teil der Stimmen bekommen hat«, erklärt die PNU-Abgeordnete Beth Mugo per schriftlicher Mitteilung und schürt damit die Emotionen. Etwas scheinheilig klingt es da, wenn die Politikerin verkündet, die Kenianer mögen, bitteschön, »ruhig sein und geduldig auf das Ergebnis der Wahlkommission warten«.

In den Slums der Hauptstadt herrscht eher die Ruhe vor dem Sturm, nachdem es gestern zu den ersten blutigen Straßenschlachten gekommen war. Derzeit werden Gerüchte, der Präsident werde die Fernsehstationen in die Regierungsgewalt nehmen und Oppositionspolitiker verhaften lassen, per SMS verbreitet. Noch sind es nur Gerüchte. Doch in der Innenstadt hat

Kibaki bereits überall Bereitschaftspolizisten aufmarschieren lassen, die mit entsicherten Kalaschnikows bereitstehen.

Abend.

Die Vereidigung des greisen Präsidenten durfte das kenianische Staatsfernsehen heute abend noch live übertragen, keine zwei Stunden später wurde den Journalisten der Saft abgedreht. »Laut Mitteilung des Ministers für Innere Sicherheit dürfen wir nicht mehr live senden«, verkündete der sichtlich verunsicherte junge Moderator des Senders KTN, »außerdem verboten sind aufrührerische und beleidigende Sendungen.«

Während die Regierung staatsstreichartig die Fernsehsender lahmlegt, findet im Hauptquartier der Oppositionspartei ODM eine Pressekonferenz statt, in der die Partei von Kenias Präsident Mwai Kibaki des Wahlbetrugs bezichtigt wird. Zu sehen ist davon in Kenia nichts.

Überall in der Stadt kommt es am Abend zu Ausschreitungen. In Kibera wird seit Stunden geschossen, ebenso in Kangemi, die Schüsse hallen zu uns nach Loresho herüber. Die Sicherheitsfirma *KK Security* gibt fast stündlich Warnungen heraus: »Bleiben Sie nach der Verkündung der Wahlergebnisse, wo Sie sind. Hohes Gewaltpotential!«

Am Nachmittag war es im Gebäude der kenianischen Wahlkommission zu Tumulten gekommen. Der oberste Wahlkommissar des Landes Samuel Kivuitu wollte das Ergebnis der Präsidentschaftswahl verkünden, doch aufgebrachte Vertretern der Opposition hinderten ihn daran. Auf ihren Stühlen stehend beschimpften sie Kivuitu, riefen »Betrug«, immer wieder kam es zum Handgemenge mit Vertretern der Regierungspartei.

Schließlich rückten rund dreißig schwerbewaffnete, grünbraun camouflierte Polizisten an und versuchten ziemlich rabiat, der Lage Herr zu werden, indem sie die Volksvertreter und Wahlkommissare kurzerhand aus dem Saal drängten. Damit war die Verkündung des Wahlergebnisses erst einmal verschoben.

Odinga kam jedoch zurück, enterte das Podium und warf der Regierung massiven Wahlbetrug vor. Er wirkte gehetzt. Im Wahlkreis Nakuru Stadt soll die Kibaki-Partei der PNU zuerst auf 20 000 Stimmen gekommen sein, später sei diese Zahl dann allerdings um 30 000 Stimmen gestiegen. In einem anderen Wahlkreis hatte sich der Anteil an PNU-Stimmen urplötzlich von 52 000 auf rund 100 000 Stimmen fast verdoppelt. »Insgesamt wurden mindestens 300 000 Stimmen für Kibaki gefälscht«, rief Odinga in die Menge, »und das ist schamlos!«

Von merkwürdigen Unregelmäßigkeiten weiß auch wieder die EU-Beobachtermission zu berichten. »Das Ergebnis des *Molo*-Wahlkreises wurde in Gegenwart der EU-Beobachter mit 50 145 Stimmen für Kibaki angegeben, während die Wahlkommission heute 75 261 Kibaki-Stimmen verkündet hat«, sagt der Leiter der EU-Mission und kommt zum Schluss: »Es bestehen Zweifel am offiziellen Wahlergebnis.«

Für Kenia wird das gefährlich. Schon kurz nach der Verkündung der Resultate kommt es auch in Kisumu, wo überwiegend Angehörige der Luo-Volksgruppe leben, zu heftigen Auseinandersetzungen. Insgesamt soll es bereits mindestens vierzehn Tote gegeben haben.

Mwai Kibaki bekommt von alldem nicht allzuviel mit. Der leicht senil wirkende Präsident wurde am Abend, kurz nach halb sieben Uhr Ortszeit, auf dem Gelände des *State House* in Nairobis Innenstadt zum zweiten Mal als Präsident vereidigt. Er hatte es aus gutem Grund sehr eilig damit: Heute abend endete seine Amtszeit als Präsident offiziell. Ab morgen wären das Land führer- und Kibaki arbeitslos gewesen.

Viele Journalisten waren nicht anwesend; ich hatte allerdings das Glück, die Hilfsbereitschaft der freundlichen Kollegen von der ARD genießen zu dürfen. Eine ihrer Mitarbeiterinnen ist mit dem Sprecher Kibakis verheiratet und konnte das deutsche Fernsehteam zu dem exklusiven Treff schmuggeln, und ich war gewissermaßen als Kabelträger von Kamerafrau Jenny mit vor Ort.

Es war eine groteske Kulisse: Über dem kurzgeschnittenen lindgrünen Rasen kreiste ein Polizeihubschrauber, auf Plastikstühlen hatten es sich unter einer grünweißen Markise rund zweihundert Honoratioren bequem gemacht, etwas komfortabler saß eine handvoll Generale in phantasievollen lamettabetressten Uniformen. Auf ausländische Botschafter wurde hingegen vergebens gewartet. Sie hatten wohl keine Lust auf die skurrile Zeremonie.

Zwischen Kibakis Gästen lief leicht verstört Kenias oberster Richter in roter Robe und weißer Lockenperücke wie ein Relikt aus dem Kolonialmuseum herum. Sein Auftritt erreichte seinen Höhepunkt, als er dem schwerfällig zum ihm hinüber wankenden Kibaki eine in schwarzes Leder eingeschlagene Urkunde überreichte. Danach überließ er Kenias Präsident das Mikrophon und gab Kibaki damit Gelegenheit, eine Rede an das kenianische Volk zu halten und somit das traurige Schauspiel im Präsidentengarten komplett machen.

Die Wahlen seien frei und fair gewesen, erklärte Kibaki seiner ausgewählten Gästeschar, und sie seien »ein Vorbild für Demokratie auf dem afrikanischen Kontinent«. Ansonsten sei die Zeit reif für Versöhnung, alle Kenianer, »alles Brüder und Schwestern«, gehörten doch zu einer Familie, nämlich Kenia, und er setze sich für »Einheit, Toleranz, Frieden und Harmonie« ein. Kurz darauf ließ er seinen Minister für Innere Sicherheit die Live-Berichterstattung verbieten. Und darauf fielen in Nairobis Elendsviertel erste Schüsse.

Präsident Raffzahn

31. Dezember 2007

Nairobi erlebte eine blutige Nacht. In Kangemi stürmten Sicherheitspolizisten durch den Slum und zerrten Angehörige der Luo aus ihren Wellblechhütten, die ganze Nacht hörten wir die Schüsse. Selbst Hochschwangere wurden mit Holzknüppeln zusammengeschlagen. Der kleine Marktplatz, direkt an der Ausfallstraße nach Naivasha gelegen, ging nahezu komplett in Flammen auf. Noch am Morgen steigt aus den Trümmern dunkler Rauch auf. Andernorts gab es Tote, offenbar viele Tote: In Nairobis Kibera-Slum oder in Kisumu, im Westen Kenias.

Es ist eine gespenstische Stimmung im Land: Seit die Live-Berichterstattung des Fernsehens von der Regierung verboten wurde, läuft auf dem kenianischen Sender NTV das Programm von CCN, und der andere Kanal, KTN, zeigt Zeichentrickfilme. Dafür kursieren wilde Gerüchte: Die Regierung wolle demnächst das Telefonnetz lahmlegen, den Notstand ausrufen und Odinga verhaften.

Sein Haftbefehl soll bereits unterzeichnet sein. Begründung: Odinga hatte geplant, sich heute auf dem Uhuru-Platz in der Stadtmitte Nairobis zum Präsidenten ausrufen zu lassen. Da Kibaki aber bereits gestern abend in aller Eile vereidigt wurde, wäre das der Versuch eines Staatsstreichs. Seitdem ist die Rasenfläche weiträumig abgesperrt, Bereitschaftspolizisten, zum Teil auf Pferden, haben sich postiert.

Der Gesuchte ist derzeit immer noch auf freiem Fuß. Am Morgen treffe ich ihn vor dem *Orange House*, dem Hauptquartier seiner Partei ODM. Er versammelt gerade Parteimitglieder und Parlamentarier zu einem Krisengespräch. In einem eleganten hellen Anzug, die eine Hand meistens in der Hosentasche, steht er da und plaudert entspannt mit seinen Genossen.

»Wir haben einen zivilen Putsch erlebt«, erzählt Odinga, »die Regierung wird mit dem Versuch, das Volk zu betrügen nicht durchkommen.« Dann vergleicht er die Machenschaften des Präsidenten Kibaki mit denen anderer Despoten:

»Was er tut, ist nichts anderes, als das, was Leute wie Idi Amin taten: Sie sind Diktatoren, Wahlfälscher. Kibaki kann jetzt nur mit dem Militär regieren. Das Volk ist gegen ihn.«

Da braut sich derzeit viel zusammen. In etlichen Orten des Landes soll es zu den befürchteten ethnischen Auseinandersetzungen zwischen den Kikuyu und den Luo kommen. Straßensperren werden errichtet, und Hetzjagden finden statt. Tausende verlassen seit Montag morgen Kibera, sie schleppen ihr Hab und Gut auf Handkarren mit. Längst flüchten sie nicht nur vor den brutalen Paramilitärs, sondern auch vor ihren kenianischen Landsleuten, die anderen Ethnien angehören.

»Es hat bereits viele Tote gegeben«, sagt Odinga, »die Gewalt geht eindeutig von den Polizisten aus. Sie haben unschuldige Menschen erschossen: in Kisumu, in Eldoret, in Kericho.« Überall im Land sei die Stimmung jetzt extrem angespannt: »Die Gefahr eines Bürgerkriegs besteht. Die Afrikaner verlieren das Vertrauen in die Demokratie.«

Er selbst sehe der Gefahr, bald verhaftet zu werden, hingegen gelassen entgegen, schließlich sei er in seinem Leben schon mindestens zwanzigmal verhaftet worden. Für die Demokratie sei er sogar bereit zu sterben: »Ich würde das wertvollste, das ich habe, opfern, damit in diesem Land Demokratie herrscht.«

Wie es weitergehen soll, beraten Odinga und seine Parteigänger gerade in der Parteizentrale. Drei Möglichkeiten, so Odinga, stünden ihnen frei: »Ziviler Ungehorsam, Widerstand im Parlament und der Gang zum Gericht, um die Wahl anzufechten.« Wie lange demokratische Institutionen allerdings noch funktionieren, ist unklar. Das Land befindet sich nach der Einschätzung ausländischer Beobachter auf dem Weg in einen Polizeistaat. Kibaki kann offenbar nur mit eiserner Faust den Zorn des Wahlvolks unterdrücken.

Denn eins hat der Wahltag sehr deutlich gezeigt: Das demokratische Bewusstsein der Kenianer ist sehr stark ausgeprägt. Der Wunsch nach Veränderung auch. Anders lassen sich die kilometerlangen Schlangen vor den Wahlkabinen nicht erklären, nicht die ungewöhnlich hohe Wahlbeteiligung von nahezu 75 Prozent. Gerade daraus resultiert aber nun die Gefahr. Kibaki scheint kaum eine andere Wahl zu haben, als die demokratischen Triebe in seinem Land mit aller Macht zu unterdrücken. Nun bangt das Land den nächsten Tagen entgegen. »Bleibt ruhig! Lasst das Plündern! Verfallt nicht dem Hooliganismus!«, ist Odingas Botschaft ans Volk. Ein Blutbad kann auch nicht in seinem Sinne sein.

Derzeit bereitet sich die Bevölkerung auf harte Zeiten vor. Sämtliche Geldautomaten in Nairobi sind bereits geleert worden, vor den Tankstellen bilden sich lange Schlangen. Nur bei der deutschen Botschaft ist man immer noch recht gelassen. Ein Evakuierungsplan wurde noch nicht erarbeitet, weil man die Stimmung nicht zusätzlich anheizen wolle, heißt es. Zudem seien die meisten Mitarbeiter der Auslandsvertretung ohnehin in ihrem wohlverdienten Urlaub: in Deutschland oder auf Safari, Tiere gucken.

Natürlich war was faul an der kenianischen Wahl. Gebiete, in denen die Wahlbeteiligung bei 115 Prozent lag. Wahlkommissare, die plötzlich mit den Urnen auf Nimmerwiedersehen verschwanden. Unglaubliche Verzögerungen. Diskrepanzen zwischen der Anzahl von Stimmen, die vor Ort gezählt worden waren, und denen, die plötzlich die Hauptstadt Nairobi erreichten. Das Abweisen ausländischer Beobachter, die sehen wollten, ob alles mit rechten Dingen zugeht. Die Liste lässt sich fortsetzen.

Die Manipulationsvorwürfe richten sich übrigens nicht nur gegen Anhänger der Regierung, sondern auch gegen Parteigänger der Opposition. Als Wahlleiter Samuel Kivuitu schließlich leicht lädiert vor einer Kamera des kenianischen Staatsfernsehens saß und den Präsidenten zum Sieger erklärte, entbehrte das nicht einer bitteren Komik – hätten zu dieser Zeit nicht schon etliche Slums in Flammen gestanden.

Wäre Mwai Kibaki nicht so machthungrig – er hätte das Amt ablehnen müssen, bis alle, mehr als berechtigten, Zweifel ausgeräumt worden wären. Sein Kontrahent hatte die konkrete Forderung gestellt, achtundvierzig Wahlkreise neu auszählen zu lassen. Warum ließ Kibaki sich darauf nicht ein, wenn er doch so sicher war, die Wahl zurecht gewonnen zu haben?

Nun ist er zwar wieder Präsident. Aber was für einer! Das Volk randaliert. Die Opposition schäumt. Bürgerkriegsartige Zustände drohen. Im Parlament ist Kibakis PNU dem *Orange Democratic Movement* des Gegenspielers Raila Odinga zahlenmäßig hoffnungslos unterlegen. Es ist gut möglich, dass bald das Militär die Geschicke des Landes übernimmt. Wobei noch unklar ist, wem die Generale mehr vertrauen: dem gerade erst gekürten Präsidenten oder dem populären Führer der Opposition.

Als erste Amtshandlung das Fernsehen lahmzulegen, war jedenfalls eine bananenrepublikanische Torheit erster Güte, die sich der Präsident da geleistet hat. Jetzt brennt es erst recht.

Die meisten Beobachter beschäftigt nun die Frage: Hätten wir diese Entwicklung vorhersehen müssen? Als Kibaki vor fünf Jahren an die Macht kam, hatte er feierlich die Bekämpfung der Korruption zur Hauptaufgabe seiner Regierung erklärt. Und: Jedem Personenkult, dem sein Vorgänger Moi so leidenschaftlich gehuldigt hatte, wollte er gänzlich abschwören. Kurze Zeit darauf erfand Kibaki dann die 40-Cent-Münze mit seinem Gesicht, und auch von den Bürowänden der unzähligen staatlichen Einrichtungen lächelte er bald altersmilde auf sein Volk hinab.

Von der Korruptionsbekämpfung hingegen wollte er nichts mehr wissen. Ganz im Gegenteil: Er fand selber Gefallen daran. Schamlos bereicherte sich seine Entourage und brachte schon 2004 den britischen Hochkommissar Edward Clay zum Kochen. Ein Musterstaat war Kenia bereits damals nur noch allenfalls für jene, die nicht so genau hinschauen mochten.

Dem britischen Hochkommissariat in der einstigen Kronkolonie Kenia hat der Schriftsteller John Le Carré ein launiges Denkmal gesetzt. In seinem Roman *Der ewige Gärtner* dient die altehrwürdige Einrichtung als Refugium für einen Haufen liebenswert-schrulliger britischer Diplomaten; der eine züchtet mit Hingabe seltene Tropenpflanzen, die meisten hängen im *Muthaiga Club* herum und trinken Gin and Tonic.

Eingebettet ist dieser Mikrokosmos in das »gefährliche, im Verfall begriffene, ausgeplünderte, bankrotte, einstmals britische Kenia«. Gleichwohl ertragen Le Carrés vornehme Landsleute die Existenz dieser etwas lästigen Parallelwelt mit der sprichwörtlichen Selbstdisziplin der Insulaner im Dienste Ihrer Majestät. Regel Nummer eins lautet: »Zeig niemals deine Gefühle, sofern du welche hast.«

Doch mit der gewohnten diplomatischen Zurückhaltung war es in der Realität des Sommers 2004 vorbei. Bei einem Treffen der *British Business Association* in Nairobi platzte Großbritanniens Hochkommissar Edward Clay, 59, der Kragen. Er knüpfte sich Kenias korruptes Kabinett der Regenbogenkoalition vor.

»Die derzeit Regierenden sind so arrogant, gierig und vielleicht in einer verzweifelten Weise panisch«, dass sie sich »wie Vielfraße« den Magen voll schlügen, berichtete der Botschafter seinen staunenden Gästen aus der

Wirtschaft – »in einer für einen Mandarin des *Foreign Office* ungewöhnlich farbigen Sprache«, wie der *Guardian* hinterher jubelte. Und Clay setzte noch einen drauf:

»Nur kann die Regierung kaum von uns erwarten, dass es uns egal ist, wenn ihre Völlerei dazu führt, dass sie uns auf die Schuhe kotzen.«

In den ersten anderthalb Jahren ihrer Herrschaft, rechnete Clay penibel vor, hätten Präsident Mwai Kibakis Kleptokraten umgerechnet rund 150 Millionen Euro in dubiosen Geschäften veruntreut — was acht Prozent des Bruttoinlandsprodukts entspräche und wofür man »1000 Mercedes S 350 kaufen« oder »15 000 Klassenzimmer bauen könnte«.

Allein 125 Millionen Euro hätte die Regenbogentruppe, welche die Wahlen mit dem Versprechen eines kompromisslosen Kampfes gegen die Korruption gewonnen hatte, der Firma *Anglo Leasing and Finance Limited* in den Rachen geworfen. Die sollte damit forensische Labors bauen und Sicherheitsausrüstungen liefern, damit die Regierung fälschungssichere Pässe herstellen kann. Doch geliefert habe die Firma nicht mehr als »heiße Luft« und Zeichnungen auf der »Rückseite eines Briefumschlags«, schimpfte Clay.

Um Labors und Sicherheitsausrüstungen ging es wohl auch gar nicht: Im Frühjahr 2004 überwies *Anglo Leasing* 1,3 Millionen Dollar an Kenias Regierung; das Schmiergeld war als Kommissionszahlung deklariert worden. Wer hinter der dubiosen britischen Firma steckte, mochte Kibakis Regierung nicht verraten; nicht auszuschließen, dass es kenianische Geschäftsleute oder sogar Regierungsmitglieder waren. Nachdem der Skandal aufgeflogen war, wurden die Gelder von *Anglo Leasing* dann offenbar zurückerstattet.

Natürlich schäumten Kenias korrupte Machthaber über die Strafpredigt des Botschafters. »Sein Job ist nicht der eines Komikers«, schmollte Außenminister Ali Mwakwere. Und Präsident Kibaki verbot fünf Ministern, an einem Dinner in der Residenz des deutschen Botschafters Bernd Braun teilzunehmen, zu dem auch der britische Kollege geladen war.

Insgesamt jedoch fiel die Reaktion auf die Brandrede eher zurückhaltend aus. Denn die Regierung der »Bananenrepublik Kenia« (*East African Standard*) hatte gute Gründe, nicht allzu viel Wirbel um Clays Attacke zu veranstalten – ihre Bilanz war damals schon verheerend.

Kenia wurde von den Vereinten Nationen immer noch zu den dreißig ärmsten Ländern der Welt gezählt. Die Kriminalität wucherte derart, dass selbst heimische Zeitungen von »Anarchie« sprachen: »Menschen schlachten sich in Wildwestmanier gegenseitig ab«, berichtete etwa der *Standard*, während der Polizei oft das Benzin für Patrouillenfahrten fehlte.

Wegen der anhaltenden Gefahr durch Al-Kaida-Terroristen, die von Somalia aus operieren, blieben immer noch die Touristen weg. Die von den USA ausgesprochene Reisewarnung kostete Kenias Wirtschaft 2004 zwischen einer und zwei Millionen US-Dollar wöchentlich. Im Norden des Landes hungerten nach Angaben von Hilfsorganisationen bereits über zwei Millionen Menschen. Doch Minister Robinson Githae forderte seine darbenden Landsleute dazu auf, gefälligst ihre Essgewohnheiten zu ändern und, zum Beispiel, auch Esel oder Ratten nicht zu verschmähen. Selbst die regierungsfreundliche in Nairobi erscheinende *Daily Nation* erboste Githaes dreister Ausfall; Kenia gleiche immer mehr dem dekadenten Frankreich von Marie Antoinette und Ludwig XVI., wetterte das Blatt.

Im Juli 2004 kam es bereits zu gewaltsamen Ausschreitungen. Die Regierung hatte versprochen, bis Ende Juni eine neue Verfassung zu verabschieden und den Posten eines Premierministers zu schaffen, um die Macht des Präsidenten zu beschränken. Nachdem Kibaki auch diese Zusage gebrochen hatte, flogen auf den Straßen Nairobis Molotow-Cocktails, es gab Tote und Verletzte.

Nun hatte auch die EU genug von den gebrochenen Versprechen des Präsidenten, 47 Millionen Euro Hilfsgelder würden erst einmal zurückgehalten, und ausgezahlt würden sie erst, hieß es aus Brüssel, wenn der Anglo-Leasing-Skandal gründlich untersucht worden sei.

Dass ausgerechnet das deutsche Entwicklungshilfenministerium die verschwenderische Truppe alimentierte, mutete dabei immer schon etwas grotesk an. Im Jahr 2006 bekam Kibakis Mannschaft 29 Millionen Euro unter anderem zur Korruptionsbekämpfung. Als bräuchte man Geld vom deutschen Steuerzahler, um mit dem Stehlen aufzuhören!

Die Begründung für die üppige finanzielle Unterstützung durch die Parlamentarische Staatssekretärin Karin Kortmann, die am 25. August 2006 als Pressemitteilung verschickt wird, ist grotesk, lässt aber ein wenig erahnen, welch seltsamer Geist durch die Flure jenes Ministeriums weht.

»Die Förderung Guter Regierungsführung in Kenia ist ein Kernbereich der deutschen Entwicklungszusammenarbeit. Der Fokus der deutschen Unterstützung liegt dabei auf Korruptionsbekämpfung und der Reform der öffentlichen Finanzen. Damit leistet die deutsche Entwicklungszusammenarbeit einen Beitrag armutsorientierter und transparenter Haushaltsführung in Kenia ... Kenia ist eines der politisch stabilsten Länder Ostafrikas. Die Regierung verfolgt eine auf Wirtschaftswachstum und Armutsreduzierung gerichtete Politik. In den letzten dreieinhalb Jahren hat es erkennbare Verbesserungen bei der Umsetzung von Demokratie, Menschenrechten und Marktwirtschaft gegeben.«

Das war schon damals derart absurd, dass ich meine Unlust, E-Mails an Ministerien zu verfassen, überwand und Doris Lowack, der Pressesprecherin, für die köstliche Unterhaltung dankte. Ich wünschte ihr »viel Spaß bei der gemeinsamen Korruptionsbekämpfung mit der kenianischen Regierung«.

Vielleicht hätte die Sozialdemokratin Kortmann, bevor sie ihr mit deutschen Steuergeldern gut gefülltes Portemonnaie öffnete, einfach mal bei der ihrer Partei nahestehenden Friedrich-Ebert-Stiftung nachschauen sollen, was da im fernen Azanien wirklich vor sich ging.

»Kenia auf dem Weg zurück zur Bananenrepublik?«, fragten deren Statthalter in Nairobi, Fritz Kopsieker und seine Mitarbeiterin Sophie Kraume in einer Studie vom Juli 2006, also bereits gut zwei Monate vor dem überschwenglichen Lob, eher rhetorisch und befanden: »Neue Korruptionsskandale, ein brutaler staatlicher Übergriff gegen eine unabhängige Tageszeitung sowie eine bizarre Affäre, in die Mitglieder der innersten Führungsriege des Landes und international gesuchte Betrüger gemeinsam verstrickt sind, haben dem Ansehen der Kibaki-Regierung großen Schaden zugefügt.«

Und unter dem Rubrum »Gute Regierungsführung?« listeten die Keniaexperten der Stiftung genüsslich auf, was Frau Kortmann traurigerweise alles entging: »Führungsschwäche ... Es zeigt sich jedoch zusehends, dass Kibakis Führung sowohl eine inhaltliche als auch ein moralische Dimension fehlt ... Zahlreiche Kabinettsmitglieder scheint die Abwesenheit von Führung zum Amtsmissbrauch und Vetternwirtschaft zu verleiten ... So erschöpft sich die Rolle des Regierungschefs in der Bedienung des Big-Man-Klischees, welches Kibaki mit väterlichem Habitus ausfüllt, und damit in der gewollten oder ungewollten Komplizenschaft mit Non-Performern und Ganoven ... Der aktuelle Skandal um zwei zwielichtige, international gesuchte Geschäftsleute stellt einen weiteren Ausdruck des Gefühls von absoluter Macht und Unberührbarkeit zentraler politischer Akteure in Kenia dar ... Generell hält nicht nur aufgrund solcher Vorfälle mehr als die

Hälfte der Kenianer Umfragen zufolge die gegenwärtige Regierung sogar für korrupter als ihre Vorgängerin. Für eine Führung, die ihr Amt mit dem Versprechen von Null-Toleranz gegenüber Korruption angetreten hat, ist das ein vernichtendes Urteil.«

Hallo Frau Kortmann von der SPD? Sind Sie noch da?

»Neben einem Mangel an inhaltlicher Orientierung und einer Verstrickung in dunkle Geschäfte prägt vor allem das alltägliche Punktespiel um die Macht das Handeln von Regierung und Opposition in Kenia ... Politische Parteien werden in Kenia fast ausschließlich als Vehikel zum Erwerb von Macht aufgefasst ... Eine Aktivierung der Bevölkerung auf der Basis ethnischer Ressentiments scheint wesentlich leichter zu fallen als ein überzeugendes Eintreten für inhaltliche Reformen ... Die in Skandale verwickelten Entscheidungs- und Funktionsträger können sich in der Regel ohne größere Probleme im Amt halten.«

Frau StaatssekretärIn, Sie haben einen Einwand? Ach so, Sie unterstützen in erster Linie die Basisarbeit der Zivilgesellschaft – Gender-Mainstreaming, Graswurzeln und Workshopping, die Leidenschaft der politisch bewussten DrittweltaktivistIn? Dann lesen Sie doch bitte wenigstens das folgende aus der Ebert-Studie:

»Längst sind zahlreiche Nichtregierungsorganisationen zum festen Bestandteil des Kampfes um die Macht geworden, nicht zuletzt weil auch eine Anzahl ihrer Führer ein Auge auf ein lukratives Abgeordnetenmandat geworfen hat. Die ursprünglich als Erfolg gefeierte enge Verknüpfung zwischen politischen Parteien und zivilgesellschaftlichen Organisationen im Zuge der letzten allgemeinen Wahlen entpuppt sich immer mehr als Gift für die kenianische Gesellschaft. Außerdem leben viele Nichtregierungsorganisationen gut von der Finanzierung ausländischer Geber und haben kein ernsthaftes Interesse an wirklichen Veränderungen.«

Danken wir Fritz Kopsieker und Sophie Kraume für ihre Klarsicht und die deutlichen Worte – auch wenn die Diplom-Sozialpädagogin Kortmann leider keine Zeit gehabt hat, sie zu lesen. Vollbeschäftigter als die Dame aus dem Bundestag kann man nämlich kaum sein. Sie ist Mitglied der »deutsch-südamerikanischen und deutsch-südasiatischen ParlamentarierInnengruppe«, zudem derjenigen, die sich um das östliche Afrika, die SADC-Staaten und West-und Zentralafrika kümmern. Daneben gehört sie dem »Forum Eine Welt« und den Arbeitskreisen »Sozialdemokratische Frauen« und »Demokratische Linke und Parlamentarische Linke« an, sitzt im Zentralkomitee der deutschen Katholiken und dem Vorstand des »Gesprächskreises Menschenrechte des SPD-Parteivorstands«. Sie ist im Verein »Gegen Vergessen für Demokratie e.V.« und »Arm und Reich an einen Tisch« und so weiter und so fort.

Die von Kibaki versprochene neue Verfassung des Landes geriet schließlich vollends zur Farce. Nach dem sehr spät erst vorgelegten Entwurf hatte der Präsident plötzlich sogar mehr Befugnisse als weniger – wie es eigentlich vorgesehen war. Beim folgenden Referendum rasselte der Präsident deshalb auch gnadenlos durch. Sein Gegenspieler war Raila Odinga, der damit aus der Regenbogenkoalition ausscherte.

Auf kenianischen Wahlbögen werden wegen der vielen Analphabeten hinter die Namen der Parteien oder Kandidaten übrigens Symbole zur leichteren Identifizierung gemalt. Kibaki bekam damals die Banane und Odinga die Orange – womit das *Orange Democratic Movement* schließlich zu seinem Namen fand.

Kibaki war mit vielen anderen Dingen beschäftigt. Er erweiterte die Mercedesflotte seines Stabs, erhöhte in seinem bitterarmen Land die Abgeordnetendiäten auf rund 17 000 Dollar, schusterte seinen Kikuyu-Stammesgenossen die wichtigsten Posten des Landes zu und erbettelte eben kräftig Entwicklungshilfe für seine angebliche Korruptionsbekämpfung. Doch anders als bei seinen unter »Mittelabflussdruck« stehenden Partnern aus den Geberländern, erntete Kibaki bei seinen kenianischen Landsleuten kein besonderes Verständnis für die dreisten Winkelzüge. Ganz im Gegenteil. Kibaki machte sich einen Namen als korrupter und machtgieriger Kikuyu-Förderer. Nur als sein eigenes Gehalt auf rund 40 000 Dollar monatlich erhöht werden sollte, musste er am Ende klein beigeben. Das war dann doch zu viel gewesen.

Kenia steht nun vor ernsten Problemen.

Mwai Kibaki selbst ist in erster Linie dafür verantwortlich, dass alte Stammesfehden wieder aufbrechen. Er, der jetzt so gerne von nationaler Einheit schwadroniert, hat sie selber nie praktiziert. In sechs von acht Provinzen hat Kibaki deshalb verloren. Trotz der mutmaßlichen Fälschungen übrigens. Seine ganze Macht stützt sich fast nur auf die wenigen von ihm protegierten Volksgruppen, die ihn mit 99 Prozent der Stimmen gewählt haben sollen, und den Machtapparat. Und das kann nicht gutgehen.

Sein Gegenspieler Raila Odinga steht nun vor einem Dilemma. Ruft er seine Leute auf die Straßen, heizt er die Stimmung nur an. Es wird zu Gewaltausbrüchen und Straßenschlachten mit Toten und Verletzten kommen.

Seinen Gegnern wird er dann eine willkommene Gelegenheit bieten, ihn als Sicherheitsrisiko aus dem Verkehr zu ziehen.

Beruhigt Odinga aber seine zornigen Unterstützer, verhält sich passiv und verlässt sich auf eine juristische Klärung der Vorgänge, verliert er seinen Nimbus als Volksheld und eigentlicher Wahlsieger. Die Schlacht um Nairobi geht in die nächste Runde.

Stammeskrieg
1. Januar 2008

Sie stehen in kleinen Grüppchen vor dem Leichenschauhaus nahe der Ngong Road in Nairobi und warten. Seit Stunden schon. Sie sprechen leise. Sie haben ihre besten Schuhe angezogen und ihren Sonntagsstaat. Die sich hier versammeln, trauern um die Toten der nächtlichen Schlachten, die seit einigen Tagen Kenias Hauptstadt Nairobi erschüttern.

Dann und wann lugen sie ängstlich zu den aufmarschierenden Bereitschaftspolizisten herüber, die in ihren nagelneuen grüngepanzerten Uniformen an *Ninjaturtles* erinnern. Die Truppen ziehen im Gänsemarsch Richtung Kibera. Wieder wird es Tote geben. Über dreihundert sollen es mittlerweile im ganzen Land sein.

Geoffrey Washiali, 35, ist gekommen, um die Leiche seines Cousins zu identifizieren: Harrison Musungu. Vorgestern wurde sie hierher gebracht. Das Gesicht des Mannes war von einer Machete gevierteilt worden. Musungu war zum Verhängnis geworden, dass er zum Stamm der Luhya gehört. Und in der Shantytown von Kariobangi, wo er mit seiner Familie hauste, leben viele Kikuyu. Das kann ein Todesurteil sein in diesen Tagen.

Nur wenige Kilometer entfernt, im Mara-South-Sitzungsraum des vornehmen *Intercontinental-Hotels*, in dem auch schon Bundeskanzler Gerhard Schröder einmal residierte, herrscht derweil großer Auftrieb. Alexander Graf Lambsdorff hat zur Pressekonferenz geladen. Fiebrig warten die Kenianer seit Tagen auf das vorläufige Urteil der EU-Wahlbeobachter.

Es fällt vernichtend aus.

»Diese Wahlen haben internationale Demokratie-Standards nicht erfüllt«, sagt Lambsdorff, »in zwei Wahlkreisen, die beide Kibaki gewann, wurden von unseren Beobachtern Unregelmäßigkeiten festgestellt.

In jedem wurden der regierenden PNU rund 20 000 Stimmen mehr angerechnet, als nach einer ersten Zählung festgehalten wurden.« In fünf Wahlkreisen seien Mitarbeiter seiner Mission zudem von der Zählung ausgeschlossen worden. In einigen Regionen war die Wahlbeteiligung ungewöhnlich hoch. Kurz und bündig: »Wir haben Zweifel an diesen Wahlen.« Der Präsident steht nun ziemlich allein da. Bei seiner Vereidigung im *State House* am Sonntag abend hatte er anwesenden Claqueuren und ungläubig staunenden Kenianern vor den Fernsehbildschirmen noch erzählt, dieser Urnengang hätte »das demokratische Profil Kenias verschärft«, das Land sei »politisch erwachsen geworden« und die »freien und fairen Wahlen« hätten die »Nation stolz gemacht«.

Mittlerweile geht aber selbst Kenias Partner im Kampf gegen den Terror auf Distanz. Nachdem die US-Amerikaner Kibaki bereits vorzeitig zu seinem Wahlsieg gratuliert hatten, ist sich der Sprecher des *Weißen Hauses*, Tom Casey, jetzt nicht mehr so sicher, »wem er eigentlich gratulieren« könne. Der kanadische Außenminister sieht es ähnlich.

»Die Aussetzung der Fernseh-Live-Berichterstattung und Unregelmäßigkeiten beim Berichten der Ergebnisse« seien »sehr beunruhigend«.

Auch Odinga erkennt die Wahlen natürlich nicht an. Wie sollte er? Für den Donnerstag hat er, der sich nun »Präsident des Volks« nennen lässt, seine Anhänger auf die Straßen gerufen. Es wird ein Blutbad befürchtet, die Polizei hat den Aufmarsch bereits verboten. Um zu verhindern, dass sich Meldungen über die Aktivitäten der Opposition verbreiten, hat die kenianische Mobilfunkgesellschaft *Safaricom* Nachrichten verschickt, denen zufolge ab sofort das Versenden von SMS mit politischen Inhalten verboten ist und mit Verhaftung geahndet wird.

Auf den Straßen der Hauptstadt wiederholen sich derweil die Szenen. Vor der Polizei flüchtende Demonstranten, die zum Zeichen ihrer Friedefertigkeit beide Arme in die Höhe recken. Schlagstockschwenkende Polizisten. Heranpreschende Pick-ups von deren Ladeflächen Spezialeinheiten wild in die Luft schießen. Immer wieder die Rufe: »No Raila – No Peace!«

Besonders verheerend jedoch scheinen derzeit die blutigen Auseinandersetzungen zu sein, die die Wahlen entfacht haben. Die schlimmsten Nachrichten kommen aus dem Rift Valley: In einer Kirche in der Gebirgsstadt Eldoret sollen über vierzig Menschen, darunter viele Frauen und Kinder, bei lebendigem Leib verbrannt sein – offenbar Kikuyu, die sich in das Gotteshaus vor Angehörigen des Kalenjin-Stamms geflüchtet hatten.

Die schreckliche Nachricht läuft als Band seit dem späten Nachmittag ununterbrochen durch die kenianischen Fernsehsendungen. Eigentlich sollten Kurt und ich schon heute früh nach Eldoret geflogen sein, doch Harro Trempenau, der deutsche Buschflieger, war damit beschäftigt, irgendwelche Leute zu evakuieren, und so müssen wir sehen, dass wir noch einen der raren Plätze auf einem Linienflug ergattern können. Mit dem Auto kommt man nicht mehr durch.

Überall in der Gegend von Eldoret werden Straßensperren von machetenschwingenden Jugendlichen errichtet, Hunderte von Häusern brennen. Aufgehetzte Trupps von Marodeuren ziehen durch die Wohnviertel und markieren die Häuser, in denen Kikuyu leben. Es sind Szenen, die das Schlimmste befürchten lassen und an den Völkermord in Ruanda erinnern, wo 1994 innerhalb weniger Wochen Hunderttausende massakriert worden waren. Damals war es der Krieg der Hutu mit den Tutsi. Und auch die Toten von Nairobi scheinen auf das Konto von ethnischen Auseinandersetzungen zu gehen. Fünfundvierzig Opfer der letzten Krawalle zählt Jacob Nyongaza, der Leiter des Leichenschauhauses von Nairobi: »Einige starben an Schussverletzungen, doch die meisten wurden mit Macheten zerstückelt.«

Die Toten von Kiambaa

2. Januar 2008

Wir sind früh aufgebrochen an diesem Morgen. Der Flug nach Eldoret wird gegen sieben Uhr den direkt neben dem berühmten
Nairobi Nationalpark gelegenen *Wilson-Airport* verlassen, und
wir sollen uns eine Stunde vorher dort einfinden – also gerade zur rechten
Zeit, wenn hier, nur circa hundertfünfzig Kilometer südlich des Äquators,
die afrikanische Sonne aufgeht. Kurt begleitet mich und Sven Torfinn, ein
holländischer Fotograf, mit dem wir beide befreundet sind. Ein paar andere
Kollegen treffen auch noch ein, darunter Xan Rice vom *Guardian*. Aber es
sind nicht viele, die alte Propellermaschine hat für gerade einmal ein Dutzend Passagiere Platz, und Eldoret ist derzeit auch kein beliebtes Reiseziel.

Der Kirchenbrand bestimmt die Gespräche in der Hauptstadt, immer
wieder fällt der Name »Ruanda«, dieses Synonym des Schreckens – doch
bisher hat man kaum etwas darüber in Erfahrung bringen können, was in
dem Dörfchen Kiambaa am Stadtrand von Eldoret tatsächlich geschehen
ist. »Unser Todeskampf« titelt der *Nairobi Star* und zeigt auf der ersten Seite
ein halbseitiges Foto von Randalierern mit Macheten, und die *Daily Nation*
macht mit Horrornachrichten im Telegrammstil auf: »Todeszahl steigt auf
178. Frauen und Kinder, die in einer Kirche Schutz gesucht haben, ver-
brennen bei lebendigem Leib. ODM bittet ihre Anhänger, damit aufzuhören, politische Gegner umzubringen. UN fordert ein Ende des Gemetzels.«
Zusammengekauert auf dem engen Sitz, habe ich mir die Blätter auf den
Schoß geklemmt und blicke aus dem Fenster. Unter uns verschwindet im
milchigen Morgendunst langsam die Stadt, und aus Kibera steigt immer
noch schwarzer Rauch auf.

Wer von uns hätte jemals gedacht, dass die Dinge in Kenia dermaßen

42

aus dem Ruder laufen würden? In den vergangenen fünf Jahren hatten wir so viele Kriege in Afrika erlebt. Kurt und ich waren wochenlang gemeinsam in Darfur unterwegs gewesen und in Somalia, in Norduganda, im Kongo und zuletzt in der Zentralafrikanischen Republik. In Kenia schienen mir trotz der vielen ethnischen und politischen Dissonanzen und trotz der hohen Kriminalität die Dinge einigermaßen im Lot zu sein. Nun hatte eine gefälschte Wahl ausgereicht, das Land an die Schwelle zum Bürgerkrieg zu befördern.

So sehen es auch die Kenianer – die einen verharren in Schockstarre, die anderen verfallen in Panik. Auf dem Flughafen von Eldoret, der im Jahr 2001 einmal zum saubersten Flughafen Kenias gekürt worden war, ächzen mit allerlei bunten Taschen und Koffern beladene Familien. Sie kämpfen um Plätze auf den wenigen Maschinen nach Nairobi. Es wird gedrängelt und geschubst, und wir haben Mühe, in dem Durcheinander Jürg Wirz auszumachen – einen Schweizer Journalisten und Leichtathletik-Experten, der seit einigen Jahren in der Gebirgsstadt lebt.

Jürg hat ein Auto und bei aller Treibstoffknappheit, die seit den Unruhen herrscht, auch noch genug Benzin, um sich mit uns auf die Spurensuche zu begeben. Wir wollen herausfinden, was gestern in Kiambaa geschehen ist. Jürg wirkt beunruhigt. Er wisse nicht, wie frei wir uns bewegen könnten, warnt er uns. Überall herrsche Chaos. Tausende von Menschen hätten sich auf das Gelände der Polizeiwache in Eldoret geflüchtet, draußen an den Ausfallstraßen marodierten bewaffnete Banden und versperrten jeden Fluchtweg, wer es sich leisten könne – etwa die Leistungssportler, die sich hier auf ihre Querfeldeinläufe vorbereiteten – chartere ein Flugzeug und lasse sich ausfliegen. Xan hat keinen Transport mehr bekommen. Wir rücken zusammen und bieten ihm einen Platz im Wagen an. Verunsichert machen wir uns auf den Weg

Die meisten Menschen kennen Eldoret nur als Heimat der kenianischen Wunderläufer, die regelmäßig die wichtigsten Marathons der Welt abräumen, sofern sie nicht von den Äthiopiern daran gehindert werden. Dabei ist die Landschaft hier sehr schön und lohnt durchaus einen Besuch. Die Stadt ist eingebettet ins kenianische Hochland, das sich wie ein Flickenteppich von Nairobi nach Nordwesten erstreckt und von den europäischen Siedlern einst *White Highlands* getauft wurde. Die ugandische Grenze ist von *Eldoret*, was in der Massaisprache soviel wie »steiniger Fluß« bedeutet, rund 125

Kilometer entfernt, Nairobi liegt ungefähr 320 Kilometer südöstlich. 1910 wurde der Ort von Buren gegründet, die ihre alte Heimat am Kap verlassen hatten, und sich hier niederließen. Seitdem wächst er stetig und beherbergt heute rund 230 000 Menschen.

Die über 800 Meter hohen White Highlands – das ist ein weites Gebiet, das im Osten in der Region des Mount Kenya, den die Kikuyu für den Sitz Gottes (*Kirinyaga*) halten, beginnt und im Westen, am Mount Elgon, endet. Es ist ein fruchtbares Hochland mit für Europäer angenehmen Temperaturen. Hier wachsen der kenianische Kaffee und auch der Tee, und es gibt kaum Malaria, die immer noch jedes Jahr etwa 70 000 Kenianer dahinrafft. Kein Wunder, dass dieses Land Begehrlichkeiten weckte. Schließlich rückten die Weißen mit Maxim-Maschinengewehren an und nahmen es sich einfach – von »frisch eingefangenen, tückischen Völkerschaften, die halb noch Kinder sind, halb Teufel«, wie sie meinten und es Rudyard Kipling für sie dichtete. Wem genau sie da gegenüberstanden, spielte dabei keine Rolle – »whatever happens we have got/ the Maxim gun and they have not«.

In Wirklichkeit handelte es sich bei den unterworfenen, vermeintlich primitiven Völkerschaften natürlich um hochkomplexe Gesellschaften – teils verfeindeter, teils in Harmonie miteinander lebender Ethnien, von Ackerbauern und Viehzüchtern, gedrungenen Bantus und hochgewachsenen Niloten.

Die Weißen aber besetzten das Land, wem immer es gehörte: sie nahmen den Kikuyu den Mount Kenya; den Massai das Gebiet, welches jene *Nakusontelon*, »Anfang aller Schönheit«, nannten und in dem später aus ein paar Bahnarbeiterbaracken Nairobi wuchern sollte; und das Land um den »steinigen Fluss« entrissen sie Menschen, die heute der Einfachheit halber *Kalenjin* genannt werden. Sie verdanken ihren Namen einer Sendung, die vor einigen Jahrzehnten im Radio lief und den gleichnamigen Titel trug. Das heißt soviel wie »Ich sage Dir«. Die Sendung richtete sich an einige Ethnien, deren Sprachen miteinander verwandt waren, und irgendwann übernahmen sie den Terminus, um Gemeinsamkeiten zu unterstreichen. Dabei handelt es sich um eine recht große Familie: der Kispsigis, Sabaot, Tugen, Terik, Elgeyo, Marakwet, Pokot und Nandi, die in der Gegend von Eldoret zu Hause sind. Sie alle werden etwas präziser als Südliche Hochland-Niloten bezeichnet – ursprünglich waren sie Nomaden, und die meisten sind bis heute Viehzüchter geblieben. Ihre Heimat lag im Norden, im Gebiet des heutigen Sudan oder um den Turkana-See herum – genau weiß man das nicht. Völkerkundler glauben, dass sie schon vor rund ein- oder zweitausend Jahren in ihr heutiges Siedlungsgebiet zogen.

Unter der Knute jener weißen Eindringlinge, die von dem kenianischen Dichter Ngugi wa Thiong'o später *Parasiten im Paradies* genannt werden sollten, litten zwar alle kenianischen Ethnien, aber am meisten diejenigen, die zuvor das fruchtbarste Land besiedelt hatten. Eines dieser Völker rebellierte schließlich gegen die fremde Macht: die Kikuyu. Sie werden zu den Bantu gerechnet, traditionellen Ackerbauern, die Süßkartoffeln, Kassava oder Bananen pflanzten, und besiedelten ein Gebiet zwischen Nairobi, den Aberdares und dem Mount Kenya. Mehr als sieben Jahre dauerte ihre Revolte; sie wurde *Mau Mau* genannt, dabei bezeichneten die Rebellen ihre Miliz selbst als *Muingi*: die Bewegung. Von vielen Weißen hingegen wurden sie als »Mickey Mäuse« verspottet. Es wurde ein blutiger Krieg – für die Afrikaner: Schätzungsweise 20 000 *Mau-Mau*-Rebellen wurden von britischen Truppen oder Heimatmilizen getötet, 1800 afrikanische Zivilisten gingen auf das Konto der *Mau Mau*, weniger als hundert Kolonialsoldaten verloren ihr Leben und nur zweiunddreißig weiße Siedler. Aus welchen Bevölkerungsgruppen aber wurden die Askaris rekrutiert, die den Briten bei ihrer so blutigen Fehde mit den Kikuyu zur Seite standen? Der Historiker und Kenia-Fachmann Martin Pabst behauptet: zum Großteil aus Kalenjin:

»Kipsigis und Nandi bildeten zusammen mit Kamba das Rückgrat der britischen Kolonialtruppen und kämpften in den fünfziger Jahren gegen die Kikuyu-Rebellen.«

Am 12. Dezember 1963 entließ die Krone *British East Africa* als Kenia in die Unabhängigkeit – die Kikuyu, so sahen sie es selbst, hatten *Uhuru* (Freiheit) erstritten.

Nachdem sich die Briten aus ihrer Kolonie zurückgezogen hatten, wurde folgerichtig einer der ihren erster Präsident des stolzen neuen Staates: Jomo Kenyatta. Die neue Verfassung garantierte ihm und seinen Nachfolgern eine ungewöhnliche Machtfülle. Natürlich schwor er hoch und heilig, allen Kenianern gleichermaßen zu dienen, doch sein eigenes Volk war ihm dann doch am nächsten. Und forderte es nicht zurecht Kompensation für das viele Land, das es geopfert, und den Blutzoll, den es geleistet hatte? Die Kikuyu besetzten schnell die wichtigsten Positionen in Staat und Wirtschaft. Und wie wurde die Landfrage geregelt? Die Briten macht es sich einfach: Sie verkauften, was sie einst geraubt hatten, einfach, bevor sie sich einschifften. *Willing seller, willing buyer.* Aber die, die sich dieses Land nun leisten konnten, waren fast ausschließlich Kikuyu, die neuen Herren Kenias. So kam es, dass die Kalenjin zum zweiten Mal das Land ihrer Ahnen verloren. Kikuyu-Siedlungen entstanden mitten im Kalenjin-Kernland. Siedlungen wie Kiambaa, rund zehn Kilometer vom Stadtzentrum Eldorets entfernt.

Wir fragen nach dem Weg. Niemand weiß so recht, wo dieses Kiambaa liegt, und jeder scheint in eine andere Richtung zu deuten. Vielleicht will es auch niemand wissen. Ein Radfahrer raunt uns schließlich zu, wir sollten ihm folgen. Er fährt voraus, wir hinterher, querfeldein. Der Himmel ist strahlend blau, und die Sonne scheint. Oft müssen wir aussteigen und Felsbrocken und umgestürzte Baumstämme aus dem Weg räumen. Überall sind hier Barrikaden errichtet worden. Doch nach einer guten Stunde haben wir unser Ziel erreicht.

Ein kleiner Bus des kenianischen Roten Kreuzes parkt auf einer Wiese. Daneben stehen ein paar Männer. Sie tragen rote Westen und Gummihandschuhe und weißen Mundschutz. Sie holen Schaufeln aus dem Wagen. Wir steigen auch aus und schauen uns um. Da ist keine Kirche mehr zu sehen, doch es riecht verbrannt. Neben unserem Wagen liegen zwei Leichen. Männerleichen. Jemand hat den einen Toten mit einem Tuch halb bedeckt, man sieht nur einen Teil des Oberkörpers und die Beine. Sie stecken in Jeans. Die Füße sind hingegen nackt. Man muss ihm die Schuhe gestohlen haben. Der andere Tote ist fast komplett unter einer Wolldecke verborgen. Beide liegen direkt neben einer Hecke, die das Kirchengelände umgibt, unter einer Zypresse.

Der Eingang des Gemeindehauses ist nur wenige Meter entfernt. Wenn sie versucht hatten, zu fliehen, sind sie nicht weit gekommen. Wir gehen hinein. Zwei Uniformierte sichern das Gelände. Sie tragen G-3-Sturmgewehre von Heckler und Koch. Alles ist niedergebrannt, schwarz, verrußt. Aus einem Aschehaufen steigt immer noch Rauch auf. Der Boden ist übersät mit den verschmorten und verkohlten Überresten eines Lagers: Blechnäpfen, Fahrrädern, Macheten, Säcken mit Kleidung, Koffern, Emaille-Bechern, einer Metall-Truhe, Maiskolben, Bohnen. Schuhe liegen herum. Kinderspielzeug, Puppen. Eine versengte Seite aus der Bibel weht herüber. Eine Visitenkarte: »Juddy Jepkorir. Grace Printers Limited. The sign for efficiency. Barngetuny Plaza.« Ein Zettel, es ist eine Rechnung vom Rat des Landkreises *Wareng*, adressiert an eine Julia Wanjuki Kariuki. Sie schuldet dem Landkreis offenbar noch einen Teil der Grundstücksmiete. Sie trägt einen typischen Kikuyu-Namen. Aber lebt sie noch? Erst langsam ordnet sich das Bild, setzen sich die einzelnen Bestandteile zusammen. Hier wurde gekocht. Hier gebetet. Hier spielten Kinder. Hier schliefen Menschen. Dann erkennen wir das eigentliche Gebäude. Viel ist nicht übriggeblieben. Ein Haufen Asche, ein undefinierbarer zusammengeschmolzener Berg. Die Helfer vom Roten Kreuz stochern mit Heugabeln darin herum. Hier stand eine Wand aus Lehm, mit Zement verputzt, man kann das noch erkennen. Wellblech wird zur Seite gezogen, das war das Dach.

Zwei Männer kommen uns entgegen, sie tragen ein verkohltes Stück, es sieht aus wie ein übriggebliebener Scheit aus dem Kamin und ist vielleicht einen Meter lang. Doch die Männer tragen es merkwürdigerweise ganz behutsam, so als sei es kostbar. In mir sträubt sich alles gegen den furchtbaren Verdacht. Ich schaue ganz genau hin und finde mich deswegen unerträglich pietätlos. Natürlich wird die Vermutung zur Gewissheit: Die Männer tragen zur Unkenntlichkeit versengte Kinderleichen aus der Ruine. Eine nach der anderen. Ganz kleine, so lang wie ein Unterarm. Größere. Einzelne Knochen sind zu erkennen, manchmal nur die Köpfe. Einmal auch ein weit aufgerissener Mund, im Schrei verzerrt, wie bei Edward Munch. Unweigerlich versuchen wir zu rationalisieren, flüchten uns in die Präzision des Chronisten, der nur noch dokumentiert und nicht mehr denkt.

Wie alt mögen diese Kinder geworden sein? Ein halbes Jahr, drei Monate, vier Jahre? Wie viele werden geborgen? Dreizehn Leichen zählen wir am Ende. Sie werden nebeneinander aufgereiht. Dann betten die Helfer eine braune Wolldecke über die Reihe. Der Geruch wird jetzt unerträglich, wo sich die Eindrücke immer mehr zu einem Gesamtbild verdichtet haben. Natürlich riecht es hier nicht nur verbrannt. Es riecht nach verbranntem Fleisch. Mir wird schlecht. So etwas Entsetzliches habe ich noch nicht gesehen. Ich habe selber zwei kleine Kinder.

Eine Frau kommt uns vor dem Trümmerberg, der einmal die Kirche war, entgegen. Sie trägt einen blauen Rock mit weißen Punkten, eine helle Bluse und ein weinrotes Kopftuch. Sie wirkt ruhig und schaut sich alles an. Sie hebt die Decke hoch. Sie schaut nach. Sie will alles wieder zudecken. Sie hält inne. Sie schaut noch einmal. Es dauert eine gewisse Zeit, bis sie begreift, was sie dort sieht. Bis sie alles begreift. Dann bricht sie zusammen.

Ihr Name ist Grace Nyakero Githuthwa. Sie ist dreißig Jahre alt. Sie war in der Kirche, als sie sich in die Hölle verwandelte. Sie war mit ihrer Tochter hier, Myriam, dreieinhalb Jahre alt. Doch Myriam lebt nicht mehr. Als Grace Guthuthwa gerade die Decke anhob, unter der die toten Kinder lagen, hat sie auch die verkohlten Überreste ihrer eigenen Tochter gesehen. Neben ihr kniet eine alte Frau in einem grünen Wollpullover, Margareth Muthoni, sie hat die Arme ausgebreitet und betet. Auch sie hat das Martyrium überlebt. Sie hat ihre sechsjährige Nichte verloren.

Es hatte gestern mittag begonnen, gegen zwölf Uhr. Die Äquatorsonne stand hoch über Kimabaa, da hörten die Menschen, die schon seit zwei Tagen auf dem Gelände der kleinen Kirche Zuflucht gesucht hatten, den Gesang von Kriegsliedern. Er kam aus zwei Richtungen, er wurde lauter, immer deutlicher. Sie sahen die erste Gruppe, die zu ihnen zog, sie kam immer näher. Es waren Hunderte junge Männer. Sie trugen Macheten, Speere, Holzlatten, Pfeil und Bogen. Sie sangen Kriegslieder, und da ahnten die Menschen auf dem Gelände der Kirche bereits, welcher Prüfung sie ausgesetzt sein würden, sie knieten nieder und beteten. Für einen kurzen Moment wurde es ganz still.

Auch Grace Githutwa kniete nieder. Sie hielt Myriam fest umklammert. Erst als die ersten Steine flogen, und Pfeile abgeschossen wurden, ergriff die Menschen Panik. Es waren viele, die sich in dem Kirchhof verschanzt hatten. Hundert? Vielleicht zweihundert? »Ich wusste, das war unser Ende«, sagt Grace Githutwa. Sie flüchtete wie die anderen in das kleine Lehmgebäude. Dort kauerten sie alle zusammen, überwiegend Frauen und Kinder. Sie beteten jetzt nicht mehr. Die Kinder schrieen. Von draußen brüllte jemand den Namen von Grace Githuthwa und schimpfte sie eine verdammte Kikuyu. Es muss ein Nachbar gewesen sein, der sie erkannt hatten. Andere riefen:»Geht zurück nach Nyeri, wo ihr hingehört.« Vor der Tür versuchten ein paar der Männer, Widerstand zu leisten, doch sie wurden von der Menge einfach niedergeworfen und totgeschlagen wie lästige Hunde.

Die Verfolgten versperrten die Türen, doch Machetenhiebe zerhackten das morsche Holz. Steine und Pfeile flogen durch die Fenster. Einige flüchteten ins Freie, sie wurden von Macheten zerstückelt. Die Frauen und Kinder kauerten eng zusammen, sie krochen instinktiv immer tiefer in die Kirche hinein. Wie in eine Höhle. Matratzen lagen draußen, wo sie zuvor campiert hatten, herum. Die Angreifer nahmen sie und übergossen sie mit Benzin. Sie schmissen sie in die Kirche, sie stopften sie in die Tür, sie verrammelten alles. Nur ein Fenster stand noch offen. Grace Githuthwa nahm Myriam und sprang ins Freie. Es war ihre letzte Chance, zu entkommen. Doch als sie draußen angekommen war, empfing sie ein grölender Mob. Die Männer fluchten und schlugen sie, sie zerrten an der Mutter, und dann entriss ihr einer das Kind. Er nahm es und schleuderte es in die Flammen zurück. Grace Githutwa sah nicht mehr zurück, sie rannte um ihr Leben, und irgendwie schaffte sie es, der Hölle von Kimabaa zu entkommen.

Sie kann jetzt nicht mehr weiterreden. Wir verlassen das Gelände. Nun sehen wir immer mehr leblose Körper um die Kirche herumliegen. Einer ist bereits halb skelettiert, Hunde oder Hyänen müssen sich in der Nacht über den Leichnam hergemacht haben. »Das ist Daniel Mwagi«, sagt Grace Githuthwa, »er war fünfzehn, er ging am Stock, er konnte nur humpeln – wegen seiner Kinderlähmung.« Daniel humpelte in den letzten Minuten seines Lebens nicht weiter als fünfzehn Meter, auf einem abgeernteten Maisfeld brach er zusammen. Wir wissen nicht, ob er hier seinen Brandwunden erlag oder von der Rotte totgeschlagen wurde. Etwas weiter entfernt entdecken wir die Leiche eines anderen jungen Mannes. Er wurde mit einem Buschmesser zerhackt.

»Die Flüchtenden hatten keine Chance«, sagt Wilson Kamau, »die Mörder haben nur einige Frauen überleben lassen.« Kamau beobachtete alles aus der Ferne, er ist selber Kikuyu. Er hat sich erst aus seinem Versteck gewagt, als heute Ruhe einkehrte, die sprichwörtliche Friedhofsruhe. Die meisten Häuser um uns herum sind verwaist. Die Menschen haben alles stehen und liegen gelassen. Wäsche, die zum Trocknen aufgehängt wurde, schaukelt noch leise im Wind.

Wir fahren fort und lassen die Überlebenden von Kiambaa in ihrem Schmerz zurück. Als Journalist schleppt man einen Haufen Eindrücke mit sich herum, die einen nicht loslassen. Bei mir sind es die Kinder von Cighid in ihrem rumänischen Verließ, die lebenden Skelette in den somalischen Hungercamps 1992, die eiskalten Granatennächte von Sarajevo. Ich weiß: Ab heute werden mich die Bilder aus dieser Kirche verfolgen.

Wir wollen zurück nach Eldoret, doch Jürg Wirz ist zwar ein freundlicher Kollege, aber ein lausiger Fahrer. Bereits nach einigen Kilometern haben wir uns hoffnungslos verirrt. Wir landen auf einer Asphaltstraße, doch statt nach Eldoret führt sie uns in Richtung Süden, wo die Kikuyustadt Nakuru liegt. Nach ein paar Kilometern ist unsere Fahrt bereits fürs erste beendet. Schon von weitem hatten wir den schwarzen Rauch gesehen und waren fast nur noch im Schritttempo gefahren, jetzt stecken wir fest: umringt von einer wild gestikulierenden Gruppe junger Männer. Ein Schild weist zur *Nigeria Hill Academy*. Umgekippte Autos, gefällte Telfonmasten und zusammengeschobene Kioske, auf denen Männer herumturnen und

Waffen schwenken, versperren der Weg, und einige der Spießgesellen winken uns gebieterisch mit Macheten zu sich. Sie wollen reden.

»Die Kikuyu stehlen unser Land«, brüllen sie durcheinander, »sie wollen dieses Land ganz allein beherrschen, sie fälschen die Wahlen, wie es ihnen gefällt, sie haben sich in dem Land unserer Vorfahren angesiedelt, sie müssen jetzt verschwinden und dahin gehen, wo sie hergekommen sind. Eine andere Lösung gibt es nicht.«

Und wenn sie nicht freiwillig gehen?

»Dann müssen sie eben sterben.«

So wie die Menschen in Kiambaa?

»So wie die in Kiambaa.«

Das waren Zivilisten.

»Sie hatten Macheten, und sie haben sich dort versteckt. Man hat uns gesagt, die Kikuyu sammeln sich in Kimabaa, um uns anzugreifen, sie rotten sich dort zusammen.«

Frauen und Kinder?

»Auch Männer waren darunter, die Frauenkleider trugen, um uns zu täuschen.«

Wart ihr dabei?

Sie nicken.

Können wir weiterfahren?

»Wenn ihr den richtigen Pass habt.«

Jemand pinselt »Kibaki must go to Othaya« an die Barrikade. Othaya ist der Geburtsort des Präsidenten, er liegt im Nyeri-Bezirk, im Kikuyu-Land. Ein anderer brüllt uns »Hängt Kibaki!« hinterher. Wir fahren weiter, Richtung Nakuru, können allerdings die Straße nicht mehr benutzen, weil die Fahrbahn mit Felsbrocken übersät ist. Nach zweihundert Metern erwartet uns bereits die nächste Sperre. Es sind Halbstarke: sie sind jünger und aggressiver und betrunkener. Der Anführer baut sich vor unserem Wagen auf. Ein anderer reißt die Tür auf und glotzt uns an.

»Habt ihr Kikuyu im Auto?« fragt er, obwohl im Wagen nur fünf Weiße sitzen. »Wenn hier Kikuyu wären, müssten sie raus.« Neben uns wird ein anderes Auto gestoppt. Frauen und Kinder quetschen sich auf dem Rücksitz. Sie werden umringt und begafft. Der Fahrer muss den Kofferraum öffnen. Aber er ist offenbar selber Kalenjin, er hat Glück, er lacht. Lacht er aus Solidarität oder aus Erleichterung, dem Terror zu entkommen? Wenn er Kikuyu wäre, wäre er jetzt vielleicht tot. Uns wird mulmig. Wir sind froh, dass wir weiterkommen. Eine Sperre folgt jetzt der anderen. Es sieht so aus, als hätte jedes Dorf seine eigene Heimatmiliz gebildet. Viele Männer schwenken landwirtschaftliches Gerät, Harken, Hacken und Mistforken. Zu uns sind die meisten freundlich. Sie wollen ihre Botschaft loswerden. Immer wieder hören wir: »Ohne Raila gibt es keinen Frieden. Kibaki muss weg. Sonst gibt es Krieg.«

Der größte Auftrieb herrscht an einer Weggabelung in dem Dörfchen Cheptiret, direkt an der A 104 nach Süden, zweiundzwanzig Kilometer von Eldoret entfernt. Diese kleine Siedlung verfügt seit 1952 über eine eigene Grundschule und ist bekannt für seine Märkte: Jeden Mittwoch werden Lebensmittel verkauft, und samstags finden hier Rinderauktionen statt, zu denen die Käufer von weither anreisen. Die Einheimischen leben überwiegend von der Landwirtschaft. Sie bauen Mais und Weizen an, sie züchten Hühner, Schafe, Ziegen und Milchkühe. Uns bietet sich ein makabres Bild. Vor dem ausgebrannten Minibus eines Bestattungsunternehmens liegen zwei verkohlte Leichen. Die Straße wird von den verrußten Überbleibseln eines Lastwagens blockiert. Jemand hat »Kibaki's Funeral Announcement« auf die Trümmer geschrieben. Den Ortsausgang dominiert ein riesiges Raila-Odinga-Wahlplakat.

Hunderte von jungen Männern beäugen uns. Die meisten sind mit Pfeil und Bogen bewaffnet und haben während der Mittagshitze im Schatten der kleinen Wellblechhütten, die hier die staubige Piste säumen, Schutz gesucht. Einer spricht uns an, ein Hüne mit weichen Gesichtszügen. Er spricht sogar deutsch. Sein Name sei Bernard Kernei, sagt er. Vor rund zwanzig Jahren hat er einmal drei Jahre in Braunschweig gelebt und dort an der *Deutschen Müllerschule* Mühlenbau studiert. Was sollen diese ganzen Barrikaden?, fragen wir ihn.

»Wir schützen uns nur vor der Polizei.«

Indem ihr Kikuyu aus den Autos holt?

»Wir lassen die Kikuyu doch durch. Aber nur in eine Richtung: zurück in ihr Heimatland.«

Wir deuten auf die beiden Toten.

»Haben Pech gehabt.«

Bernard bringt uns zum Anführer der Truppe, einem Mann mit Baseballmütze, der seinen Namen nicht nennen will. »Waffenstillstand gibt es erst, wenn Raila zu seinem Recht gekommen ist«, sagt er. Dann werden wir von einem Trupp Polizisten in Tarnuniformen unterbrochen. Sie nähern sich aus Eldoret, parken ihren Landrover in sicherer Entfernung, ein paar Männer kommen zu Fuß. In der Mitte ihr Kommandeur, Chief Inspector Salesio Njiru, ein kleiner freundlicher Mann, dem eine Maschinenpistole deutscher Bauart vor dem kugelrunden Bauch baumelt. Ein tarnfarben-ge-scheckter Safarischlapphut unterstreicht die putzige Erscheinung. Der Polizist will, dass die Straßensperren wegkommen. Mit sanfter Stimme redet er auf die aufgebrachte Menge ein, und wir werden Zeuge, wie es dieser kleine Mann schafft, praktisch ganz allein eine aufgewiegelte Menschenmenge zu besänftigen, die noch vor kurzem Autos und Kirchen in Brand gesetzt und Landsleute totgeschlagen hat. Welch ein Gegensatz zu den *Ninjaturtles*, die durch das unsinnige Löschen ein paar brennender Autoreifen die Tumulte in Kibera auslösten!

Wenig später eskortieren Njirus Männer einen Konvoi durch das Spalier der Kalenjin-Krieger. In den Bussen drängen sich Kikuyu, die in Todesangst aus den Fenstern starren. Sie sehen die verkohlten Leichen auf der Straße liegen und die Männer, die das getan haben. Wir haben genug gesehen und machen uns auf den Weg nach Eldoret.

Die kleine Polizeiwache der Stadt hat sich inzwischen in ein Flüchtlings-lager verwandelt. Auf der Straße wartet eine endlose Schlange von Fahr-zeugen aller Art auf die Bildung des Konvois, auf die nächste Eskorte. Meterhoch türmen sich die Habseligkeiten auf den Ladeflächen von Klein-lastern und den Dächern von PKWs. Komplette Hausstände, ganze Dörfer wurden hier zusammengebunden und ineinander verkeilt: Teppiche, Möbel, Kleidung, Fahrräder. Die Bilder von der Kolonne erinnern an den Abzug der Serben aus den Vororten von Sarajevo, die Bilder aus der Polizeistation hingegen an den Kongo. Auf der kleinen Wiese, die das Gebäude umgibt, campieren Tausende von Menschen im Freien, überall schwelen kleine La-gerfeuer, köcheln Maisbrei und Kassava, toben Kinder, gackern Hühner, meckern Ziegen. Ein paar Plastikplanen sind verteilt worden, ein paar De-cken. Viel ist das nicht. Aber wenigstens überlebt man hier.

»Die Kalenjin sind von ihren Führern aufgehetzt worden«, sagt Joe Ka-mau, 37, »diese Pogrome sind von langer Hand geplant worden.«

Wer sind diese Führer?

»Ein bestimmter Mann steht hinter der Sache.«

Welcher Mann?

»Vom ODM.«

Er nennt keinen Namen, doch wir sind uns sicher, dass er William Ruto meint. Wenn vom »Drahtzieher« die Rede ist, fällt immer der Name des Scharfmachers vom *Orange Democratic Movement*. Ruto ist Kalenjin, sein Wahlkreis ist Eldoret. Der charismatische Führer hat es geschafft, die Kalanjin nahezu geschlossen hinter Raila Odinga zu bringen – selbst gegen den Widerstand des ehemaligen kenianischen Präsidenten Daniel arap Moi, der ebenfalls zu den Kalenjin gehört und im Wahlkampf für Mwai Kibaki warb.

Kamaus Schicksal steht für so viele, die wir in diesen Tagen zu hören bekommen. Ein paar Tage nach den Wahlen zogen Gruppen junger Männer durch Eldoret. Sie zeigten auf jedes Haus, das einem Kikuyu gehörte, manche markierten sie auch mit einem Kreuz. Eines Tages kamen ein paar Männer auch zu Kamaus Haus. Er kannte die Männer. Sie kamen aus der Nachbarschaft. »Noch diese Wochen töten wir dich«, sagten sie und gingen wieder. Da packte Joe Kamau seine Sachen, nahm die Frau und die beiden Kinder und verschwand.

Mutter der Bäume
3. Januar 2008

Heute soll in Nairobi die angekündigte Großdemonstration stattfinden, doch es ist, als lähme Angst die Stadt. Der Uhuru-Park
in der Innenstadt ist menschenleer, wenn man von den Hun-
dertschaften der Bereitschaftspolizei absieht, die überall Stellung bezogen haben. Auf den mehrspurigen Straßen fährt kaum noch jemand – sie
sehen aus wie die deutschen Autobahnen zur Zeit des Ölpreisschocks in
den siebziger Jahren. »Save our beloved country«, titeln beide konkurrie-
renden Tageszeitungen *Standard* und *Nation* in seltener Übereinkunft. Das
sind aber keine schreienden Überschriften mehr wie sonst, das ist eher ein
Flehen. Leider werden die Appelle der Journalisten nicht von allen wahrge-
nommen: Auf der Ngong-Road brennen wieder die Autoreifen und sogar
das Strohdach eines Tanzschuppens, aus dem hilfsbereite Polizisten jetzt
poppig beklebte Schlagzeuge und Mikrophonständer heraustragen, und vor
dem Serena-Hotel direkt neben dem Uhuru-Park wird eine Gruppe von
etwa fünfzig Oppositionellen von der Polizei angegriffen und auseinandergetrieben. Peter Anyang'Nyong'o, ehemaliger Planungsminister in Kibakis
Kabinett, ist auch darunter. Mittlerweile ist er Generalsekretär der ODM.
Er macht einen besonders kampfeslustigen Eindruck und sticht in seinem
orangefarbenen Hemd aus dem Häuflein Verschworener hervor. Für seine
Provokation muss er mit einer Extraladung Tränengas bezahlen.

Mittlerweile sind immer mehr ausländische Delegationen angerückt, um
den Kenianern bei der Problemlösung behilflich zu sein. Und natürlich ist
auch Bischof Tutu, der anglikanische Erzbischof aus Südafrika, schon in
der Stadt. Er trifft sich mit Geistlichen und anderen kenianischen Gleich-
gesinnten im *All African Council of Churches* am Wayaki Way. Er trägt einen

schwarzen Anzug und darunter ein violettes Hemd, über dem ein riesiges Kreuz baumelt. Obwohl all seine Gespräche bisher wenig gebracht haben und er noch nicht einmal den Präsidenten treffen konnte, sieht er so optimistisch und gutgelaunt aus wie immer. »Wir haben keine Formel, um die Probleme zu lösen«, gibt er zu, doch er erzählt etwas von »Solidarität mit den Brüdern und Schwestern in Kenia«, die er zum Ausdruck bringen will. Er sagt, dass die Gewalt nicht enden würde, bevor die Führer sich nicht unterhielten, und vergleicht die Lage mit der in Südafrika Anfang der neunziger Jahre. »Wir hatten damals eine ähnliche ausweglose Situation«, sagt er, »doch wir haben sie gemeistert. Bevor wir 1994 die ersten demokratischen Wahlen abgehalten haben, hat kaum jemand einen Pfifferling darauf gewettet, dass es friedlich bleiben würde. Alle haben viel eher mit einem Bürgerkrieg gerechnet.« Wie es weitergehen soll, weiß er aber auch nicht. Eine Nachzählung der Stimmen hält Tutu für wirkungslos. Nach dem Durcheinander der letzten Tage ließe sich das echte Ergebnis des kenianischen Plebiszits kaum noch rekonstruieren. Was also tun? Südafrika hat Nelson Mandela, der ebenso wie Desmond Tutu mit dem Friedensnobelpreis ausgezeichnet wurde. Einen Mann, der über hohes Ansehen verfügt und Autorität bei allen Volksgruppen genießt. Einen Mann, der sich in jahrzehntelanger Kerkerhaft vom Militanten zum großen Versöhner gewandelt hatte. Einen Volkshelden und Staatsmann gleichermaßen.

Und Kenia? Kenia hat auch eine Friedensnobelpreisträgerin: Wangari Maathai, die dem Osloer Komitee im Jahr 2004 als *Mama Miti* (»Mutter der Bäume«) mit Aufforstungsprogrammen imponiert hatte. Als das »kenianische Pendant zur europäischen Frauen-, Anti-Atom- und Friedensbewegung«, hatte ihr Biograph, der deutsche Journalist Stefan Ehlert, sie damals bezeichnet und ihr ins Stammbuch geschrieben: »Als amtierendes Kabinettsmitglied in einer als korrupt geltenden Regierung ist die Professorin nun einer nur schwer erträglichen moralischen und politischen Zerreißprobe ausgesetzt. Ihre Bewegung, ja die ganze Welt, erwartet, dass sie – ausgestattet mit der Autorität einer Friedensnobelpreisträgerin – wenigstens in ihrem eigenen Land etwas zum Besseren bewirkt.« Bisher ist davon aber wenig zu spüren gewesen. Immerhin ist die »Mutter der Bäume« heute auch zum Treffen mit dem Südafrikaner gekommen und sitzt neben dem Bischof auf dem Podium im José-Chipenda-Konferenzsaal. Sie trägt ein afrikanisches Kleid mit blauen und goldenen Ornamenten und guckt nachdenklich. Das Reden überlässt sie ihrem berühmteren Nachbarn.

Ich bin ihr schon einmal begegnet. Als sie im Oktober 2004 den mit rund einer Million Euro dotierten Preis verliehen bekam, hatte ich sie kurz interviewt, und sie gab damals eine recht krude Theorie zum Besten, nach der Aids aus irgendeinem Labor in den USA oder einer anderen westlichen Industrienation stammen müsste: »Aids kommt doch nicht von Gott. Ich habe gesagt: ›Es ist nicht ausgeschlossen, dass HIV in medizinischen Labors entwickelt wurde.‹ Und Afrika ist arm. Wir verfügen nicht über die Möglichkeit, solche Viren zu schaffen.« Damals war Wangari Maathai als stellvertretende Umweltministerin Mitglied des korrupten Kabinetts von Mwai Kibaki, und sie sprach tapfer davon, dass die Bekämpfung von »Selbstsucht und Tribalismus« ein besonderes Anliegen der Regierung sei. Eigentlich habe ich nicht vor, sie ein weiteres Mal zu befragen, doch sie läuft mir nach der Veranstaltung über den Weg, und wir sprechen dann doch über die Lage.

Frau Maathai, Kenia wird von heftigen Unruhen erschüttert. Wie kann die Gewalt gestoppt werden?

»Insbesondere die Opposition muss jetzt ihre Leute zur Besonnenheit aufrufen. Sie muss ihre Anhänger bitten, mit den Plünderungen und den Morden, mit den Zerstörungen aufzuhören. Die Führer der Opposition müssen in ihrer eigenen Stammessprache zu ihren Leuten sprechen. Sie haben großen Einfluss. Die Zeit drängt, denn irgendwann haben wir ein Niveau erreicht, wo die Gewalt sich verselbständigt und nicht mehr gestoppt werden kann.«

Ist denn nur die Opposition für die Gewalt verantwortlich?

»Natürlich nicht ausschließlich, aber die Morde wurden bisher hauptsächlich von Sympathisanten der Opposition, des *Orange Democratic Movement*, begangen.«

Überrascht Sie dieser Ausbruch von Gewalt?

»Er macht mich unendlich traurig. Ich hätte nicht gedacht, dass es in diesem Land passieren kann, dass Menschen in eine Kirche getrieben und angezündet werden. Diese Gewalt ist unheimlich brutal, sehr stark, sehr spontan. Und dennoch hat sich so eine Entwicklung abgezeichnet. Das Gefühl, ungerecht behandelt zu werden, ist in weiten Teilen der Bevölkerung schon lange sehr stark ausgeprägt.«

Woran liegt das?

»Politik wird in diesem Land, aber besonders von der Regierungspartei, entlang ethnischer Linien gemacht. Angehörige anderer Volksgruppen als der Kikuyu fühlen sich ausgestoßen, vernachlässigt. Die Krise, die sich derzeit verschärft, begann vor fünf Jahren, als Kibaki die Regierung übernahm.«

Sie waren selber in seinem Kabinett.

»Ja, aber ich habe immer gesagt: Hört mit dieser einseitigen Politik auf. Die Politik der Regierung hat das Land geteilt. Das wurde besonders im Streit um die neue Verfassung deutlich, die Kibaki immer mehr Macht beschert hat. Danach bin ich aus der Regierung ausgeschieden.«

Was halten Sie vom Ablauf dieser Wahlen?

»Ich finde es sehr merkwürdig, dass die Parlamentswahlen ganz klar von der Opposition gewonnen wurden und die Präsidentschaftswahlen von Kibaki. Aber die Hauptverantwortung trägt doch die Wahlkommission. Die hätte ihren Job gut machen sollen. Sie kam viel zu spät mit ihrem Ergebnis. Der ganze Vorgang war nicht transparent. Man hätte die Zählung direkt an den Wahlstationen öffentlich bekannt machen sollen, um zu verhindern, dass in Nairobi plötzlich, wie geschehen, offensichtlich ganz andere Zahlen vorgelegt werden. Aber wer jetzt gewonnen hat? Keine Ahnung. Jeder von beiden könnte es gewesen sein.«

Raila Odinga hat jetzt Neuwahlen innerhalb von drei Monaten gefordert, bis dahin könne er sich eine Übergangsregierung vorstellen.

»Das halte ich für einen vernünftigen Vorschlag. Aber drei Monate sind wohl zu wenig. In einem halben Jahr könnte das gehen.«

In Mathare, neben Kibera einem der gewalttätigsten Slums der Stadt, ist es später wieder zu Kämpfen gekommen. Ein französischer Kollege nimmt mich in seinem klapprigen Landrover mit. Vorsichtig nähern wir uns der Zone. Die Straßen sind übersät von verschmorten Autoreifen, ausgebrannten Autowracks und Steinen. Besonders schlimm sieht eine Agip-Tankstelle aus. Sie ist völlig heruntergebrannt – genauso wie ein kleiner Fuhrpark von Bussen, die hier leichtsinnigerweise geparkt wurden. Polizei ist nicht zu sehen, sie muss sich zurückgezogen haben. Ein junger Mann spricht uns an, er wirkt nervös. Kommt mit, sagt er. Wir folgen ihm durch ein enges Gewirr von Gassen und Wellblechhütten. Menschen mustern uns durch Fensterhöhlen mit einer Mischung aus Neugier und Feindseligkeit. Nach einer Weile bleibt unser Führer stehen, wortlos deutet er auf den Boden. Die Leiche eines jungen Mannes liegt ausgestreckt im Staub. Er trägt eine verwaschene Jeans und schmutziggraue Socken, aber keine Schuhe. Werden denn hier jedem Toten zuerst die Schuhe gestohlen? Jemand anderes hat später sein Gesicht mit einer Plastiktüte verdeckt – um ihm wenigstens ein bisschen Würde zu lassen. »Er war Kikuyu«, sagt der Mann, der uns hergeführt hat, und erzählt, was sich vor kurzem ereignet hatte. Der junge Mann war vor einem Mob von Odinga-Anhängern in die engen Gassen geflüchtet und hatte sich im Labyrinth des Slums ausgerechnet ins »Luo-Gebiet« verlaufen. Hier wurde er schließlich totgeschlagen. Etwa zwanzig Meter entfernt stehen ein paar Kenianer und schwatzen und blicken dann und wann teilnahmslos herüber. Wir ziehen uns zurück. Bloß raus! Als wir endlich einen Ausweg aus diesem Hades gefunden haben, kommt uns ein Wagen des Roten Kreuzes entgegen. Die Männer suchen die Leiche. Wir zeigen ihnen den Weg. »Die Situation ist völlig unkontrolliert, wir können uns überhaupt nicht auf die Eskalation vorbereiten, wir wissen nicht, wo gerade was passiert, es herrscht Chaos«, sagt Abbas Gullet, der Leiter des Kenianischen Roten Kreuzes. Er ist selber mitgekommen, um vor Ort zu helfen. Er ist ratlos.

Nach den Unruhen kommt der Hunger

4. Januar 2008

Vor Kibera bilden sich lange Schlangen. Es sind überwiegend Frauen, viele haben Babys auf dem Arm, vor der unbarmherzigen afrikanischen Sonne schützen sie sich mit bunten Schirmen. Sie haben gehört, dass es hier etwas zu Essen geben soll, und tatsächlich steht eingekeilt zwischen Hunderten von Menschen ein kleiner Laster des Roten Kreuzes. Die Mitarbeiter in ihren roten Westen wollen etwas Maismehl verteilen. Sie wirken unsicher. Wird das, was sie mitgebracht haben, für diese Menge Hungriger reichen? Oder provoziert der Menschenauflauf erneute Unruhe? Nach tagelangem Ausnahmezustand und den blutigen Krawallen wird die Nahrung knapp.

100 000 Menschen sollen sich mittlerweile im ganzen Land auf der Flucht befinden. Sie fürchten die Pogrome. Sie haben ihre Häuser verlassen und schleppen das wenige, das sie besitzen, mit sich. Nach Aussagen des ugandischen Ministers für Katastrophenhilfe, Musa Ecweru, haben sich allein 5400 Kenianer nach Uganda durchgeschlagen. Es sind überwiegend Kikuyu und Kisii, die im Westen leben. Auch das Welternährungsprogramm der Vereinten Nationen schlägt wieder einmal Alarm. Seit Tagen sind wegen der ständigen Randale viele Geschäfte geschlossen, und auch der Nachschub stockt, weil die Straßen nach Mombasa blockiert sind. Selbst die Uno-Leute kommen deshalb nicht mehr zu den Bedürftigen durch. Fünfzehn Lastwagen stecken in Nairobi fest und sechzig an der Küste. Die Fahrer haben Angst, auf der fast zweihundert Kilometer langen Piste überfallen zu werden. Zudem musste der *Humanitarian Air Service* der Vereinten Nationen wegen der gefährlichen Lage im ganzen Land am Mittwoch und Donnerstag seine Flüge aussetzen. Besonders die schlaglochreichen Wege

ins Luoland aber sind offenbar durch Sperren blockiert. Und damit wird auch Kenias Nachbarland Uganda von der Versorgung abgeschnitten. Uganda hängt fast völlig am Tropf des Hafens von Mombasa. Der tansanische Hafen Daressalam bietet kaum eine Alternative. Die Infrastruktur ist dort zu schlecht. Wenn es so weitergeht, wird in Uganda bald kaum noch Benzin aufzutreiben sein. Ähnliches hört man aus Ruanda.

In der Hauptstadt Nairobi leidet hauptsächlich die Bevölkerung in den Slums. In Kibera, Mathara, Kariobangi. Die meisten leben in endlosen Wellblechhüttensiedlungen, die auch in besseren Zeiten weder Strom noch Wasser haben. Schon immer waren diese Armenviertel Seuchenherde. Das Wasser, das jetzt noch verfügbar ist, ist nicht viel mehr als eine braune Brühe. Krankheiten breiten sich schnell aus in so einer Umgebung, und die medizinische Versorgung ist katastrophal. »Wir brauchen Hilfe«, sagt Bischof William Abuka von der *Faith Community Fellowship* in Kibera, »seit fünf Tagen haben wir nichts mehr gegessen.« Er lädt Bianca und mich ein, ihn in seinem altersschwachen Toyota in die Gemeinde zu begleiten. Seine Glaubensbrüder dort böten uns Schutz vor Kriminellen und könnten uns den niedergebrannten Marktplatz tief im Innern Kiberas zeigen. Seit hier nämlich so gut wie alle Läden und Verkaufsstände von Vandalen geplündert und angezündet worden seien, sei das Durchkommen doppelt mühselig geworden. Die meisten hätten zum Leben zu wenig, zum Sterben jedoch zu viel. Kilometerweit müssten die Frauen nun laufen, um etwas *Sukuma* oder ein wenig *Ugali* aufzutreiben. Kaum noch jemand kann sich bei den gestiegenen Preisen selbst dieses wenige noch leisten.

In den engen Gassen des Slums türmen sich Berge von Kleidern. Die Plünderer haben sie einfach aus den Marktständen gerissen, sie machten sich noch nicht einmal die Mühe, sie zu stehlen. Dazwischen liegen zertretene Lebensmittel, Papier. Der Marktplatz, so groß wie einige Fußballfelder, ist eine einzige lavaschwarze Mondlandschaft. Nur hier und da ragen die Skelette verkohlter Hütten hervor. Düstere Mahnmale dieses Irrsinns. »Unter die Demonstranten haben sich schlechte Elemente gemischt«, erklärt uns der Geistliche später. Er ist sichtlich bemüht, den Protest der Menschen nicht zu diskreditieren. Das Anliegen der Leute sei verständlich, beteuert er, denn sie gingen für die Demokratie auf die Straße. Von hinten ruft einer den Namen des Oppositionsführers: »Raila is a black King!« Andere recken dem Pater ihre Hände entgegen. Noch betteln sie.

Das Treffen der Menschenrechtler

5. Januar 2008

Der kleine Sitzungssaal im zweiten Stock des *Grand Regency Hotels* im Zentrum Nairobis ist fast zu klein. Immer mehr Menschen drängen nach. Schwarze, Weiße, Inder. Schauspieler, Intellektuelle, Hausfrauen. Sie sind Kenianer. Sie sind besorgt. Sie sind die vielbeschworene Zivilgesellschaft. »So eine Krise hat es in Kenia seit der Unabhängigkeit 1963 noch nicht gegeben«, sagt die Menschenrechtlerin Gladwell Otieno, »wir sind hier, um zu zeigen, dass diese Regierung nicht gegen das Volk regieren kann. Kenia darf sich nicht in eine Diktatur zurückverwandeln.« Es sind über sechzig Aktivisten gekommen. In ihrer Mitte: Maina Kiai, die Galionsfigur der Menschenrechtsbewegung. Er gilt als unbestechlich. Er ist Kikuyu und kritisiert Kibaki. Er ist der Vorsitzende der Staatlichen Menschenrechtskommission, und er kritisiert den Staat. Maina Kiai erhält Morddrohungen.

In Nairobi hat sich die Lage oberflächlich beruhigt, doch es scheint nur die Ruhe vor dem Sturm zu sein. Allein Präsident Kibakis Regierungspropaganda möchte glauben machen, nun sei Normalität eingekehrt: Weil es zwei Tage vergleichsweise still blieb und einige Geschäfte wieder öffneten. Doch es ist eine vordergründige Ruhe, eine giftige, eine unheimliche. In Wirklichkeit werden Messer gewetzt, und es wird aufgerüstet.

Denn dass sich Bischof Tutu mit den politischen Kontrahenten trifft, ist ja ein lobenswerter Zug. Aber dass er eine Lösung anbieten kann, glauben allenfalls Philanthropen, die mit der kenianischen Realität wenig vertraut sind. Noch vor wenigen Tagen sind Menschen verbrannt, und kaum jemand in Kenia kann sich vorstellen, dass diese Taten ungesühnt bleiben.

Der Brand der Kirche von Kiambaa könnte erst das Fanal gewesen sein für weitaus schlimmere Massaker. Erste Anzeichen dafür gibt es bereits.

Die Krise im Land verschärft sich. Der Treibstoff wird immer knapper, schon geht auf dem Inlandsflughafen *Wilson-Airport* in Nairobi kaum noch etwas. In der westkenianischen Nyanza-Provinz hausen über dreitausend Menschen ohne Lebensmittel in provisorischen Flüchtlingslagern. Der Handel mit den Nachbarländern Uganda und Ruanda ist jetzt fast vollständig zum Erliegen gekommen. Mit Einkünften von rund siebenhundert Millionen US-Dollar im Jahr ist dieser Handel immerhin Kenias wichtigste Devisenquelle – noch vor dem Tourismus. Auch der leidet, die meisten Reiseanbieter haben ihre Trips in das ostafrikanischen Land storniert.

Gleichzeitig wird immer häufiger versucht, internationale Berichterstatter für das Desaster verantwortlich zu machen. In einem Kommentar der *Daily Nation* ist davon die Rede, Randalierer würden sich hauptsächlich für die Kameras von CNN in Szene setzen, von einer »symbiotischen Beziehung« zwischen ausländischen Medien und Krawallbrüdern ist die Rede. Der weiße Mann ist also wieder einmal verantwortlich fürs Elend auf dem schwarzen Kontinent. Und darum bittet der kenianische Medienrat ausländische Berichterstatter jetzt darum, in Zukunft die Nennung bestimmter Stämme, die für Gewalttaten verantwortlich sind, zu unterlassen, als wären sie eine Erfindung der *Wazungu* und als gäbe es keinen Stammeskrieg, wenn man ihn nicht mehr Stammeskrieg nennt.

Es sind jedenfalls Tendenzen erkennbar, die hellhörig werden lassen und bereits zu einer gewissen Nervosität unter den Expatriates in Nairobi führen – ganz ähnlich begannen die brutalen Ausschreitungen gegen die Franzosen in der Elfenbeinküste auch. Und auch Robert Mugabe (*Comrade Bob*) zog die weißen Bösewichte genau in dem Moment als Sündeböcke aus dem Hut, als die schwarze Opposition im eigenen Land übermächtig wurde.

Die Menschenrechtler im *Grand Regency* verlesen eine Liste mit elf Forderungen. Die Internationale Gemeinschaft wird darin aufgerufen, den mutmaßlichen Wahlfälscher Mwai Kibaki nicht als Präsidenten anzuerkennen (das hat bisher nur Uganda getan), und allen Vertretern der jetzigen kenianischen Regierung und der PNU mitsamt ihren Familienangehörigen Visa zu verweigern, »um sicherzustellen, dass sie im Land bleiben, und um die von ihnen verursachte Wahl-Travestie zu beenden«. »Wir werden nicht zulassen, dass eine kleine Gruppe ethnischer Chauvinisten dieses Land zwanzig Jahre zurückwirft«, sagt Gladwell Otieno. Zu gut erinnerten sich die Kenianer an die Atmosphäre von Angst und Terror unter dem Regime des ehemaligen Diktators Daniel arap Moi. Eine Rückkehr in die finsteren Zeiten wollen sie um jeden Preis verhindern. Wenn man den Menschen, die sich hier treffen, in die Augen blickt, erkennt man weniger wilde Entschlossenheit als Ernsthaftigkeit. Jeder ist sich der Bedeutung der gegenwärtigen Ereignisse bewusst. Das Projekt »Demokratie in Kenia« steht auf der Kippe. Wenn es in Kenia im Gegensatz zu den meisten afrikanischen Gesellschaften tatsächlich ein Bürgertum geben sollte, das das Schlimmste verhindern kann, muss es jetzt sein Gesicht zu zeigen.

Klare Worte sind gefragt, sagen die Menschen im *Regency*. Worte, wie sie der Direktor des *International Center for Policy and Conflict* in Nairobi, Ndung'u Wainaina, findet. »Die sich mehrenden Anzeichen für einen möglichen Völkermord, abscheuliche und kriminelle Taten auf einem überwältigenden Niveau – sie zeigen, dass tiefverwurzelte historische Missstände und Hass in den vielen ethnischen Gruppen Kenias seit Jahren existieren«, sagt der Konfliktforscher, übrigens ebenfalls ein Kikuyu. Verantwortlich für diese Eskalation seien die »rücksichtslosen, übereifrigen, verhassten und unverantwortlichen Menschen«, die das »Mandat des Volkes« gestohlen hätten. Das sind drastische Worte. Nicht das diplomatische Gesäusel, das die Kirchenleute lieben. Ndung'u Wainaina sagt auch:

»Herr Kibaki muss verstehen, dass friedliche ethnische Beziehungen nicht mehr möglich sind, wenn ein ethnisch geteiltes Land erst einmal gegeneinander in den Krieg gezogen ist und das Kenia, das wir kennen, wird dann auf Dauer zerstört sein.«

Er steht mit seiner Meinung keineswegs allein. Dass nun alles friedlich ausgehe und Kibaki die Ordnung wiederherstellen könne, hält auch Lynn Muthoni Wanyeri von der *Kenyan Human Rights Commission* für gefährlich naiv. Das Gegenteil sei der Fall.

»Wir wissen, dass sich Milizen in mindestens drei Regionen aufrüsten: in Nyanza im Westen Kenias die sogenannten *Chinkororo*, eine Kisii-Armee, die über rund 3000 Mitglieder verfügt, in Nairobi die *Mungiki-Banden* und in der Region von Eldoret die *Kalenjin Warriors*.«

Die *Mungiki* sind eine kriminelle Kikuyu-Sekte, die für unzählige Morde im ganzen Land verantwortlich ist. Ihre Mitglieder bilden ein mafiöses Kartell, das ganze Wirtschaftszweige Nairobis, wie das Matatu-Geschäft, kontrolliert. Sie wähnen sich in der Nachfolge der *Mau Mau*. Glaubt man einem Bericht von *Newsweek* haben sie über eine Million Mitglieder im ganzen

Land. Und nach Informationen der Menschenrechtler sind sie nun aus der Hauptstadt Nairobi nach Nakuru, ins Kikuyugebiet, gezogen, um sich zu formieren. Sie wollen von dort die Kalenjin bekämpfen, die die Straßen zwischen Eldoret und Nakuru blockieren und ethnische Säuberungen und Massaker an den Kikuyu verüben.

Wenn man mehr über die *Mungiki* in Erfahrung bringen will, sollte man sich auf den Weg nach Korogocho, ein heruntergekommenes Viertel in Nairobi, begeben und den Italiener Daniele Moschetti besuchen.

Pater Daniele Moschetti ist ein gottesfürchtiger und ein sehr mutiger Mann. Seit 1992 lebt er in einer der gewalttätigsten Gegenden der Hauptstadt. Doch Pater Moschetti hat gelernt, mit Entbehrungen zu leben, schließlich will er den Armen zu Gott helfen. Er lebt also unter sehr einfachen Bedingungen, in einer kleinen Hütte, an deren Außenwand jemand in Kisuaheli die Parole »Menschen für den Frieden in Korogocho« gepinselt hat: »Watu wa Amani wa Korogocho«. Die italienischen Missionare, die sich hier um Pater Moschetti scharen, wissen offenbar, was sie tun. Sie kennen die brutalen Kämpfe zwischen Luo und Kikuyu, die regelmäßig durch das Elendsviertel toben. Sie kennen auch ihre Nachbarn, und sie kennen die Gewalt, die zu Korogocho gehört wie der Gestank des gigantischen Müllbergs in der Nähe.

Pater Moschetti hatte dennoch eigentlich nie richtig Angst gehabt in Korogocho. Doch das sollte sich in der Nacht vom 29. auf den 30. Dezember 2007 ändern. Es war der zweite Tag nach den Präsidentschaftswahlen. Langsam dämmerte den Menschen, dass etwas faul war im Staate. Noch immer wurden Wahlergebnisse zurückgehalten. Wahlkommissare verschwanden spurlos. Präsident Kibaki, der gerade noch hoffnungslos hinter seinem Herausforderer Raila Odinga zurückgelegen hatte, holte in Rekordgeschwindigkeit auf. Langsam fraßen sich Misstrauen und Gewalt durch die Wellblechhüttensiedlungen.

Pater Daniele, den sie überall in Korogocho nur *Father Dan* nennen, kam an diesem Abend etwas zu spät nach Hause. Er bewegte sich sehr vorsichtig durch die staubige Siedlung. Es ist nachts dunkel in Korogocho, in solchen Vierteln gibt es mehr Ganoven als Straßenlaternen. Kurz vor seiner Hütte wurde Moschetti von einer Menschenmenge gestoppt. Es waren viele junge Männer. Sie hatten sich auf einem kleinen Platz zusammengerottet, und sie trugen Macheten und Messer. *Father Dan* wusste, dass das kein gutes Zeichen war. Er suchte den Blickkontakt, er suchte bekannte Gesichter, er wollte reden. Doch er erkannte niemanden an diesem Abend, er blickte nur in starre Augen. »Father«, sagte einer, »don't call the police.« Moschetti verstand das als Warnung. »Wir ziehen los, um zu töten«, sagte ein anderer. Dann verschwanden die Männer in der Dunkelheit.

»Es dauerte keine Stunde«, sagt Daniele Moschetti, »da hörte ich die Schreie. Es waren die Schreie von Frauen und Kindern. Und ich wusste, dass die Männer, die ich getroffen hatte, nun wahrmachten, was sie angekündigt hatten.« Acht Stunden dauerte der Blutrausch, ohne dass die Polizei eingegriffen hätte. Mindestens sieben Menschen starben in jener Nacht, viele wurden verletzt und vergewaltigt. Moschetti hat keine Zweifel, wem er gegenübergestanden hatte: Die Männer waren Mitglieder der geheimnisumwitterten und gewalttätigen Sekte *Mungiki* – jener Kikuyu-Truppe, die sich durch Schutzgelderpressung finanziert und glaubt, Gott habe ihnen das Recht gegeben, Kenia alleine zu regieren. Es sind Leute, »die ihre Opfer zu foltern und zu köpfen pflegen« *(Neue Zürcher Zeitung)* und jeden Abtrünnigen zum Tode verurteilen.

Kurt und ich treffen *Mungiki*-Führer Godwin Kamau Wangoe. Er ist der Schatzmeister der Truppe. Wir sitzen am Pool eines bekannten und sehr vornehmen Hotels in Nairobis Zentrum. Kamau Wangoe sagt, dass auch Uhuru Kenyatta, der Sohn des Staatsgründers Jomo Kenyatta, *Mungiki*-Mitglied ist. Vor einem halben Jahr noch war die kenianische Polizei mit brutaler Gewalt gegen die Sekte vorgegangen. Ganze Slums wie Mathare und Korogocho waren abgeriegelt, *Mungiki* regelrecht hingerichtet worden. Man hatte sogar eigens zu diesem Zweck eine Sondereinheit gegründet, die sogenannten *Kwekwe Squads*, die zwischen fünf- und achthundert *Mungiki* auf dem Gewissen haben sollen. Es herrschte Krieg zwischen dem Staat mit seinem Kikuyu-Präsidenten und den ungeliebten Radikalen aus den Slums.

Mittlerweile scheint sich das Verhältnis aber wieder gebessert zu haben. *Mungiki* ziehen unbehelligt durch die Straßen, zwingen Frauen aus öffentlichen Verkehrsmitteln und befehlen ihnen, sich afrikanisch-sittsam mit Röcken statt mit Jeans zu bekleiden. Ein Kleiderkodex ist ebenfalls Bestandteil ihrer kruden Ideologie.

»Wir sind neutral«, beteuert Kamau Wangoe dennoch. Er trägt kurzgeschnittenes Haar, ein gebügeltes graues Hemd und eine dicke Uhr. Wangoe bestätigt, dass sich Kenias berüchtigter Sicherheitsminister Michuki nach Ausbruch der Unruhen mit den *Mungiki* getroffen habe: »Er erzählte, dass wir Kikuyu jetzt alle zusammenhalten müssten und einen gemeinsamen Kampf führten.« Nach Wangoes Angaben hätten die *Mungiki* daraufhin jedoch Forderungen gestellt, auf welche die Regierung nicht eingegangen sei: die Freilassung ihrer Anführer aus dem Gefängnis in Naivasha zum Beispiel und die Bildung einer Kommission, welche die an den *Mungiki* verübten Verbrechen aufklären soll.

Nach Angaben von Wangoe sollen sich später auch Vertreter der ODM an die *Mungiki* gewandt haben, namentlich erwähnt er William Ruto. Der habe an die Schwierigkeiten der *Mungiki* mit Kibakis Regierung und an Gemeinsamkeiten wie den Kampf gegen die soziale Ungerechtigkeit erinnert. Mittlerweile wird immer deutlicher, dass sich die *Mungiki* in zwei Lager gespalten haben. Das eine verhält sich weitgehend still. Es verachtet die *Mount-Kenya-Mafia* des Präsidenten wegen ihrer Dekadenz und hebt die proletarischen Wurzeln der Sekte hervor. Ein anderer Flügel hat sich jedoch offenbar auf die Seite einflussreicher Kikuyu-Politker geschlagen und erledigt deren »dirty jobs«. Ihm scheint der gemeinsame Kampf der Kikuyu gegen Kenias andere Ethnien heilig.

Auf ethnische Banden zu setzen, ist jedoch eine riskante Strategie der Regierung, ihr Gewaltmonopol wird derzeit schneller atomisiert, als die Präsidentengarde schießen kann. Überall nämlich freuen sich kriminelle Banden derzeit über regen Zuspruch: *Kosovo Boys* und *Baghdad Boys*, *Taliban* und *Republican Council*, *Amuchuma* und die *Dallas Muslim Youth*.

Zum Abschluss ihrer Versammlung im Regency erheben sich die Menschenrechtler von ihren Stühlen, sie legen ihre rechte Hand aufs Herz und singen die kenianische Nationalhymne *Ee Mungu Nguvu Yetu* (»Oh, Gott aller Kreaturen«):

»Lass einen und alle mit starkem, wahrhaftigem Herzen leben. Dienst an unserem Heimatland Kenia sei unser Bestreben. Diese herrliche Erbschaft lasst uns fest verteidigen.«

Im Luoland

6. Januar 2008

Flieger Harro ist endlich verfügbar. Auf Linienflüge mögen wir uns in diesem Tagen nicht verlassen. Kurt zum Beispiel war neulich nachts in Eldoret hängengeblieben, weil es in dem Chaos für die Leute von der Fluglinie plötzlich keine Reservierungen mehr gab, sondern einfach mitgenommen wurde, wer entweder ganz vorne stand, sich rücksichtslos genug vordrängelte oder den schmierigen indischen Steward bestach, der für das Einchecken verantwortlich war. Außerdem ist es schwierig geworden, Rückflüge nach Nairobi zu bekommen. Die meisten Straßen sind dicht, und niemand möchte in diesen Zeiten länger als nötig in der Provinz festsitzen.

Harro ist ein angenehmer und höchst unterhaltsamer Reisegenosse. Er lebt seit mehr als dreißig Jahren in Kenia, ist Präsident des legendären *Aero Clubs* am *Wilson-Airport*, Eigentümer eines Reisebüros und Ausbilder der kenianischen Fallschirmspringer. Seit in Kenia kaum noch Flugzeugbenzin aufzutreiben ist, geht er wieder seinem eigentlich Beruf nach und baut als Architekt Häuser in Dubai.

Heute haben wir allerdings Glück. Harro ist in Kenia, hat ein paar Fässer Sprit auftreiben können und fliegt uns nach Kisumu, ins Luoland, ins Odingaland. In eine Stadt, die die sonst eher zur Nüchternheit neigenden Reiseführerautoren meines *Rough Guide to Kenya* nachgerade poetisch werden ließ. Von »glutvoller Atmosphäre«, Würde und einer »leichten Brise aus Zentralafrika« schwärmen sie. Und von einem maroden Charme in den ärmeren Gegenden.

Seit einigen Tagen jedoch ist es damit vorbei. Die Bilder von Kisumus Leichenschauhaus sind fast jeden Tag in den Gazetten abgebildet, und die Reihe der Toten ist sehr lang geworden.

67

Wir sind kaum vor dem *Imperial Hotel* direkt in der Innenstadt angekommen, als ein Pick-up mit Bereitschaftspolizisten an uns vorbeirescht. Wenig später hallen über den staubigen Marktplatz von Kibuye Schüsse. Es ist eine ganze Serie. Dann herrscht gespenstische Ruhe. Menschen rennen in alle Himmelrichtungen, panisch, orientierungslos. Nur ein paar junge Männer behalten die Nerven und hieven den Körper eines blutenden Händlers auf eine Schubkarre. Dann hetzen sie mit dem Mann in Richtung *New Nyanza General Hospital.* Der linke Unterarm des Unglücklichen ist von einer Kugel völlig zerfetzt worden, er baumelt nur noch an Sehnen und rotem Fleisch. Blut tropft auf den Asphalt und zeichnet eine makabre Spur.

Zwischendurch klingelt mein Telefon. Der deutsche Inhaber einer Luxuslodge, die am Rande der *Massai Mara* liegt, ist am Apparat. Er verbringt gerade seinen Urlaub an der Küste und hat von den Unruhen gelesen. Nun macht er sich Sorgen, dass die Touristen ausbleiben. In Wirklichkeit sei die Lage nicht so schlimm, sagt er. In Mombasa sei alles ruhig. Ob es nicht möglich wäre, etwas weniger von den Pogromen zu berichten, statt dessen vielleicht mehr von den friedlichen Gegenden, die es durchaus gebe. Was bekämen die Leute in der Ferne nur für ein Bild von dem schönen Land? Niemand wolle mehr kommen. Nicht, dass er eigene Interessen hätte. Ihm geht es um die Angestellten in der Tourismusindustrie, die jetzt arbeitslos werden.

Der Mann mit dem zerfetzten Arm ist nicht das einzige Opfer. Im Krankenhaus liegen bereits ein dreizehnjähriger Junge mit einem Beinschuss, ein Jugendlicher mit einem Streifschuss am Arm, ein Mann, dem der Hodensack zerfetzt wurde. »Jetzt werden jeden Tag solche Fälle gebracht«, sagt der Arzt Noel Leken, »die Polizei geht brutal gegen die Bevölkerung vor. Sie schießt gezielt, sie schießt auf die Menschen.« Schon würden den Medizinern die Blutkonserven ausgehen, sagt er. Im Leichenschauhaus liegen genau vierundfünfzig Tote aufgereiht und nur notdürftig bedeckt. Die meisten sind von vorne erschossen worden, als sie gegen die Regierung demonstriert hatten.

Die Schießerei auf dem Marktplatz hat, soweit wir sie rekonstruieren konnten, einen ethnischen Hintergrund. Ein Händler, der aus der Kikuyu-Volksgruppe stammt, soll in der Nacht zuvor den Marktplatz angezündet haben, daraufhin verwüsteten aufgebrachte Angehörige der Luo seinen Laden, und schließlich kam die Polizei, das konnten wir ja selbst beobachten, und machte Tabula Rasa. Die Tragödie nahm ihren Lauf.

Auf dem Marktplatz von Kibuye schwelt noch das Feuer. Pechschwarz ragen die Pfosten der kleinen Läden in den babyblauen Himmel, überall liegt verkohlte Krämerware herum, geschmolzenes Wellblech. Eine halbe Stunde nach der Schießerei wagen sich die Händler langsam zurück, sie rotten sich in Gruppen zusammen, sie schwören Rache. Vier Patronenhülsen hält Marktmann Okil Shein in seiner Hand, er hat sie gerade erst aufgelesen, direkt vor seinem Kiosk. »Wir Luo werden hier in unserem eigenen Land verfolgt«, sagt er, »wir brauchen etwas zu Essen.« Da fällt sein Nachbar ein: »Und wir brauchen Waffen; wir werden eine Heimatverteidigung aufbauen, wir werden Selbstverteidigungsgruppen bilden.« An eine Wand hat jemand »Raila or War« gesprüht. Wird hier bald für ein freies Luoland gekämpft?

Die Luo stellen mit rund 13 Prozent die drittgrößte Bevölkerungsgruppe des Landes. Ihr Name bedeutet »Menschen aus den Sümpfen«. Er deutet auf ihr Herkunftsgebiet hin: den südsudanesischen *Sudd*, den dieser Zweig der Dunka und Nuer zwischen dem 15. und Beginn des 19. Jahrhunderts verlassen hat. Die Luo sind Niloten, wie rund 30 Prozent der kenianischen Bevölkerung. Es sind »große und sehr dunkelhäutige Menschen«, wie der Autor Martin Pabst schreibt, »als einziges kenianisches Volk kennen sie weder die Knaben- noch die Mädchenbeschneidung. Von den englischen Kolonialherren wurden sie für friedlich, fleißig und wissbegierig gehalten und bevorzugt als Arbeiter angestellt. Sie haben sich daher besonders weit von ihrem angestammten Siedlungsgebiet ausgebreitet. Auch in Mombasa und Malindi sind sie heute zu finden, wo sie im Tourismusgewerbe tätig sind. Dennoch stehen die Luo in dem Ruf, seht traditionsbewusst zu sein«. Politisch fühlen sie sich seit jeher von den Kikuyu betrogen. Oginga Odinga, Railas Vater, war ihr Führer, als Kenia unabhängig wurde. Erst wurde er Kenyattas Vizepräsident, dann fallengelassen und eingekerkert. Tom Mboya, ein anderer Luoführer, wurde von einem Kikuyu erschossen. Raila Odinga wurde von Kenias zweitem Präsidenten Daniel arap Moi, einem Kalenjin, wegen eines Putschversuchs jahrelang eingesperrt, und vom dritten, Mwai Kibaki, erst um das Amt des Premierministers und dann womöglich um einen kompletten Wahlsieg betrogen.

Die Innenstadt Kisumus bietet mittlerweile ein Bild der Verwüstung. Supermärkte sind ausgeplündert und abgefackelt worden. Achtlos liegen zerstörte Haushaltswaren auf der Straße. Reihenweise sind in der breiten Oginga-Odinga-Road Schaufensterscheiben eingeschmissen worden. Viele unzufriedene Angestellte haben hier nebenbei die Geschäfte ihrer indischen

Arbeitgeber zerstört – aus Rache für vermeintlich ungerechte Arbeitsbedingungen. Es werden derzeit in Kenia viele alte Rechnungen beglichen.

Nachdem Idi Amin in den siebziger Jahren die Inder aus Uganda vertrieben wurden, haben sich viele auf der anderen Seite der Grenze, im kenianischen Luoland, angesiedelt. Ironischerweise mussten sich viele von denen nun nach Uganda retten. Sie befürchten Pogrome. In Kenia bilden die Inder einen Großteil der Mittelschicht, sie kontrollieren weite Teile des Handels. Immer wieder ist es in Ostafrika zu blutigen Ausschreitungen gegen die Asiaten gekommen, deren Vorfahren weiland von den Briten nach Afrika geholt wurden, um die berühmte *Uganda-Railway* von Mombasa nach Kampala zu bauen.

Der Vielvölkerstaat Kenia ist ein Tollhaus geworden, überall finden ethnische Säuberungen statt. Ein Perpetuum Mobile des Wahnsinns. Auf dem Gelände der Polizeistation in Kisumu campieren immer noch Hunderte von Angehörigen der Kisii-Volksgruppe, deren Stammesgenossen in der Nähe beheimatet sind, überwiegend den Präsidenten gewählt haben und über eine eigene Heimatmiliz verfügen, die *Chinkororo*. Alleine aber trauen sie sich nicht mehr in ihr Gebiet, sie warten auf eine Militäreskorte. Die Angst der Menschen ist begründet. In der Stadt Cherangany hat am Wochenende ein Mob von rund einhundert mit Kalaschnikows bewaffneter Männer eine Polizeistation und eine Schule gestürmt, in die sich rund dreitausend Flüchtlinge vor den Konflikten gerettet hatten. Die Angreifer eröffneten sofort das Feuer, die Polizisten schossen zurück. Sieben Tote forderte der Angriff.

Ein trauriges Bild bietet auch die Kenol-Tankstelle an Kisumus Nairobi-Road. Ein paar Polizisten bewachen den verkohlten Trümmerhaufen, um zu verhindern, dass noch die letzten brauchbaren Reste geplündert werden. Tankstellenbetreiber Zachary Obuya Otieno steht fassungslos vor den Überbleibseln. »Wir wollen doch nur einen politischen Wechsel in diesem Land«, beteuert er, »nun versinkt alles im Blut.« Rund um die Tankstelle stehen noch die ausgebrannten Autowracks. Sie stehen akkurat auf dem Parkplatz, direkt vor dem Schild »Parken auf eigene Gefahr«, welch eine Ironie.

Otieno weiß, dass dem Land das Schlimmste möglicherweise erst bevorsteht, wenn sich die Ethnien tatsächlich bewaffnen. Und er weiß, dass fast nirgendwo Waffen so leicht zu bekommen sind wie in Kenia, das aus den benachbarten Bürgerkriegsländern Uganda, Sudan oder Somalia mit

Kriegsgerät geradezu geflutet wird. Für morgen sind in Kisumu wie auch in Nairobi erst einmal die nächsten Demonstrationen angekündigt.

Raila Odinga will sich nun mit dem Präsidenten treffen. Doch von dem ist weder viel zu sehen, noch zu hören. Er sitzt das Problem einfach aus. Wie viele afrikanische Führer haben schon jemals freiwillig ihre Macht abgegeben? Ein Grund für das ungläubige Staunen, mit dem die Welt vor ziemlich genau fünf Jahren nach Kenia blickte, war ja auch die Tatsache, dass Moi mehr oder weniger freiwillig ging, statt sich in einen noch gräßlicheren Diktator zu verwandeln. Die ganze afrikanische Union ist voll davon, und kein rechtschaffener Mensch möchte mit diesem verkommenen Haufen etwas zu tun haben. Außer vielleicht Bundespräsident Horst Köhler, von dem man nicht genau weiß, ob er mit den afrikanischen Führern, mit denen er sich ständig umgibt, tatsächlich befreundet ist oder ob er eine besonders aufopferungsvolle Variante des Wandels durch Annäherung praktiziert.

Erst kürzlich waren Afrikas Staatschefs wieder alle zusammengekommen und hatten einen seltsamen Eindruck hinterlassen. Das Argument war aber auch von einer unfreiwilliger Komik, und gleichzeitig war es von unfreiwilliger Weisheit. Nachdem Bundeskanzlerin Angela Merkel auf dem Euro-Afrikagipfel in Lissabon 2007 den simbabweschen Autokraten Robert Mugabe öffentlich zusammenfaltet hatte, schimpfte Senegals Präsident Abdoulaye Wade beleidigt, Angela Merkel habe überhaupt keine Ahnung von der Lage in Afrika. Mugabe zu kritisieren sei schon deshalb zutiefst ungerecht, weil kaum jemand sagen könne, »dass die Menschenrechte in Simbabwe stärker verletzt werden als in anderen afrikanischen Ländern«. Die anwesenden Regenten vom dunklen Kontinent applaudierten begeistert. Da hatte ihnen mal wieder einer so recht aus dem Herzen der Finsternis gesprochen. Die Logik hinter Wades gefeierter Äußerung lautet kurz zusammengefasst: Weil nicht nur in Simbabwe die Menschenrechte mit Füßen getreten werden, sondern fast überall auf diesem Kontinent, möge man sich, bitteschön, mit Kritik zurückhalten. Despotismus ist demnach so etwas wie eine kulturelle Eigenart afrikanischer Staatsführung. Und kulturelle Eigenarten hat man zu respektieren.

In einem Punkt hat der Senegalese ja auch nicht ganz unrecht: Wer mit seiner Entwicklungshilfe munter Paul Kagames Tutsidiktatur in Ruanda, Äthiopiens Wahlfälscher Meles Zenawi oder Tschads Diktator Idriss Deby finanziert, darf sich schon einmal fragen lassen, warum er sich bei Mugabe immer so aufregt. Und das ja auch erst seit kurzem. Als *Comrade Bob* Anfang der achtziger Jahre Zehntausende von Ndebele niedermetzeln ließ, ging ihm das als revolutionäre Notwendigkeit im antikolonialen Kampf durch. Der Sozialist konnte damals gar nicht genug für seinen Einsatz gegen die Weißen gefeiert werden. Erst viel zu spät erkannte die philanthropische Welt, welche Natter sie die ganze Zeit an ihrer Brust genährt hatte.

Mugabe, Kagame, Zenawi, Deby – sie sind leider keine Ausnahmen, sondern eher die Regel. Gambia wird von einem durchgeknallten ehemaligen Catcher regiert; Uganda von einem Ex-Rebellen, der an der Macht klebt und aus unerfindlichen Gründen bis vor kurzem noch als Musterpräsident gehandelt wurde; Eritrea von einem Steinzeitkommunisten, der kein Problem damit hat, die Steinzeitislamisten in Somalia aufzurüsten. Der Sudan seinerseits wird von einem Islamisten geführt, der Völkermorde an seinen Minderheiten anordnet – von Staaten wie Äquatorialguinea oder Libyen oder Gabun oder Guinea oder Angola oder Nigeria oder Kongo-Brazzaville einmal abgesehen. Selbst in Südafrika, dem Musterländle unseres Nachbarkontinents, sieht es nicht mehr so rosig aus, seit der ANC von einem Mann angeführt wird, der öffentlich gerne in Leopardenfellen herumhüpft und etwas von einem Maschinengewehr singt, das man ihm geben soll.

Seit Jahren wird in Afrika behauptet, die Zeit der Idi Amins, Bokassas und Sese Seko Mobuto (offizieller Titel: der Hahn, der alle Hennen besteigt) sei endlich vorbei, und dann entpuppen sich die vielgerühmten und von uns nach Kräften finanzierten neuen Führer als ebenso raffgierig, undemokratisch und skrupellos wie ihre Vorgänger. Wenn der deutsche Steuerzahler wüsste, wen er da alles auf seiner Payroll hat! Die neuen *Big Men* erscheinen vielleicht nicht mehr so feist wie ihre Vorgänger. Die Zahl der Toten, die auf ihr Konto gehen (Darfur, Kongo, Ruanda!), ist dafür wahrscheinlich um einiges höher.

Nun also Mwai Kibaki. Der hat eigentlich von Anfang an eine ziemlich konsequente Politik gemacht: Er hat seine Kikuyu-Clique an die wichtigsten Positionen im faulen Staat gebracht; er hat Personenkult betrieben; er hat dafür gesorgt, dass sein Koalitionspartner und politischer Rivale von der Macht weitestgehend ausgeschlossen blieb. Und sein Kabinett war offenbar mindestens so korrupt, wie das des schon sehr korrupten Diktators Daniel arap Moi gewesen war. Nun hat er die Wahlen gefälscht, weil er nicht von der Macht lassen kann. Das ist die afrikanische Krankheit.

Der Hamburger Afrikanist Rainer Tetzlaff hat sich die *failing states*, jene kaputten und durch und durch morschen afrikanischen Staatsgebilde angeschaut. »Die wichtigste Ursache des Staatsversagens lag kaum jemals primär an der Schwäche der gegeneinander streitenden Oppositionsparteien oder der Unerfahrenheit einer fragmentierten Zivilgesellschaft«, schreibt der Politologe, »sondern im institutionell ermöglichten Fehlverhalten eines alternden Big Man an der Spitze eines neo-patrimonialen Regimes.« Dabei habe insbesondere die »ethnische Karte eine zentrale Rolle« gespielt, »bei deren Ausspielen man rasch politische Unterstützung mobilisieren konnte – auf Kosten der Nation und des Wohls der Gemeinschaft«.

Tetzlaff schrieb das vor der kenianischen Krise, und er meinte zusammengebrochene Staaten wie den Kongo, die Elfenbeinküste oder das Ruanda unter Habiyarimana. Doch was er da zu Papier brachte, liest sich wie eine Blaupause für die gegenwärtigen Ereignisse in Kenia. Mwai Kibaki hat einen ethnischen Wahlkampf geführt und unter seinen Stammesgenossen eine geradezu panische Angst vor einem Präsidenten vom Stamm der Luo geschürt. Er hat sich als *Big Man* auf unverschämte Weise über demokratische Spielregeln und Formen des politischen Anstands hinweggesetzt. Er und seine Entourage haben sich schamlos bereichert. Und er ist bislang uneinsichtig – während das Land in eine Katastrophe schlittert. Noch scheint ihn das wenig zu interessieren.

Demokratie ist in Afrika ein relativ neues Phänomen. Bis in die sechziger Jahre herrschten fast überall die Kolonialmächte, danach Diktatoren entlang der Fronten des Kalten Kriegs: hier Mobutu, dort Mengistu. Massenmorde sah man den Herrschern nach, wenn nur die Ideologie stimmte. Dass in europäischen Medien ein schwarzer Toter weniger zählt als ein weißer, ist jedenfalls ein sich hartnäckig haltender Mythos. In Wahrheit zählt nämlich nicht das schwarze Opfer wenig, sondern der schwarze Täter. Wo sonst auf der Welt kann man so wüten, ohne den Verlust der Reputation und internationalen Unterstützung zu riskieren?

In Afrika geht das immer noch. Und das ist wenigstens *ein* Grund dafür, warum das Schuldbewusstsein der afrikanischen *Big Men* so unterentwickelt ist. Jahrzehntelang haben ihnen die Entwicklungshelfer soufliert, für all das von ihnen angerichtete Elend sei in Wirklichkeit das böse Erbe des Kolonialismus verantwortlich. Hätte man doch nur einen von ihnen so kritisch beurteilt wie Chiles Autokraten Augusto Pinochet oder Paraguays General Strössner! Vielleicht stünden einige Dinge heute besser.

Da kommen also mehrere Faktoren zusammen: ein bestenfalls vorde-

mokratisches Bewusstsein; Stammestraditionen, die extrem auf starke Führer ausgerichtet sind; Rentenstaaten, die fast nur von Rohstoffeinkünften
leben und eine internationale Gemeinschaft, die das alles nicht interessiert,
weil sie längst ihre Schuldigen gefunden hat: die Kolonialmächte mit den
von ihnen gezogenen Grenzen und die Globalisierung. Der Rest der Welt
trägt aber wirklich eine Mitverantwortung für das Desaster. Dass afrikanische Führer viel Geld für Waffen, Luxuskarossen und teuren Schnick-
schnack haben, liegt auch daran, dass sie sich um das Gesundheitswesen,
die Infrastruktur oder die Bildung nicht mehr zu kümmern brauchen, weil
in Afrika praktisch alles, was unter die Fürsorgepflicht des modernen Staats
fällt, von ausländischen Helfern übernommen wird. Das weiß auch Mwai
Kibaki. Worum soll er sich also sorgen?

Es klingt absurd, aber: Sein autoritäres Gebaren verschafft ihm in der
Afrikanischen Union nur noch mehr Respekt. Und je schlechter es Kenia
aufgrund der von ihm angerichteten Krise geht, desto mehr Entwicklungshilfe wird er kurioserweise kassieren. Dafür werden seine furchtbaren Hel-
fershelfer in den europäischen Ministerien sorgen. Die schaffen das schon.
Sie haben darin Routine.

Brief aus Nairobi

8. Januar 2008

Wenn nicht gerade Wahlen gefälscht werden, gibt es in Nairobis Ausländer-Community kaum ein anderes Thema als die Kriminalität. Unsere indische Möbelhändlerin wurde vor ihrer Haustür ermordet. Den Freund und Kollegen Marc Engelhardt sperrten Gangster mitsamt seiner Tochter auf der Toilette ein, um ungestört das Haus leerzuräumen, alles in seinem Auto zu verstauen und dann mit dem Diebesgut davonzufahren. Einmal, als ich mit unseren Freunden Michael und Claudia Bitala und Julia und Stefan Ehlert beim Japaner Sushi aß, wurde Ehlerts Haus von einem Haufen Bewaffneter heimgesucht, die zuvor ein Auto gekapert und eine Frau als Geisel genommen hatten, und nun wild in die Luft schossen und die Angestellte krankenhausreif prügelten. So geht das nun schon seit Jahren. Als meine Frau Bianca vor zwei Monaten abends um sieben Uhr einen Knall hörte, erschossen sie gerade den Guard unserer italienischen Nachbarin Laura. In der vergangenen Nacht, um drei Uhr früh, standen nun ein paar Plünderer vor unserer Tür. Die Nachtwächter sahen sie und gingen in Deckung, statt den Alarm auszulösen. Zum Glück verscheuchte das Gebell der sechs Hunde die Eindringlinge. Sicher fühlt man sich in dieser Stadt, die nach einer neuen Studie die gewalttätigste Afrikas sein soll, dennoch nicht.

Wir leben hinter einem doppelten Elektrozaun, haben tags und nachts einen unbewaffneten Wachmann am Tor stehen und nachts zusätzlich einen mit Pfeil und Bogen bewehrten Samburu, der das Grundstück patrouilliert. Das Haus ist mit einer Alarmanlage gesichert. In jedem zweiten Zimmer befindet sich ein sogenannter roter Panic-Button, der, wenn er gedrückt wird, sofort die Sicherheitsfirma alarmiert. Zur Abschreckung habe ich zusätzlich zwei Totenkopffahnen vom FC St. Pauli aufgehängt. Sie sehen aus, als würden sie vor einem Minenfeld warnen. Man weiß ja nie. Sie merken: In dieser Stadt wird man leicht paranoid.

Nun also noch diese politischen und ethnischen Gewaltexzesse. Unmittelbar, nachdem der Wahlbetrug ruchbar wurde, brannten die Slums. »Unser« Slum heißt Kangemi, er liegt vielleicht fünfhundert Meter Luftlinie entfernt. Zwischen unserem Haus und Kangemi liegt eine Kaffeeplantage, die an Tania Blixens Leben jenseits von Afrika erinnert. Leider ist es nach sechs Uhr abends dunkel dort und menschenleer. Wenn nachts die Schüsse aus Kangemi herüberhallen, schlafen wir schlecht. Im Moment schlafen wir selten durch. Nicht nur wegen der Kinder.

Einkaufen macht dieser Tage auch keinen Spaß mehr. Die noch ängstlicheren Leute von der Uno hamstern immer noch, was das Zeug hält. Unser Supermarkt im Spring Valley führte vor einigen Tagen nur noch Tomatenmark und Nudeln. Vor den Geldautomaten musste man schlangestehen wie früher in der DDR vorm Konsum. Und Benzin war knapp und plötzlich doppelt so teuer wie noch vor ein paar Wochen. Der Weg zur Arbeit hingegen ist kurz geworden. Weil die Straßen leer sind, kommt man gut voran. Ein paar Minuten nur, dann ist man in der Innenstadt, die im Moment von Hunderten von Bereitschaftspolizisten belagert wird. Ein paar weitere Minuten, dann hat man Kibera erreicht, von wo derzeit die meisten Unruhen ausgehen. In der Nähe hat das *Orange Democratic Movement* seinen Sitz, nicht viel weiter entfernt residiert Präsident Kibaki.

Die meisten Sorgen machen wir uns um die Leute, die uns schon seit Jahren dabei helfen, in diesem Irrsinn zurechtzukommen. Judy, die saubermacht, wurde neulich mitten in der Nacht von prügelnden Polizisten aus ihrer Hütte gezerrt, weil sie dem falschen Stamm (Luhya) angehört. Und Betty, die uns im Haushalt hilft, musste spätabends mit schweren Krämpfen ins Krankenhaus gebracht werden. Wir wussten nicht, was es war. Doch die indische Krankenschwester tröstete uns und starrte gelangweilt auf die Glotze, wo gerade Krawallbilder liefen. Das sei alles nicht so schlimm, »wahrscheinlich eine Infektion«. Erst als Bianca Krach schlug und ihre Kreditkarte zückte, kam Bewegung in die müde Truppe. Zum Glück. Die vermeintliche Infektion stellte sich nämlich als Eileiterschwangerschaft heraus, und hätten wir nicht die Rechnung bezahlen können, wäre Betty wohl gestorben. 2000 Euro kann kaum ein Kenianer aufbringen. Soviel kann heute ein Leben kosten.

Im Moment hat sich die Lage etwas beruhigt. Manchmal gibt es wieder Staus, wie wir sie kennen. Und gestern wies mich sogar wieder ein Polizist darauf hin, dass ich mich im Auto anschnallen muss. Je nach Verhandlungsgeschick kostet dieses Vergehen in Nairobi 500 bis 2000 Kenia-Schilling, ohne Quittung natürlich. Für die Polizisten ist das fast ein halbes Monatsgehalt. Aber Gehälter bekommen sie selten. Sie leben von Verkehrkontrollen und Menschen, die sich nicht anschnallen. Die *Mo Ibrahim Foundation* bewertet übrigens jedes Jahr gemeinsam mit der *Kennedy School of Governance* die Regierungsführung von 48 afrikanischen Staaten. Im Bereich Innere Sicherheit rangiert Kenia auf dem 44. Platz. Kein Wunder. Jene Stadt, von der Karen Blixen schrieb, »Was wäre das Leben ohne die Straßen von Nairobi!«, ist das bestimmt nicht mehr.

Currywurst unter Palmen

10. Januar 2008

Derzeit kann Harald Kampa seine Gäste einzeln und per Handschlag begrüßen – so wenige sind es, die sich noch in seine Hotels *Diani Sea Resort* und *Diani Sea Lodge* an Mombasa Tropenstrand wagen. Und zu allem Unglück kommt gerade die Meldung ins Haus geflattert, dass *Thomson Fly* auch den Flieger für die nächste Woche gecancelt hat – wieder siebenundfünfzig Urlauber, die nicht kommen werden. Gerade einmal siebzig Gäste beherbergt Kampa derzeit noch, bei 662 Betten. Dabei ist der Januar in Kenia beste Reisezeit. Normalerweise liegt die Belegung zu dieser Jahreszeit irgendwo zwischen 85 bis 90 Prozent. Die Welle der Gewalt, die Kenia derzeit erschüttert, ist für den Hotelier deshalb »eine Katastrophe«, meint er. Und das passiere ausgerechnet ihm, der gerade erst 45 Millionen Kenia-Schilling (rund 470 000 Euro) in seine Hotelanlagen investiert hatte – nun ist alles futsch. Nur noch ein paar hartgesottene Dauergäste kommen. Holländer, Schweden und Franzosen wurden aus dem Krisengebiet sogar evakuiert. Kampa steht jetzt fast allein am Strand, er trägt eine gebügelte Leinenhose und ein weißes Hemd und guckt traurig. Weiter hinten schäkert die Sextouristin Karin aus Köln (»Solang die Unruhen net hier am Strand ausbräschen, hätt isch keine Angst«) mit einem gutgebauten Schwarzen, unter einem Sonnenschirm hängt als Reviermarkierung schlaff eine kleine Totenkopffahne des FC Sankt Pauli, und ein einzelner, leicht übergewichtiger Herr schmiert sich gerade den Bauch mit Sonnenmilch ein. Das soll also das »veritable Tropenparadies« sein, von dem in meinem *Visitor's Guide* die Rede ist: »Mombasa und Kenias Küste bieten die besten Voraussetzungen für Spaß und Ferienfreude, Entspannung – mit der lachenden Sonne und dem silbrigen Sand.«

Auch bei Walter Reif ist nichts los. Seit zwanzig Jahren schon lebt der deutsche Gastronom in Kenia. Seine Mega-Disco *Tembo* hat Platz für 3500 Partygänger, damit ist sie der größte Tanzschuppen Ostafrikas. Und heute? Schiebt ein einsames Pärchen über die Tanzfläche. Nicht viel anders sieht es beim Schweizer Rudi Hefti im *Safari Inn* an Mombasas Nordküste aus. Wo sich sonst schwitzende Bierbäuche drängen, machen sich nur noch paar einsame Rentner über Currywürste, Jägermeister und die Bildzeitung von gestern her. Eine Woche der Gewalt, und Kenias Wirtschaft steht vor dem Kollaps. Den durch den Aufruhr der letzten Wochen entstandenen Schaden beziffert mittlerweile selbst Kenias Finanzminister Amos Kimunya auf 60 Milliarden Kenia-Schilling (630 Millionen Euro). Er gibt sich zwar zuversichtlich, das Geld irgendwie wieder reinzubekommen, doch selbst notorischen Optimisten fehlt derzeit der Glaube daran, dass sich Kenias Wirtschaft so schnell von dem Schock erholen wird. Allein der Mobilfunkbetreiber *Safaricom* beklagt jetzt schon Verluste von rund 400 Millionen Kenia-Schilling (rund 4,2 Millionen Euro).

Die Bilder von machetenschwingenden Krawallbrüdern, brennenden Kirchen und Leichen auf den Straßen sind nicht so schnell vergessen. Insbesondere der Tourismus, von dem Kenia so abhängig ist, erweist sich dabei als besonders sensibles Geschäft. Die Kenianer wissen das besser als viele andere, denn sie haben bittere Einbrüche erleben müssen. Es dauerte Jahre, bis sich Kenias Tourismus-Industrie vom Anschlag auf das *Paradise-Hotel* in Mombasa erholte. Im Dezember 2002 hatten Al-Kaida-Terroristen das Gebäude in die Luft gejagt und dabei fünfzehn Menschen getötet. Alles hätte damals noch viel schlimmer kommen können, doch zum Glück hatten von den Terroristen abgefeuerte Bodenraketen ein mit zweihundert israelischen Urlaubern besetztes Flugzeug knapp verfehlt. Die Anschläge machten erneut deutlich, wie verletzlich Kenia ist – eine Gesellschaft im Umbruch, verarmt und gewalttätig, an der Schnittstelle zwischen Wald und Wüste, Christentum und Islam, Seßhaften und Nomaden.

Ein Rückblick.

Gerade einladend war der Weg nach *Little Israel* damals nicht gewesen. Seit Chauffeur Suleyman Sanare, 23, und Beifahrerin Caroline Munjuma, 25, die geteerte Malindi Road rund zwanzig Kilometer nördlich von Mombasa verlassen hatten, holperten sie in dem silbergrauen Toyota Minibus im Schneckentempo durch radnabentiefe Senken und Schlaglöcher. Es ging an der katholischen Kirche vorbei, dann an der anglikanischen, an der *Villa Pam* und dem Touristenzentrum *Sun'n'Sand*.

Erst nach einer kleinen Ewigkeit erreichten sie den versteckt zwischen Bananenstauden gelegenen Hotelkomplex, der von den Einheimischen *Klein-Israel* genannt wurde: Nur ein paar Schritte dahinter leuchtete ein weißer Sandstrand und das Blau des Indischen Ozeans.

Bis zum vergangenen Donnerstag hatte Caroline Munjuma in dem Hotel gearbeitet, das ausgerechnet *Paradise* hieß. Jetzt nannte sie es nur noch die *Hölle*. Es war etwa halb neun Uhr Ortszeit an diesem Tag gewesen, als die Masseurin, keine fünfzehn Meter von der Rezeption entfernt, auf die ersten Hotelgäste wartete – genauso wie jeden Morgen. Gerade checkte eine israelische Reisegruppe in dem 150-Betten-Haus ein. Es war schwül, wie häufig in der kurzen Regenzeit zum Ende des Jahres.

Was danach folgte, verdichtete sich zu einer Sequenz von Hitze, Lärm und Schrecken. An eine Detonation erinnerte sie sich, dann an eine zweite, kurz danach. Sekunden später brannten die Schilfdächer der Anlage lichterloh. Es wurde so dunkel, dass Caroline die Hand nicht mehr vor Augen sehen konnte, aus dem Inferno gellten die Schmerzensschreie der Verletzten.

Doch Caroline Munjuma kehrte zurück an den Ort des Horrors. Nun stand sie neben ihrem Kollegen Ferdinand Charo, der einen Kopfverband trug, vor dem niedergebrannten Eingangstor, das an ein überdimensioniertes Skelett erinnerte. Etwas hilflos zupfte sie an einem Absperrband, mit dem die israelischen Experten den Tatort gesichert hatten. Keine vierundzwanzig Stunden zuvor hatte ein Geländewagen dieselbe Auffahrt genommen wie Caroline Munjuma und Suleyman Sanare; dann war er in die Rezeption gerast und explodiert und hatte sechzehn Menschen in den Tod gerissen.

»Für uns ist Israel überall«, sagte damals Professor Juri Martinovich, der mit Sicherheitsleuten und Geheimdienstexperten aus Tel Aviv eingeflogen worden war und sich als Experte für »massive bleeding« bezeichnet. Sie haben Erfahrung mit so etwas in Israel. Der Mediziner betreute deshalb auch die schwerer Verletzten hier in Kenia. Einige Überlebende hatten sich unmittelbar nach der Explosion im Nachbarhotel *Calipso* begeben, sich an die Bar gesetzt und etwas zu trinken bestellt. Auch dort war die Speisekarte in Hebräisch gehalten, Hummus kostete 190 Kenia-Schilling, und auf dem Tisch stand eine israelische Flagge. »Für uns ist das Routine«, meinte Martinovich achselzuckend, »als Israeli fühlt man sich nirgends auf der Welt sicher.« Es war beileibe nicht das erste Blutbad, das er zu sehen bekommen hat. Wenn er sagt, Israel sei überall, meint er den Terror, und langsam dämmerte auch den Bewohnern des Nachbardorfs Kikambala, dass die globale Bedrohung die bukolische Abgeschiedenheit ihrer Heimat erreicht hat.

»Warum ausgerechnet Kenia?«, fragte mich Ali Baba, 22, der unten am Strand Holzfiguren verkauft hatte, als das zweihundert Meter entfernte Hotel in die Luft flog. An diesem Tag hatte er sich das Fußballtrikot von Maccabi Haifa übergestreift, das ihm vor Jahren einmal ein Tourist geschenkt hatte. Ein paar israelische Sicherheitsleute klopften ihm dafür kameradschaftlich auf die Schulter. Ali Baba wusste, dass nun auch für ihn harte Zeiten anbrechen würden. Der Terror trifft den Tourismus. Und von was sonst soll Mombasa leben?

Die Wirtschaft steckte damals in einer Dauerkrise. Nur in der Korruptionsstatistik belegte das ostafrikanische Land noch einen Spitzenplatz. Und die Präsidentschaftswahlen, sagten viele Kenianer, könne die Opposition nur gewinnen, wenn die Regierung des greisen Staatschefs Daniel arap Moi nicht allzu sehr manipuliert. Dass es besonders demokratisch zugehen würde, glaubte damals niemand. Moi regierte bereits seit fast einem Vierteljahrhundert, und da versteht man sich auf das Geschäft.

In vielen Dingen sollten die Pessimisten Recht behalten, doch in diesem einen Punkt irrten sie sich. Als wenige Tage nach dem grauenvollen Anschlag von Mombasa tatsächlich gewählt wurde, errang die Regenbogenkoalition von Mwai Kibaki und Raila Odinga einen überzeugenden Sieg und 125 von 210 Sitzen im Parlament. Nur wurde mit Moi die Korruption leider nicht beseitigt, und der Tourismus stürzte in eine tiefe Krise.

Dabei litt die Tourismusindustrie am Indischen Ozean schon seit langem. Auf die Reiselust von Europäern oder Amerikanern hatten sich bereits die Unruhen von 1997 verheerend ausgewirkt, die im Raum Mombasa über hundert Todesopfer forderten. Die Terroranschläge von 1998 – auf die US-Botschaften in Nairobi und Daressalam in Tansania mit insgesamt 224 Toten – waren ein weiterer Schlag für die Reisebranche. Zudem häuften sich Berichte über Raubüberfälle auf ausländische Reisende. Bei derart vielen Negativschlagzeilen konnte sich die Branche kaum so erholen wie der Tourismus in gelegentlich von Krisen heimgesuchter Ländern. Weiße

Sextouristinnen auf der Jagd nach verarmten, aber gut gebauten Beach Boys bevölkerten plötzlich den feinen Sandstrand: Es stand wahrlich schon einmal besser um das einstige Musterland.

»Nun ist unser Land unter die Räuber gefallen«, klagte damals der Muslim Suleyman Sanare, der als Zeichen seines Glaubens nur selten ohne Kappe und das traditionelle Langgewand aus dem Haus geht. Wer wolle in so ein Land bald noch reisen, fragte er sich. Als Touristenführer würde er sich wohl kaum mehr verdingen können. »Für 5000 Kenia-Schilling bekommst du eine Kalaschnikow und für 10 000 kaufst du einen Mörder.« Es waren bereits im Dezember 2002 die durchlässigen Grenzen zu Staaten wie dem Sudan oder Somalia, die Kenia so anfällig für Gewaltimporte machten.

Dass durch das Attentat auf das *Hotel Paradise* nun wieder gewaltsame Konflikte im Land aufflammen könnten, war Sanares größte Sorge. Seit Araber aus dem Sultanat Oman die Festung in Mombasa bestürmt und 1698 schließlich eingenommen hatten, war immer wieder – auch blutiger – Streit zwischen den Religionsgemeinschaften ausgebrochen. Und obwohl diese Spannungen sich in letzter Zeit weitgehend friedlich entladen hatten, könnte die Bombe das labile Gleichgewicht zwischen den Volks- und Religionsgruppen schnell zerstören. »Wir schließen Täter und Opfer dieser Gewalttat in unsere Gebete ein«, beeilte sich Imam Omar von der Mwarembo-Moschee im Zentrum Mombasas zu versichern. »Mögen die Täter auf den rechten Weg zurückfinden«, hatte er in seinem Freitagsgebet erklärt, »sie irren in ihrem Glauben, denn der Islam verbietet den Mord.« Doch nicht alle urteilten so großmütig. Mohammed Dor Mohammed jedenfalls, Generalsekretär der Vereinigung der kenianischen Imame, mochte nicht um alle Opfer des Anschlags trauern. »Die Kenianer tun uns leid. Die Israelis nicht, sie befinden sich schließlich im Krieg.«

Der hatte nun auch Mombasa erreicht – auch wenn das damals nicht jeden störte. Regina Küster aus Berlin etwa, eine von rund 43 000 deutschen Urlaubern pro Saison, freute sich aufs Schnorcheln und sonnte sich am lang gezogenen *Bamburi Beach*. Die Preise seien vertretbar, sagte sie, und in ihrem Hotel sei es ziemlich ruhig. Gestern Abend allerdings, nach den Fernsehnachrichten über das Attentat, das sich nur wenige Kilometer entfernt ereignet hatte, sei auch sie nachdenklich geworden. Ginge das so weiter, müsse sie wohl in ein anderes Land ausweichen. Kuba sei ihr da in den Sinn gekommen. Dort habe der *Máximo Líder* vielleicht noch alles im Griff. Und der Strand von Varadero solle eigentlich genauso schön sein wie der von Mombasa. Etliche Fluggesellschaften stellten für eine längere Zeit ihre Flüge nach Kenia ein und Reisewarnungen, allen voran der Vereinigten Staaten, führten zu Einbußen im Tourismusgeschäft und Verbitterung bei kenianischen Politikern. Jahre später wurden in Kenia schließlich einige Somalis verhaftet, denen eine Verstrickung in den blutigen Anschlag und den internationalen islamischen Terrorismus nachgewiesen werden konnten.

Erst zögernd aber kamen nach diesem Schock die Gäste zurück nach Ostafrika. In den letzten Jahren stieg die Zahl der Besucher wieder kräftig an, und Kenias Wirtschaft mit einem angeblichen Wachstum von sechs Prozent galt als seltenes Beispiel dafür, dass Aufschwung auch in Afrika möglich ist. Gastwirt Hefti machte im November und Dezember 2007 sogar Rekordumsätze. »Die Saison versprach bombig zu werden«, sagt er, »doch jetzt bricht hier alles zusammen.«

Dabei ist die Wirtschaft an Kenias Küste dringend auf das Geld der Ausländer angewiesen. Im Mai beginnt die Regenzeit, dann kommt sowieso kaum noch jemand an die palmengesäumten Strände. »Eigentlich fressen wir uns jetzt den Speck an«, erzählt der Deutsche Harald Kampa, »aber so, wie es aussieht, müssen wir wohl im Sommer Mitarbeiter entlassen.« Ob er in Zukunft noch in Kenia investieren wird, will sich der Unternehmer, der seit 1990 in der Nähe von Mombasa lebt, »reiflich überlegen«. Denn wenn es keine politische Lösung für die derzeitigen Probleme gebe, könne es immer wieder zu Gewaltexzessen kommen. Und eine politische Lösung ist nicht in Sicht. Auch der Vermittlungsversuch des ghanaischen Präsidenten John Kufuor scheiterte in der vergangenen Woche kläglich.

So umstritten Kenias Präsident Mwai Kibaki ist, die Ökonomie hat er dennoch angekurbelt. »Kibaki hat es geschafft, der Wirtschaft Freiräume zu geben, die sie unter seinem Vorgänger, dem Autokraten Daniel arap Moi, nicht hatte«, sagt Afrika-Experte Ralph-Michael Peters. Das Steueraufkommen ist gestiegen. Die Wirtschaft boomt. Und das, obwohl Kenia im Unterschied zu vielen anderen afrikanischen Staaten nicht über nennenswerte Rohstoffreserven verfügt – die sind sonst meist verantwortlich für Wachstumsraten südlich der Sahara.

Im Hafen von Mombasa stapeln sich immer noch die Container. 18 000 sind es, doppelt so viel wie zu normalen Zeiten. Über eine Woche mussten Schiffe in den Gewässern vor der Küste warten, bis ihre Fracht gelöscht werden konnte. Arbeiter waren nicht zur Schicht gekommen, die Eisenbahn war lahmgelegt, auch der Straßenverkehr. Eine einzige Eruption der Gewalt reichte aus, um praktisch den gesamten Hafenbetrieb und den Transitverkehr mit Ruanda und Uganda zum Erliegen zu bringen. Dabei ist der lukrative Handel mit den Nachbarländern lebenswichtig. »Wenn so etwas noch einmal passiert, wird es noch schlimmer: Dann laufen die Schiffe Dschibuti oder Durban in Südafrika an«, befürchtet Bernard Osero von der kenianischen Hafenbehörde, »so lange Liegezeiten kann sich kaum ein Reeder leisten.«

Hexerei in Bangladesch

13. Januar 2008

E s kann ja nicht jedesmal klappen. Seit einer halben Stunde schon ruft der schwitzende Polizeihauptmann in sein knarziges Megaphon, die Leute mögen doch zuhören, bitte!, und das Plündergut wieder zurückgeben, das sie vor ein paar Tagen bei den großen Unruhen zusammengerafft haben. Doch die Menschen lachen ihn nur aus und rufen hämisch, das Diebesgut würden sie erst herausrücken, wenn der falsche Präsident Mwai Kibaki auch die gestohlenen Stimmen zurückgäbe. So müssen er und die sechs anderen Polizisten wieder abrücken aus diesem stinkenden, schwitzenden Loch, das die Menschen *Bangladesch* genannt haben, weil sie glauben, dass es nur dort genauso dreckig und elendig ist wie bei ihnen zu Hause.

In einem anderen Viertel Mombasas hatten sie vor ein paar Tagen mehr Glück gehabt. Da kam tatsächlich einiges zusammen: Betten, Sofas und allerhand andere Möbel, über die sich Plünderer hergemacht hatten. Dabei kam den Polizisten ein Fluch zupass, den ein betroffener Händler ausgestoßen hatte. Wenn die Diebe die gestohlenen Gegenstände nicht binnen zehn Tagen zurückbrächten, würden sie verhext, ließ er unter den abergläubischen Langfingern streuen und erleichterte damit die Arbeit der Ordnungskräfte.

Mombasa leidet. Bekannt für seine weißen Sandstrände, die Palmen und das Nachtleben, machen jetzt leere Hotelzimmer, verwaiste Diskotheken, abgebrannte Gaststätten Negativschlagzeilen. Die Verluste allein für den Januar beziffert der Kenianische Tourismusverband auf rund 42 Millionen Euro. Die Langzeitschäden jedoch sind kaum abzuschätzen. Viele Geschäftsleute halten sich zurück. Wer will schon in einem Land investieren, das von gewalttätigen Unruhen erschüttert wird? Noch immer rät das Auswärtige

Amt auf seiner Homepage vor »nicht notwendigen Reisen nach Kenia« bis auf weiteres ab. Zudem seien »terroristische Anschläge nach wie vor nicht auszuschließen«. Die Sicherheitskontrollen der internationalen Flughäfen des Landes gäben zu Bedenken Anlass, »ob sie internationalen Standards entsprechen«. In den nördlichen und nordöstlichen Landesteilen bestünde zudem »eine erhöhte Gefahr, Opfer von bewaffneten Überfällen zu werden«. Die Innenstädte von Mombasa und Nairobi sollten nachts ohnehin gemieden werden. Eine Reiseempfehlung hört sich jedenfalls anders an.

Nach den Fernsehbildern von Toten, brennenden Häusern und Flüchtlingslagern ist vielen Urlaubern ohnehin der Appetit vergangen. Fast neunzig Prozent der Buchungen für Kenia sollen storniert worden sein. Das trifft besonders die kenianische Küste. Das Tourismusministerium organisiert jetzt Propagandatouren für die Presse, um das Image ein wenig aufzupolieren. »Seht, wie schön es in unserem Land ist!«, lautet die Devise. Und: »In den Hotelburgen bekommt man von all den Grausamkeiten nichts mit.«

Winfield Nanga kann diese Durchhalteparolen seiner Regierung nicht mehr hören. Am Tag, nachdem Kibaki in aller Eile vereidigt worden war, steckten jugendliche Randalierer seine Diskothek, den *Leisure Village Club*, in Brand. Die Täter waren Nangas Nachbarn. Ein paar Tage zuvor hatten sie in seinem Laden noch ihr Bier getrunken. Nanga wurde seine ethnische Zugehörigkeit zum Verhängnis. Der Unternehmer ist Kikuyu – wie Präsident Kibaki. Das ist in diesen Tagen ein böses Mal. Zumindest, wenn man am falschen Ort lebt. Kurz vor der Fähre, die den Südteil Mombasas von der Innenstadt trennt, wurden zwei Total-Tankstellen geplündert, weil deren Inhaber Kikuyu sind. Eine Caltex-Station hingegen blieb unversehrt – sie gehört einem Luo.

Doch von welcher Ethnie sie auch immer sind – unter der gegenwärtigen Krise leiden alle Kenianer. Peter Kilonzo gehört zur Volksgruppe der Kamba. Er führt das Lokal *Diani Baazar Restaurant* an der Südküste Mombasas. Wo man hinblickt: gähnende Leere. »Normalerweise«, sagt Kilonzo, »nehmen wir an einem Tag im Januar 40 000 Kenia-Schilling ein, derzeit sind es knapp 3 000.« Kilonzo ist enttäuscht von Präsident Kibaki und der *Mount-Kenia-Mafia*. Doch auch Oppositionsführer Raila Odinga trage eine Mitschuld an der Eskalation. »Raila ist im Moment der Kommandeur der Kenianer. Wenn er sagt ›Stoppt die Gewalt‹, dann werden die Kenianer friedlich«, glaubt Kilonzo, »bislang warten sie aber auf ein klares Signal.«

Auf so ein Signal wartet auch der deutsche Diskothekenbesitzer Walter

Reif. »Man darf die Lage nicht unterschätzen«, weiß Reif, »zwar bekommen die meisten Touristen von der Krise nichts mit, aber als das Land 1997 von einer Welle der Gewalt heimgesucht wurde, dauerte es zehn Jahre, bis sich die Branche erholt hat.« Kaum auszudenken, was passiert, wenn die Gewaltexzesse nächste Woche weitergehen. Am Mittwoch nämlich will die Opposition wieder demonstrieren gehen. Alle politischen Vermittlungsversuche sind bislang gescheitert. Nur die deutschen Pensionäre, die die kalten europäischen Winter fliehen, lassen sich nicht mehr schrecken. »Normalerweise sind die Deutschen immer die ersten, die sich aus dem Staub machen«, wundert sich Mohammed Hersi, der Vorsitzende der kenianischen Hoteliersvereinigung, »nur diesmal bleiben sie am längsten.«

Mombasa, diese etwas abgetakelte Schönheit am Indischen Ozean, hat in ihrer bewegten Geschichte den Angriffen der Portugiesen, Araber und Albions getrotzt. Sie wird auch diese Krise überleben. Dennoch blättert ihr Putz. Zuletzt machte sie fast nur noch negativ Schlagzeilen. 2005 hatte das Kinderhilfswerk Unicef eine vielbeachtete Studie über Kindersex in Kenia veröffentlicht und Mombasa als Epizentrum des widerwärtigen Treibens ausgemacht. Laut dem Bericht der Unoleute hätten an der kenianischen Küste damals bis zu 15 000 zwölf- bis achtzehnjährige Mädchen ihren Körper an Freier verkauft: »Mit Kinderprostitution lässt sich viel Geld machen, deswegen werden viele Kinder ermuntert, sich an Touristen heranzumachen.« Der Geschlechtsverkehr mit einem Mädchen, das jünger als sechzehn Jahre alt war, hätte rund zwanzig Euro gekostet. Die mit 41 Prozent größte Gruppe der Kunden waren Kenianer, gefolgt von Italienern (18 Prozent) und den Deutschen (14 Prozent).

Ein Rückblick.

Im Sommer 2003 hatte ich mich mit anderen Auswüchsen des kenianischen Tourismus beschäftigt. Damals hatten bereits betagte Sextouristinnen das Image der Stadt gehörig ramponiert: Frauen, die dem süßen Lockruf der Schweizer Massaimätresse Corinne Hofmann nicht widerstehen konnten. Nur hatte wie so vieles im Leben auch dieser Auswuchs des internationalen Tourismus' seine positive Seite. Musa, zum Beispiel, hatte plötzlich ein Handy. Der Massai besuchte das College, um lesen und schreiben zu lernen, und voraussichtlich würden seine Füße bald nicht mehr in Sandaletten aus

Autoreifen stecken. Bleiben würde ihm nur noch sein folkloristischer roter Umhang, der Schlagstock und der bunte Schmuck der Krieger aus den Weiten des kenianischen Buschs.

Musa, 34, aus Mombasa hatte jetzt nämlich nicht nur ein mobiles Telefon, sondern auch eine weiße Frau: Brigitta, eine Heilpraktikerin aus der Nähe von Passau. Kennengelernt hatten sich die beiden im *Safari Inn*, in einer dieser Touristenfallen von Mombasa, wo Musa mit seinen Kollegen vor Bier saufenden Alemannen Stammestänze aufführte und Schmuck verkaufte. Das war an einem schwülen Tag vor ungefähr einem halben Jahr gewesen, und seitdem war Brigitta bereits zum vierten Mal in dem ostafrikanischen Land und durfte sogar schon einen Fuß in Musas *Manyatta* setzen, wie die Rundhütten in Kenia genannt werden. Die Geschichte schien sich zu einer ernsten Angelegenheit zu entwickeln: Als ich sie in einem Freiluft-Restaurant an Mombasas Nordstrand traf, versuchten die beiden gerade, Musa einen Pass zu besorgen, damit der Sohn der *Massai Mara* auch mal einen Blick auf Brigittas bayerische Bergwelt werfen konnte.

Das Glück, das damals Brigitta und Musa erfasst hatte, war in den europäisch-afrikanischen Beziehungen keine Ausnahme. Dreißig Jahre nachdem Leni Riefenstahl die Deutschen mit Blut und Hoden der sudanesischen Nuba vertraut gemacht hatte, quollen die Bücherregale neuerdings über von Schicksalsromanen weißer Frauen, die sich ihre Erlebnisse mit dem schwarzen Mann von der Seele schrieben.

Als Pionierin unter den erotischen Kundschafterinnen gilt immer noch die Schweizer Boutiquenbesitzerin Corinne Hofmann. Sie begegnete ihrer großen Liebe in der *Bush-Baby-Disco* in Mombasa, die mittlerweile nur noch ein Trümmerhaufen und längst geschlossen ist, und machte ihre amourösen Erlebnisse einem größeren Kreis wortgewaltig zugänglich: »Lketinga drückt mich auf die Liege, und schon spüre ich seine erregte Männlichkeit« und ähnliche Sachen. Doch auch wenn Lketingas »Männlichkeit«, gemessen an europäischen Maßstäben, eher einen Ausnahmephall darstellte, musste Frau Hofmann in dieser Nacht »heulen vor Enttäuschung«. Denn alles ging zu schnell in dieser Begegnung, wie die scharfe Beobachterin fremder Welten berichtete, »und nach dem vierten ›Beischlaf‹ gebe ich es auf, ihn mit Küssen oder anderen Berührungen etwas zu verlängern«. Eines war fortan klar: »dass ich es mit einem Menschen aus einer mir fremden Kultur zu tun habe«. Gleichwohl folgten weitere Abenteuer, in deren Verlauf die Schweizerin Lketinga ein Kind und dem Rest der Welt mehrere Bücher schenken würde. Horrend verkaufte sich der erste Schinken unter dem Titel *Die weiße Massai* und löste eine Flut von Nachfolgewerken aus – mit weitreichenden Folgen. Denn fast 2000 Jahre nachdem Plinius der Ältere dem alten Rom begeistert berichtete, in Afrika gebe es immer etwas Neues (*Semper aliquid novi Africam adferre*), machten sich zunehmend Europäerinnen daran, dem »Herzen der Finsternis« nun auch die letzten Geheimnisse zu entreißen.

John Wowo etwa hieß der Mann, dessen »Begehren« Ilona Maria Hilliges »süchtig« machte: »Seine sinnliche Körperlichkeit half mir aus meinen Hemmungen heraus wie aus einem zu engen Korsett.« Kein Wunder – John Wowo verfügte über ein Reich »aus Liebe und Sex, Düften und Essen«, das »von verführerischer Süße« war. Der Rest bestand aus allerhand Abenteuern, späterer Heirat in Nigeria, Kindern und einem Buch *Die weiße Hexe*, dem das Frauenfachblatt *Brigitte* immerhin »Spannung und große Gefühle« attestierte. Noch toller erging es der Französin Claude Njiké-Bergeret. Sie brachte es, laut Klappentext, gar zur »weißen Königin mit der schwarzen Seele«, nachdem sie in Kamerun einen Stammeshäuptling geehelicht hatte – als eine von einunddreißig Frauen. Obwohl es hieß, »dieser Charmeur sammle förmlich zufällige Eroberungen«, ließ die Französin den drängenden Galan eines Nachts gewähren: »Er küsste mich, liebkoste mich und zog mich aus.« Da war's um die Pfarrerstochter natürlich schnell geschehen. *Meine afrikanische Leidenschaft* heißt das Elaborat und soll nebenbei auch noch »erstaunliche Einblicke in traditionelle Riten« gewähren. Am schlimmsten freilich trieb es die Tübingerin Mara Kubek, die laut Autoreninformation bereits im zarten »Alter von sechzehn Jahren erste Gedichte« verfasst hatte und nun, fast dreißig Jahre später, so richtig loslegte. In ihrem vermutlich autobiographischen Werk *Afrikanische Nächte* lernt sie ihren Lover Macumbé auf einem Tanz- und Trommelkurs kennen, und er, mit dem »Aussehen einer geschmeidigen schwarzen Katze, eines Raubtiers der edelsten Rasse«, nutzte prompt ihre »lüsterne Ergebenheit« aus. Den Rest schenken wir uns.

Seit es auf dem Buchmarkt dermaßen schwarz-weiß zur Sache geht, boomt auch in Mombasa das reale Geschäft mit der Lust. Tausende erwartungsvoller Europäerinnen streifen durch die Discotheken und den feinen weißen Sand der Touristenmetropole am Indischen Ozean. Was viele dabei nicht wissen: In Kenia hat Aids epidemische Ausmaße angenommen.

Doch Hemmungen schwinden in den feuchtheißen Tropennächten schnell, und so schwärmte der Strandverkäufer Nzilu Muthwii von den freizügigen »german girls«. Sein Kollege Thomas ratterte Namen herunter wie Ilse, Sabine, Gabi oder Steffi, als hätte er das Telefonbuch von Mannheim im Kopf. Und Ali deutete genießerisch auf eine Rucksacktouristin, die als »Butterfly« die Runde durch die schwarze Kommune macht.

Brigitta hatte unterdessen schon viel von der fremden Kultur mitbekommen. Ihr Musa sei »im härtesten Busch aufgewachsen wie in der Steinzeit«, erzählte sie kenntnisreich und fusselte dem Angebeteten zärtlich Krümel aus dem Mundwinkel: »Er ist so unschuldig und hat ein reines Herz.« Als er das erste Mal das Meer gesehen habe, habe er die Wellen für im Wind sich wiegendes Elefantengras und die Schaumkronen für Kühe gehalten. Und noch kürzlich, als Brigitta in den Fluten geschwommen sei, habe der Massai, wiewohl Nichtschwimmer, sie davor bewahren wollen, am Horizont von der Erdscheibe zu purzeln. Das waren die Momente, in denen sich Brigitta fragte, »ob es das Paradies wohl noch gibt«. Sie wollte die Antwort selbst geben; sie schrieb tatsächlich an einem Buch. Leider habe ich von den beiden danach nie wieder etwas gehört. Und leider auch nicht von einem Buch.

Von Sextouristinnen und Stammeskriegern lässt sich aber nicht jeder seine Urlaubsfreude vermiesen. Auf der Terrasse des *Sun'n'Sand*-Hotels, Mobasa-Nordstrand, herrscht wieder einmal gute Laune. Helmut, Edith, Kerstin und Hans-Josef, zwei Paare im etwas gehobenen Alter aus Offenbach respektive Freising, haben noch vor Sonnenuntergang das dritte Bier bestellt. Sie sitzen hier zwar ganz alleine, aber das stört sie nicht, denn sie können sich ganz gut mit sich selbst beschäftigen. Und sie haben viel zu erzählen, weil sie viel erleben. Im Nationalpark sahen sie neulich Löwen und Leoparden und nur ganz wenige Touristen, »vier, fünf Wagen«, und im Fernsehen sahen sie Bilder von Steinewerfern und brennenden Häuser. Und wenn Hans-Josef fragt »Helmut, was hat das zu alles zu bedeuten?«, gibt Helmut bereitwillig Auskunft. Er und Edith fahren nämlich schon seit fünfzehn Jahren jedes Jahr einmal nach Kenia (gutes Wetter, leckeres Essen, sauberer Strand). Sie kennen sich aus und wissen: »Die Menschen sind freundlich, und die Unruhen werden nicht zu uns ins Hotel schwappen.« Das Hotel ist schließlich eine Festung. Hohe Mauern, Wachmann, Rezeption. Und das alles »all inclusive«.

Hans-Josef: »Ein kleines Paradies.«

Helmut: »Nur die Überlandbusse fahren nicht mehr.«

Edith: »Dafür sind die Märkte geöffnet.«

Helmut: »Die Medien müssen aber auch immer alles aufbauschen.«

Edith: »Wir verlassen jeden Tag für eine Stunde das Hotel, und man sieht nichts von den Pro...«

Pogromen?

Edith: »Genau.«

Helmut: »Alles aufgebauscht. Ohne *Deutsche Welle* hätten wir gar nichts mitgekriegt.«

Kerstin: »Wir haben uns da draußen sogar einmal massieren lassen.«

Hans-Josef: »Und manchmal geben wir den armen Kindern Kleidung oder Bonbons ab.«

Kerstin: »Die freuen sich immer so.«

Helmut: »Wir hatten schon Malediven gebucht, wie Tsunami war.«

Edith: »Und da war auch nix.«

Helmut: »Ich hab ja auch gar keine Angst. Trotzdem will keiner mehr kommen.«

Kerstin: »Drüben im *Spring Palms Hotel* sitzen zwei Rentner mit einem Hund ganz allein und essen Spaghetti.«

Edith: »Bei uns gibt es Fleisch, Fisch, ein sensationelles Obstangebot, Papaya, Mango, Ananas und gekochte Eier.«

Helmut: »Nur am ersten Tag, da war das Frühstücksbuffet leer.«

Edith: »Das haben sie aber schnell in den Griff gekriegt, die Kenianer. Das haben sie schnell in den Griff gekriegt, das muss man sagen.«

Die beiden Pärchen haben sich gerade erst kennengelernt, doch sie wollen Freunde bleiben. Ein Urlaub unter mörderischen Gefahren schweißt eben zusammen.

Pöbelei im Parlament

15. Januar 2008

Zur großen Schlägerei, die Kenias große Tageszeitung *Daily Nation* schon befürchtet hatte, ist es jedenfalls nicht gekommen – bei der ersten Sitzung des kenianischen Parlaments nach den Wahlen. Turbulent ging es heute nachmittag im Hohen Haus direkt in Nairobis Innenstadt dennoch zu. Nachmittags um halb drei versammelten sich die 207 Abgeordneten, um den einflussreichen Posten *Speaker of Parliament* zu wählen. Ein Riesenaufgebot an Journalisten drängte sich auf den knappen Presse-Plätzen, dahinter viele Schaulustige. Schließlich soll das eine Woche der Entscheidung für Kenia werden. Ab Mittwoch hat die Opposition für drei Tage zu Massendemonstrationen aufgerufen, und die Regierung hat sie verboten. Es droht also eine weitere Eskalation der Gewalt. Zuvor aber die Sitzung des Parlaments. Und die Frage: Ist das überhaupt noch eine Demokratie in Kenia? Allerhand Gerüchte hatten im Vorfeld die Runde gemacht: zum Beispiel dass Raila Odinga mit seinen Kameraden die Regierungsbänke kapern wolle. Schließlich stünden ihm und seinen Parteigenossen diese Plätze zu. Odinga bezeichnet sich selbst als rechtmäßig gewählten Präsidenten und vergleicht Kibaki immer noch mit Idi Amin. Es war genau registriert worden, mit welch gewaltigem Polizeiaufgebot die Regierung die Innenstadt abgeriegelt und gleich fünf Straßen komplett gesperrt hatte. Und dass immer noch ein Live-Sende-Verbot für die lokalen Fernsehanstalten existiert. »Wir sehen eine schleichende Rückentwicklung zu den totalitären Methoden der Vergangenheit«, hatte die sonst eher regierungsfreundliche *Nation* düster festgestellt: »Die Regierung ist dabei, die tiefverwurzelten Rechte der Menschen, sich zu organisieren, auszudrücken und zu versammeln, zu zügeln.«

Die Konstellation im kenianischen Parlament ist interessant. Zwar hat es Kibakis Truppe, die sich ja ziemlich euphemistisch »Partei der Nationalen Einheit« nennt, aber nur ein paar Bevölkerungsgruppen hinter sich vereinigt, auf dubiosem Wege geschafft, bei den Präsidentschaftswahlen die Mehrheit zu gewinnen. Offenbar hatte sie aber vergessen, in gleichem Maße die Parlamentswahlen zu fälschen. So eine Torheit fällt natürlich sofort auf. Fürs Parlament gewannen die ODM-Vertreter nämlich 99 Sitze im Vergleich zu den mageren 43 von Kibakis PNU. Zusätzlich fallen bei 207 Sitzen insgesamt weitere 65 an kleine Parteien. Die Rechnung geht also so: Kann Kibaki die Kleinen alle hinter sich vereinigen, hat er eine knappe Mehrheit. Sonst unterliegt er im Parlament dem Herausforderer. Nun hat der Präsident Macht und kann natürlich versuchen, sie alle mit Geld und Posten zu ködern. Aber der Haken an der Sache ist: diese 65 Sitze fallen an 21 verschiedene Grüppchen, die sich Safina nennen oder CCU oder PICK oder Kadu-A und so weiter. Und das erscheint dann doch etwas unmöglich, so ein Sammelsurium geschlossen hinter sich zu bringen.

Um halb drei also saßen sie alle da unten, auf den mit grauem Leder bezogenen Tropenholzsitzen des Parlaments: auf der einen Seite die ODM-Leute hinter ihrem Führer Raila Odinga, der ganz rechts außen Platz genommen hatte. Die ODM-Männer mit orangefarbenen Einstecktüchern im Anzug, die Frauen mit orangefarbenen Tüchern um den Hals. Und auf der anderen Seite die etwas heterogene Gruppe hinter Kibakis PNU.

Auch wenn keine Fäuste flogen – kräftig geschimpft wurde von Anfang an auf dem denkwürdigen Treffen dieser ehrbaren 207 noch zu vereidigenden Abgeordneten. Erster Tagesunordnungspunkt: Soll die Wahl des *Speakers*, einer Art Parlamentspräsident, geheim stattfinden oder offen? Die ODM Leute befürchten, Kibakis skrupellose Spießgesellen könnten einige ihrer Leute gekauft haben. Also sind sie dafür, dass offen abgestimmt wird. So könnten sie die Verräter enttarnen. Die anderen hingegen sorgen sich, sie könnten auf Todeslisten landen, wenn bekannt würde, für wen sie stimmen. Sie wollen also alles möglich geheim haben. Also rufen die anderen »Wahlfälscher«, und die anderen brüllen zurück »Killer«. Füße scharren, rhythmisches Trampeln, endlose Redebeiträge. Ab und zu kumpanenhaftes Gelächter, Schenkelklopfen, Schulterklopfen. Die verfeindeten Parlamentarier kennen sich ja seit Ewigkeiten. Wer hat da nicht schon mit wem koaliert und intrigiert: mit Moi, gegen Moi, mit Kibaki, mit Odinga, die Alten noch mit Kenyatta. Oder dagegen. Je nachdem.

Schließlich hat die Opposition Angst, dass Kibakis Leute die Wahl nur verschleppen wollen, und lässt sich auf eine geheime Wahl ein. Aber wie geheim ist das wirklich? Da zeigen sie sich, nachdem sie ihr Kreuz gemacht haben, gegenseitig ihre Wahlzettel, bevor sie sie in die gläserne Urne werfen, und prusten knabenhaft vor Lachen über diesen Streich. Da protestiert die Regierungsfront mit grimmiger Entschlossenheit, und einer ruft: »Diese Stimme muss annulliert werden.« Und einer aus dem anderen Lager brüllt zurück: »Ihr müsst lernen, zu verlieren.« Dann schimpft der Vizepräsident Stephen Kalonzo Musyoka: »Diese Wahl ist fehlerhaft.« Und einer von der orangenen Opposition krakeelt: »Mit gefälschten Wahlen hast du doch sonst keine Probleme.« Und dann gibt ein Wort das andere: »Ihr Betrüger kauft Stimmen.« »Und ihr schlachtet unsere Leute.« Und als der frühere Minister für Innere Sicherheit und jetzige Straßenbauminister John Njoroge Michuki auftritt, zischen alle Oppositionsmitglieder wie Klapperschlangen, und als der ODM-Scharfmacher William Ruto nach vorne tritt, rufen die Regierungsfreunde »Mörder, Mörder!«

Ein Wunder, dass dann doch noch alle Stimmen abgegeben werden. Nach dem ersten Wahlgang kommt der Oppositionskandidat auf 104 Stimmen und der von Kibaki auf 99. Eine Zweidrittelmehrheit ist das nicht, aber ein Trend schon. Und nach zwei zähen weiteren Wahlgängen steht dann, endlich, um 19.57 Uhr das Ergebnis fest: Kibakis Mann Francis ole Kaparo verliert mit 101 Stimme gegen den ODM-Kandidaten, Kenneth Marende, der 105 Stimmen bekam. Großes Füßetrampeln, Gejohle. Der erste Sieg der Opposition. Aber was heißt das wirklich?

Odinga hat eine erste Genugtuung im Parlament erfahren, als sein Mann gegen den Vertreter von Kibakis Regierung gewann. Seine ODM stellt nun den Parlamentspräsidenten. Aber Raila Odinga möchte doch Präsident des Landes sein. Er fühlt sich doch um seinen Sieg betrogen. Der Posten des Speakers dürfte ihm deshalb kaum reichen, ganz im Gegenteil.

Aber nun hat sich ODM, indem sie sich auf das Wahltheater im Parlament einließ, auch Kibakis Spielregeln gefügt. Es sabotiert nicht die Kammer, es spielt mit. Ungefährlich ist das nicht. Denn erstaunlich ist es schon, dass Kibakis Mann Kaparo 101 Stimmen erhielt, wo doch Kibakis PNU selber nur 43 Abgeordnete stellt. Langfristig muss Kibaki also nur noch zwei, drei Wankelmütige auf seine Seite ziehen, und dann stellt er nicht nur die Regierung, sondern hat auch eine Mehrheit im Parlament. Vielleicht kommt er ja auch auf die diabolische Idee, ein paar Oppositionsführer hinter Gittern verschwinden zu lassen. Begründungen dürften ihm dafür schon einfallen: Hochverrat oder Aufstachelung zum Völkermord etwa. So etwas ist in nahe gelegenen Ländern wie Ruanda oder Äthiopien seit langem ein erprobtes Mittel, den politischen Gegner kaltzustellen.

Auf das Land werden schwere Zeiten zukommen. Eine Einigung der beiden zerstrittenen Blöcke erscheint unwahrscheinlich. Zu verhärtet sind die Fronten. Raila Odinga wird zeigen müssen, ob er noch Massen mobilisieren kann. Ob er gar das Militär auf seine Seite bekommt. Internationaler Druck könnte Neuwahlen zum Ziel haben. Doch vor Neuwahlen graut es vielen Kenianern. Der letzte Wahlkampf war schon blutig. Eine erneute Wahlkampagne, die sich womöglich über mehrere Monate hinzieht, könnte in einem wahren Blutbad enden. Es würde noch viel weitergehende ethnische Säuberungen geben, als sie das Land bisher schon erlebt hat. Massenkundgebungen könnten im Gemetzel enden. Welche Spannungen es gibt, haben die letzten Wochen gezeigt. Auch, wie tief der Frust bei den Luo sitzt, weil sie seit Jahrzehnten von der Macht ferngehalten werden. Welchen Ausweg aber gibt es aus dem Dilemma? Etwa doch den Wahlfälscher stillschweigend zu akzeptieren? Was Kenia blühen könnte, zeichnet sich langsam ab: eine Diktatur, vielleicht sogar ein Bürgerkrieg.

»Wir sind bereit, zu sterben«

16. Januar 2008

Heute mittag vor dem *Serena Hotel* in Nairobis ansonsten ausgestorbener Innenstadt: Journalisten warten auf Oppositionspolitiker, die im Uhuru-Park ihren Protest gegen die Wahlfälschung von Präsident Mwai Kibaki zeigen wollen. Immer wieder schmeißen Paramilitärs Tränengasgranaten in die Menge, schießen gezielt auf die Reporter. Einer eher zierlichen CNN-Reporterin in Jeans und lässigem blauen T-Shirt schießt ein Polizist aus zehn Metern absichtlich in den Rücken. Es wird ein stumpfsinniges, gewalttätiges, sich über Stunden hinziehendes Ritual.

Kibakis Kenia verwandelt sich in einen Polizeistaat.

Menschenrechtsgruppen aus Simbabwe schicken jetzt schon Grußadressen. Ihnen kommt das alles bekannt vor: Demonstrationsverbot, Einschränkung der Pressefreiheit, Knüppelorgien.

Als gestern Oppositionelle durch Nairobi gehetzt wurden, lief auf dem Sender KTN *Der große Diktator* von Charlie Chaplin. So sieht der stumme Protest der Medienmacher in einer autoritären Gesellschaft aus. Die Bevölkerung hat den Wink sofort verstanden. Die Kenianer verstehen die Sprache der gegängelten Medien noch aus der Moi-Ära. Die kenianischen Sender dürfen nun schon seit mehr als zwei Wochen nicht mehr live berichten. Immerhin dürfen sie überhaupt noch senden.

Auch Deutschlands oberste Entwicklungshelferin Heidemarie Wieczorek-Zeul möchte jetzt, wo irgendwo im fernen Kenia hinter den sieben Bergen Zivilcourage gefordert ist, natürlich nicht abseits stehen. Darum hat sie flugs eine eigene Protestidee entwickelt, sie möchte der kenianischen Tee-, Kaffee- und Bananenrepublik, natürlich nur vorübergehend, »direkte EU-Finanzhilfen« einfrieren. Und das ist natürlich schon skurril. Dass Kibakis

Truppe hochgradig korrupt ist und ethnische Konflikte anheizt, ist seit langem bekannt. Und dennoch hat sie für die Demokratisierung ihres Landes jedes Jahr üppige Zuwendungen aus Deutschland bekommen.

Wie diese Demokratisierung aussieht, durften Oppositionspolitiker heute am eigenen Leib spüren. Immer wieder wurden sie von knüppelschwingenden Polizisten durch die Innenstadt getrieben. Und Tote hat es auch wieder gegeben. In Kibera schoss die Polizei sogar mit scharfer Munition in die Menge und tötete mindestens einen Menschen. In Kisumu, im Westen, sollen mindestens zwei Leichen von der Polizei beiseite geschafft worden sein. Bei bewaffneten Überfällen wurden in Kitale vier Menschen getötet. Die Angreifer gingen dort mit Kalaschnikows aufeinander los. Auch andernorts brannten gestern Barrikaden. Die Zahl der Toten insgesamt wird mittlerweile auf rund 700 geschätzt.

Kibera, Kisumu, Kitale – wie schnell sich unsere geographische Wahrnehmung dieses Landes verändert. Früher kannten wir Mombasa, Malindi, Massai Mara. Und um den Rest machten wir einen weiten Bogen.

Bereits am Morgen hatte Raila Odinga das Parlamentsgebäude mit einem Militärcamp verglichen und erneut bekräftigt, dass er die »illegale Regierung« nicht anerkenne und die Proteste fortgesetzt würden. Tatsächlich befindet sich Kenia im Ausnahmezustand. Machtvolle Demonstrationen werden zwar gewaltsam verhindert. Doch jetzt traut sich auch niemand mehr zur Arbeit. Die Innenstadt ist wie ausgestorben, eine einzige No-Go-Area. Ganze Viertel werden geräumt. Najib Balala, Oppositionsführer aus Mombasa, flüchtet durch Tränengasschwaden und läuft uns fast direkt in die Arme. »Wir legen die Stadt lahm«, sagt er in einer Verschnaufpause, »wir werden alle Formen des Protests ausschöpfen. Wenn unsere Leute daran gehindert werden, in der City zu demonstrieren, werden wir andere Wege finden, auch Streiks, wir werden unsere Strategie täglich ändern. Massenprotest heißt nicht, dass Geschäfte geplündert werden.« Und dann erzählt uns Balala, dass die Regierung bereits versucht habe, Abgeordnete der Opposition zu kaufen: »Sie boten jedem, der für den Kandidaten der Regierung als Parlamentspräsident stimmt, zwei Millionen Kenia-Schilling.« Das sind etwas mehr als 20 000 Euro.

Es ist aber fraglich, ob sich Kibaki von den Maßnahmen der Opposition einschüchtern lässt. Sichtbar wird, dass sich das Klima verschärft. Der simbabwesche Schriftsteller Petina Gappah schreibt: »Plötzlich wurde Nairobi Harare und Kenia Simbabwe.« In Gappahs Heimat herrscht der

Weißenhasser Robert Mugabe und ruiniert sein Land. Auch Kenia schlittert in den Ruin. Bis März muss die Tourismusindustrie nach eigener Einschätzung 120 000 Arbeitskräfte entlassen – wenn es so weitergeht, und danach sieht es aus. Die Touristen zieht es derzeit eher ins friedliche Tansania. Einige indische Geschäftsleute wollen sich bereits nur noch in Devisen bezahlen lassen. Sie bereiten ihre Ausreise vor. Denn es scheint nur noch eine Frage der Zeit, wann Kibaki Fremde für den angerichteten Schaden verantwortlich macht. Gerüchte werden gestreut, ausländische Journalisten seien daran schuld, dass niemand mehr nach Kenia reisen will.

Die deutsche Schule hat für den Fall, dass »aufgrund einer Sicherheitswarnung Ihre Kinder nicht mehr mit den Schulbussen nach Hause gebracht werden können«, Maßnahmen vorbereitet: Telefonketten, Betreuung auf dem Schulgelände, Unterbringung bei Freunden. Die Schweizer und die französische Botschaft versenden regelmäßig E-Mails zur Sicherheitslage an ihre Landsleute, die deutsche nicht. Eine neue Dimension der Gewalt befürchten Menschenrechtsgruppen wie *Kenyans for Peace with Truth and Justice*. »Wir haben alarmierende Berichte von Menschenrechtsbeobachtern in Nairobis Armenvierteln erhalten, nach denen politische Führer Jugendbanden mobilisieren, um zu verhindern, dass sich die Menschen an Demonstrationen des *Orange Democratic Movement* beteiligen.« Bewaffnete Jugendgangs, die Oppositionelle einschüchtern sollen – gemeint sind wohl die *Mungiki*. Die Proteste aber sollen heute fortgesetzt werden. »Wir machen weiter, bis Kibaki weg ist, in voller Stärke«, sagt Oppositionspolitiker William Ruto. Er ist mit seinem Geländewagen samt Chauffeur eingekeilt in einer Traube von Sympathisanten. Er kommt weder vor noch zurück. Er sagt: »Wir sind bereit zu sterben.«

Terror
17. Januar 2008

Der Menschenrechtler James Maina lebt auf der Flucht. Am vergangenen Samstag hatte sich eine unbekannte Stimme am Telefon gemeldet und erklärt, er stehe auf der Todesliste: »Verschwinde zu Deinen Luo-Freunden nach Kisumu, sonst bist du tot.« Seitdem wechselt Maina sein Quartier, meidet alte Bekannte, traut sich kaum noch, sein Mobiltelefon zu benutzen. James Maina arbeitet für die Organisation *Hema la Katiba*, was soviel heißt wie »Zelt der Verfassung«, er hat eine sehr gründliche und sehr objektive Studie zu den Auseinandersetzungen der Regierung mit den *Mungiki* verfasst, er klärt Regierungsverbrechen auf, seit Jahren schon. Doch was im Moment noch schlimmer wiegt: Er gehört zum Stamm der Kikuyu, dem Stamm der Mächtigen in Kenia, dem Stamm Mwai Kibakis.

Seit dem Ausbruch der Unruhen in dem einstigen Urlaubsland, sind alle in Gefahr, die Kritik am Regime des Autokraten und seiner Kikuyu-Mafia üben, besonders aber »Verräter« wie James Maina. In Kenia herrscht nicht nur die Gewalt, sondern jetzt auch der Terror. Und der richtet sich meist vor allem gegen die eigenen Leute, gegen vermeintliche Renegaten. Morddrohungen werden ausgestoßen, per SMS, per E-Mail, am Telefon, und das sind keine leeren Drohungen in einem Land wie Kenia. Wenn Kurt Pelda und ich uns mit James treffen wollen, dann gehen wir vor wie Geheimdienstler in einem ziemlich schlechten Film. Wir telefonieren mit verschiedenen Handys und lassen uns in merkwürdige Stadtteile mit merkwürdigen Bars lotsen, wo wir dann in merkwürdigen Hinterzimmern sitzen, Chai trinken und versuchen herauszufinden, wie wir James helfen können. In der Vergangenheit hatte er uns mit den Führern der *Mungiki* zusammengebracht, weil sie ihm vertrauten – ihm, der so schonungslos aufgedeckt hatte, mit welcher Brutalität die kenianischen Sicherheitskräfte gegen die Angehörigen dieser Sekte vorgegangen waren. Jetzt ist er offenbar selber zur Zielscheibe der *Mungiki* geworden: zumindest des radikalen Flügels dieser Kikuyu-Kampfgruppe.

Heute abend gegen halb sechs hallten durch Nairobis großen Slum Kibera wieder einmal Schüsse. Paramilitärische Sondereinheiten durchkämmten die überwiegend von Luo bewohnten Gegenden: endlose, verzweigte Gassen, die von staubigen Wellblechhütten gesäumt sind. Sie warfen Tränengas in die Armenviertel. Sie taten das unter unseren Augen. Es interessiert sie schon lange nicht mehr, ob es Zeugen dieser Gewalt gibt. Sogar der deutsche Botschafter Walter Lindner, ein langgewachsener Schlacks mit Pferdeschwanz, stand, an seine Limousine gelehnt, auf einem kleinen Hügel in unmittelbarer Nähe und warf einen Blick auf den Wahnsinn, der mittlerweile schon Alltag geworden ist. Es dauerte nicht lange, dann wurden die Opfer dieses »Polizeieinsatzes« aus dem Slum geschleppt, drei Männer und eine Frau mit Schusswunden. Der Frau war in den Rücken geschossen worden. Die Verletzten wurden unter den teilnahmslosen Blicken der Paramilitärs ins nahegelegene *Masaba-Krankenhaus* getragen. Einer der Uniformierten hatte sich zuvor noch den sadistischen Spaß geleistet, eine Tränengasgranate in die Helfer zu schießen. Wer einen Sterbenden retten will, macht sich dieser Tage in Nairobi strafbar. Die absurde Begründung dafür ist, dass Versammlungen von mehr als fünf Menschen verboten sind. Insgesamt starben gestern wieder acht Menschen in Kenia, einer wurde in Mathare-Nord von der Polizei erschossen, einer in Kibera, einer wurde in Ruaraka bei lebendigem Leib verbrannt.

Das geht jetzt zwar schon eine ganze Weile so, dennoch ist es eine neue Qualität der Gewalt, die durch das Land schwappt: dass Polizisten rücksichtslos auf Unbewaffnete schießen. Aus Kisumu kannte man das schon. Am Mittwoch hatte ein Polizist hier sogar vor laufender Kamera einen Demonstranten liquidiert. Die schockierenden Bilder laufen seither im kenianischen Sender KTN. Aus Nairobi waren solche Szenen bislang aber noch nicht bekannt. Es scheint, dass die Regierung unter dem wachsenden Druck ihre Strategie ändert. Sie mobilisiert Jugendbanden, droht mit Terror und schießt gezielt scharf.

Wie der berühmte Räuber, der am lautesten »Halt den Dieb« brüllt, sucht Kenias korrupte Regierung außerdem nach Sündenböcken für das

Chaos. In einer ganzseitigen Anzeige, die in allen großen kenianischen Tageszeitungen geschaltet wurde, behauptet sie, Journalisten, Oppositionelle und die Botschafter der USA, Großbritanniens und Deutschlands machten den »lautesten Krach« und wiederholten immer »die gleichen Lügen«. Ihre Anschuldigungen hätten »die Spannungen verschärft und sogar zum Tod geführt«. Von übler Propaganda ist die Rede, die »ethnische Säuberungen« zum Ziel gehabt hätte.

»Es ist schockierend und furchteinflößend zu sehen, wie die Polizei buchstäblich und schamlos ungesetzliche Tötungen vornimmt«, schreibt die Nichtregierungsorganisation *National Convention Executive Council*, »wir sind extrem alarmiert und beunruhigt von dem beispiellosen Zusammenbruch von Recht und Gesetz in Kenia und der Unfähigkeit der Regierung, alle Teile der Bevölkerung zu schützen.«

Auch in Mathare brennen wieder die Hütten. Aufgebrachte Oppositionsanhänger schwenken *Pangas*, mit Nägeln gespickte Keulen und anderes Schlagwerkzeug. Häuser gehen in Flammen auf. »Das ist Kibakis Haus«, ruft uns ein jugendlicher Randalierer zu und zeigt auf eine brennende Wellblechhütte. Dann lacht er irre. Immer dichter wird der Qualm, ein gelblicher Rauch, der sich mit dem Tränengas mischt, das die Polizei immer wieder in die Menge und auch in einzelne Wohnungen schießt. Infernalische Kriegstänze werden von jungen Männern in Fußballhemden von Chelsea und Manchester United aufgeführt, Steine geschleudert, Odinga-Plakate geschwenkt.

Immer gereizter reagieren mittlerweile die paramilitärischen Sicherheitskräfte der berüchtigten *General Service Unit* (GSU), die mit entsicherten Schnellfeuergewehren durch Nairobi marschieren, auf diese immer wiederkehrenden Provokationen. Nach über zwei Wochen Unruhe sind sie übermüdet und aggressiv. Ihre Einheiten werden ethnisch zusammengestellt, berichten Menschenrechtler, in die aufrührerischen Luo-Gebiete würden vorwiegend Angehörige der »Regierungsstämme« Kikuyu und Kamba geschickt: dass bloß niemand mit dem Feind fraternisiert. Bei Angehörigen der ODM geht mittlerweile die Angst um. »Wir wissen, dass die Polizei eine Sondereinheit geschaffen hat, um unsere Führer umzubringen«, sagt der Parlamentarier Abuba Namwamba.

Was macht Hermlin im Knast?

18. Januar 2008

Die Journalisten in Kenias Hauptstadt rätselten in den vergangenen Tagen, wer der gut gekleidete Hüne war, der sich, mit Presseausweis und in Begleitung eines Fotografen, gleichermaßen durch Tränengasnebel vor dem Uhuru-Park wie durch Menschentrauben auf Pressekonferenzen der Opposition kämpfte; kundtat, für »eines der größten deutschen Nachrichtenmagazine« tätig zu sein; Raila Odinga mit einem sozialistischen Bruderkuss herzte, wie es Berichterstatter sonst eher selten zu tun pflegen, und ihn in aller Öffentlichkeit »Mein Präsident« nannte.

Den Fremden hatte zuvor niemand gesehen, soviel war sicher. Denn an diesen Kerl, der mit roter Krawatte und Nadelstreifenanzug durch den rotbraunen Matsch der Hauptstadt watete, hätte man sich erinnert. Es handelte sich, das stellte sich schnell heraus, um Andrej Hermlin, Sohn des ostdeutschen Schriftstellers Stephan Hermlin, Swing-Musiker, ein Exzentriker, der sich gerne in edle Anzüge, die im Stil der dreißiger Jahre gehalten sind, hüllt. Er wollte für die ostdeutsche Blut- und Busenpostille *Super Illu* berichten, heißt es.

Seit gestern Abend sitzt der zweiundvierzigjährige Hermlin im kenianischen Gefängnis. Als er versuchte, gemeinsam mit dem freiberuflichen Berliner Fotografen Uwe Hauth, das Land über den *Jomo-Kenyatta-Flughafen* zu verlassen, wurde er verhaftet. Fadenscheinige Begründung: die zwei merkwürdigen Reporter seien »terroristischer Umtriebe« verdächtig, in ihrem Gepäck hätten sich »wichtige Unterlagen befunden. Es ist nicht mehr weit her mit der Rechtsstaatlichkeit in diesem Land. Nein, es scheint eher, als verwandle es sich in einen Polizeistaat übelster Prägung. Seit dieser falsche Präsident im Dezember die Wahlen fälschen ließ, kamen rund tausend Menschen ums Leben. Jetzt geraten immer stärker ausländische Journalisten ins Fadenkreuz. Sie werden mit Pferden auseinandergejagt, mit Tränengasgranaten beschossen, offen davor gewarnt, durch ihre Berichte Unruhen anzuheizen. Nun wurden die ersten verhaftet: die beiden Deutschen und deren Bekannte, die holländische Filmemacherin Fleur van Dissel. Was wollte aber Hermlin ausgerechnet in Kenia? Er hat enge Bindungen an das Land. Seit sechs Jahren ist er mit der Kenianerin Joyce Kaari, 27, verheiratet.

2006 soll den beiden am Berliner Bahnhof Zoo Kenias Oppositionsführer Raila Odinga über den Weg gelaufen sein. Hermlin hatte keinen Schimmer, doch Joyce erkannte den in ihrer Heimat berühmten Mann sofort. Odinga, der in Magdeburg studiert hatte, war auf dem Weg zu einem Ehemaligentreffen. Das war der Beginn einer, nun ja, wunderbaren Freundschaft. Im vergangenen Herbst half Andrej Hermlin Odinga sogar im Wahlkampf und handelte sich deshalb einen Rüffel des deutschen Botschafters Walter Lindner, dem ehemaligen Pressesprecher Joschka Fischers, ein. Die Kenianer hatten sich über die politische Tätigkeit Hermlins erregt. Laut Hermlin habe der deutsche Botschafter in Nairobi ihn daraufhin gebeten, sich zurückzuhalten. Hermlin engagiert sich seit langem in Kenia. Dem am Fuße des Mount Kenya gelegenen Dorf Thumaita, aus welchem seine Frau stammt, hat er für 10 000 Euro aus seiner Privatkasse eine Straßenbeleuchtung spendiert. Der Dandy, der sich »hoffnungslos altmodisch« nennt und als Fan von Benny Goodman outet, hat sich zudem in Kenia einen zweiten Wohnsitz eingerichtet, ein Steinhaus im Art-Deco-Stil. Der Stellvertretende Chefredakteur der *Super Illu*, Stefan Kobus, glaubt: »Hermlin war sehr bewegt von dem, was er sah, als er während der Wahlen in Kenia war. Er wollte unbedingt zurück nach Nairobi und eine Reportage über die Ereignisse schreiben.« Der Berliner *tageszeitung* sagte er noch kurz vor seiner Abreise: »Diesmal möchte ich aktiv werden und die Menschen auf die schrecklichen Ereignisse aufmerksam machen.«

Der Steckbrief

20. Januar 2008

D ie Bildergalerie in Kenias Tageszeitungen sieht aus wie ein Steck-
brief: US-Vermittlerin Jerndayi Frazier ist mit einem Foto abgebildet, der amerikanische Botschafter Michael Ranneberger, sein
britischer Kollege Adam Wood, der Menschenrechtler Maina Kiai, daneben
eine Liste mit weiteren »Verdächtigen« in folgender Reihenfolge: EU-Beobachter, internationale und lokale Medien, einheimische Nichtregierungsorganisationen. Auch die deutsche Botschaft wird – als eine von drei auser-
wählten – immer wieder namentlich genannt. Was da unter dem Siegel der
Regierung mit kenianischen Steuergeldern finanziert wird, ist ein schauriges
Dokument staatlicher Hetze, die immer persönlicher wird und sich wie ein
Aufruf zum Lynchmord liest. Die Abgebildeten, an welche die ganzseitige
Anzeige gerichtet ist, werden im Begleittext auf »Akte des Genozids« hin-
gewiesen, die sich im Land ereignet hätten. Auf diese Weise werden sie mit
den Gewalttaten unmittelbar in Verbindung gbracht. Was die Schmähschrift
insinuiert, wenn auch nicht ausdrücklich sagt, ist: »Ihr seid verantwortlich für
die Toten.« Was sie direkt kundtut: »Verschont uns mit eurer persönlichen
Meinung und Analyse ... Kenia ist keine Bananenrepublik ... Ist euch klar,
dass eure Meinung Spannungen verursacht hat?« Dazu werden Bilder von
brennenden Häusern gezeigt, von Plünderern, von Ruinen. Die Propaganda ist der perfide Versuch einer offenkundig bankrotten Regierungstruppe,
die Botschaft unters Volk zu bringen, dass Ausländer hinter den Unruhen
stecken, Menschenrechtler, Journalisten. So werden patriotische Gefühle
gegen Nestbeschmutzer geweckt, und es wird zur Jagd geblasen. Die Vereinigung der ausländischen Journalisten in Kenia, die *Foreign Correspondent's
Association of East Africa* hat mittlerweile auf die Regierungspropaganda re-

agiert. Sie sei »bestürzt, zu sehen, wie die Regierung mit dem Finger auf die ausländischen Medien zeigt«. Zudem würden einheimische Fernsehsender »geknebelt« und lokale Journalisten »eingeschüchtert«.

Tatsächlich werden kenianische Journalisten derzeit ausgesprochen rüde angegangen. Der Kameramann Baraka Karama aus Kisumu erhielt Morddrohungen von Leuten, die sich am Telefon als Polizisten vorstellten. Karama war derjenige, der für den Sender KTN die schockierenden Bilder von einem Uniformierten aufnahm, wie er gerade einen Demonstranten erschießt. Reuters-Fotograf Thomas Mokaya erhielt ähnliche Drohungen. Er solle damit aufhören, Polizisten dabei zu fotografieren, wie sie Oppositionelle zusammenschlagen. Auch die deutschen Berichterstatter Uwe Hauth und Andrej Hermlin wurden erst nach zwei Tagen aus ihrer Haft entlassen. So lange hatten die Kenianer gebraucht, um herauszufinden, dass der komische Swing-Musiker am Ende doch kein gefährlicher Terrorist war. Darauf, dass sich subversive Bombenleger ausgerechnet im Kostüm stadtbekannter Berliner Exzentriker verbergen könnten, kommen aber wohl auch nur Beamte, die gravierendere karnevalistische Entgleisungen gewohnt sind: Minister im Leopardenfell zum Beispiel.

In der kenianischen Tageszeitung *Standard* werden jetzt Leserbriefe abgedruckt, in denen es heißt, die »internationale Presse« schade dem Land und verbreite »negative Aufmerksamkeit«. Es wird langsam unangenehm. *Amnesty International* beklagt den »rücksichtslosen und exzessiven Einsatz tödlicher Gewalt durch die kenianische Polizei«. Seit die Opposition zum Boykott bestimmter Waren und Wirtschafts-Sabotage aufgerufen hat, sitzt dem Präsidenten Mwai Kibaki, einem gelernten Ökonomen, die Angst im Nacken. Kenias Wirtschaft befindet sich nämlich im Sturzflug, seit »Mubaki« (Diplomatenspott) die Wahlen fälschen ließ. »Es sieht so aus, als stünden Kenia weitere Konfrontationen bevor, die schwere Verluste und die Zerstörung von Eigentum fordern und in einer generellen Atmosphäre der Angst enden können«, schreibt *Kenyans for Peace with Truth and Justice*, »dem Land droht der Zusammenbruch der Wirtschaft und des sozialen und politischen Systems.«

International ist das Land nahezu isoliert. Spöttisch hat der Menschenrechtler Maina Kiai heute morgen auf einer Pressekonferenz die wenigen Staaten aufgezählt, die Kenias Wahlfälschertruppe bislang anerkannt haben: Somalia, Uganda, Simbabwe und Kuwait. Die anwesenden Menschenrechtler und internationalen Beobachter konnten sich kaum halten vor Lachen.

Mit Galgenhumor versuchen sie die Beklemmung zu überwinden, die alle lähmt. Maina Kiai hat auch gesagt:»Wir spielen mit dem Feuer in diesem Land.«

Für einige Tage hat die Opposition ihre Demonstrationen ausgesetzt. Sie will nach eigener Auskunft Verhandlungen erleichtern, denn bald schon werden die nächsten internationalen Vermittler in Nairobi erwartet: Kofi Annan, Nelson Mandelas Gattin Graca Machel und Ugandas Präsident Yoweri Museveni, ein allerdings selbst nicht besonders gut beleumundeter Staatschef und notorischer Freund von Mwai Kibaki.

Welchen Ausweg gibt es überhaupt noch aus der Krise?

Je länger die mörderische Auseinandersetzung zwischen der Regierung und der Opposition dauert, desto schwieriger dürfte eine Versöhnung werden. Am Freitag wurde im Molo-Bezirk ein Polizist von einem Giftpfeil tödlich getroffen.»Wir sind alarmiert von der zunehmenden Militarisierung städtischer wie ländlicher Gegenden«, schreibt die kenianische NGO *National Convention Executive Council*, von»Terrortechniken« ist die Rede und einer»direkten Verletzung der kenianischen Verfassung und internationalem Recht« durch Regierungsorgane. Neuwahlen gelten als äußerst riskant, da eine Wahlkampagne in der gegenwärtigen Lage kaum friedlich verlaufen, sondern die Spannungen nur noch weiter verschärfen würde. Eine Neuauszählung der Stimmen erscheint gemeinhin als sinnlos.

Kibakis Wahlsieg zu akzeptieren, könnte sich ebenfalls als fatal erweisen, denn das würde die tiefsitzenden Probleme des Landes nicht lösen und den Glauben des Volks an die Rechtsstaatlichkeit endgültig erschüttern. Zudem kann sich die Opposition derzeit kaum eine Schwäche leisten, ohne zu riskieren, aufgerieben zu werden. Sie hat selber Blut an den Händen, viel Blut. Zu frisch sind noch die Erinnerungen an die Grausamkeiten, die den Kikuyu in der letzten Zeit widerfahren sind, und es gibt zu viele, die durstig nach Rache sind.

Das kenianische Militär hat bislang in dem Konflikt keine Rolle gespielt. Zwar hat Kibaki in den vergangenen Jahren die Führung des Militärs weitgehend von Kalenjin und Luo gesäubert und durch Generale aus der eigenen Ethnie ersetzt, doch das Fußvolk besteht immer noch zum großen Teil aus Kalenjin und Luo. Fraglich erscheint, wie sie sich verhalten würden, wenn sie militärisch gegen die eigenen Leute vorgehen sollen. Und das ist wohl der Grund, warum in den Auseinandersetzungen derzeit fast nur kibakitreue Paramilitärs eingesetzt werden.

Der Untergang des Paradieses
21. Januar 2008

Als der amerikanische Fernsehsender ABC Ende 2006 gemeinsam mit einem Expertengremium in einer feierlichen Zeremonie die sieben alternativen Weltwunder kürte, da platzte Kenia fast vor Stolz. Denn neben dem tibetischen Potala Palast, der Altstadt von Jerusalem, der isländischen Vulkanwelt, hawaiischen Korallenriffs, dem Internet und den mexikanischen Maya-Pyramiden fiel die Wahl auch auf die *Massai Mara* mit ihrer einzigartigen Gnu- und Zebramigration.

Einmal im Jahr wird dieses Naturreservat nämlich von einer Invasion dieser Grasfresser heimgesucht: zwei Millionen Tiere ziehen dann in endlosen Kolonnen aus der tansanischen Serengeti hinüber. Sie folgen dem Regen, und viele werden auf ihrem Zug von Krokodilen gerissen, die das ganze Jahr schon an den Flussläufen auf die fette Beute warten. Diejenigen aber, die durchkommen, lösen eine faszinierende Kettenreaktion aus.

Den Grasfressern folgen die Fleischfresser: die Löwen, Geparden, Hyänen, Leoparden und Schakale, und denen folgen die Geier und Adler und Bussarde. Doch was die Kenianer ganz besonders freut, ist, dass dieser gewaltigen tierischen Karawane immer auch eine menschliche folgt: Viele Japaner und auch Chinesen neuerdings und die Stammkundschaft gewissermaßen: rotgesichtige *Wazungu.*. Die meisten von ihnen haben sich für die Fahrt zu den Tieren als mehr oder weniger originelle Kreuzungen aus Robert Redford (*Jenseits von Afrika*) und Lettow-Vorbeck (*WK I*) kostümiert. Sie tragen khakifarbene Safarihüte, Ferngläser und Shorts, tagsüber werden sie in weißen Minibussen durch die Wildnis gefahren, und abends trinken sie Gin and Tonic oder Amarula und erzählen sich gegenseitig ihre Abenteuer.

Sie wandeln auf den Spuren der Schriftstellerin Tania Blixen und der Jäger Ernest Hemingway und Theodore Roosevelt, der 1910 schwärmte: »Auf den Steppen schwärmt es von Herden seltsamer und schöner Tiere, die nirgends ihresgleichen haben, sowie von anderen, die sogar noch merkwürdiger sind und sowohl an Gestalt wie an Gemütsart etwas Phantastisches und Groteskes haben. Es ist ein nimmer endendes Vergnügen, die gewaltigen Herden von Antilopen zu betrachten.«

70 000 dieser Safarigäste stürmen so jedes Jahr die 1500 Quadratkilometer kleine *Massai Mara*, und wenn unter irgendeiner Schirmakazie ein faules Löwenrudel döst, dann kommt es nicht selten zum Stau der Minibusse mit all den knipsenden Fremden an Bord. Einige sind der Meinung, dass mittlerweile viel zu viele Menschen in der *Massai Mara* sind. Aris Grammaticas zum Beispiel, der Gründer des berühmten und sehr vornehmen *Governor's Camp* lästerte: »Manchmal stehen da hundertzwanzig Autos am Fluss und warten auf die Gnus. Die Gäste kommen nachher zurück ins Camp und fragen: Warum sind denn hier so viele Wagen? Ist das etwa eine Stadt?« Ganz unrecht haben die misstrauischen Fremden nicht, denn eine Kleinstadt beherbergt die *Massai Mara* mit ihren über 4000 Betten, die während der *Great Migration* oft Wochen vorher ausgebucht sind, schon.

Die Gemeinde Narok, die das Reservat verwaltet, freut sich besonders über diesen Ansturm. Sie lebt davon, und sie lebt davon nicht schlecht: Viele Millionen Dollar fließen jedes Jahr durch den Tourismus in ihre Kassen, wovon nach Schätzungen des kenianischen Tierschützers Richard Leakey allerdings 70 Prozent auch gleich wieder in dubiosen Kanälen verschwinden. Von dem Geld aber, das nicht gleich versickert, werden die *Wildlife-Ranger* finanziert, die dafür sorgen, dass die Tierwelt halbwegs ungeschoren bleibt, denn in zunehmendem Maße drängen seit einigen Jahren Massaihirten mit ihren Rinderherden in das Reservat.

Und auch immer mehr Wilderer machen sich über Antilopen, Zebras oder Kudus her. Im Jahr 2007 wurden von den Tierschützern fast fünfhundert Drahtfallen in der *Massai Mara* entdeckt, fünfzehn Tiere konnten gerettet, aber sechsundvierzig nur noch tot geborgen werden. Über neunhundert Wilderer waren in den vergangenen Jahren in der *Massai Mara* festgenommen worden, viele von ihnen kamen aus Tansania. Wie hoch die Verluste jedoch wirklich sind, darüber gibt es nicht einmal eine Schätzung.

Probleme existierten in dem einzigartigen Gebiet also schon seit langem, und deshalb auch fand die *Daily Nation* vor einiger Zeit die Schlagzeile

»*Massai Mara*, unser Ruhm, unsere Schande« für das berühmte Naturschutzgebiet. Jetzt aber herrscht akute Not.

Die Touristenzahlen in den Nationalparks und *Game Reserves* sind besonders dramatisch eingebrochen, sie sind in den vergangenen Wochen um mehr als neunzig Prozent geschrumpft. Hotels mussten schließen und Mitarbeiter entlassen werden. Weil kaum noch ein Tourist kommt und die hohen Parkgebühren von 30 US-Dollar zahlt, geht dem *Mara Conservancy Trust*, der für den Tierschutz verantwortlich ist, jetzt offenbar das Geld aus. Die Folgen hält die Tierschutzorganisation *Wildlife Direct* bereits jetzt für katastrophal. Die *Massai Mara*, berichten die Aktivisten, sei »ernsthaft bedroht durch weitverbreitete Wilderei in Folge des Zusammenbruchs des Tourismus«. Weil kein Geld mehr für die Ranger eingenommen werde, drohe nun auch der Kollaps des Tierschutzes. »Wir erwarten einen drastischen Anstieg der Wilderei«, befürchtet der Chef des *Mara Conservancy Trusts*, Brian Heath: »Die Tierwelt der Mara zieht nicht nur Tausende von Touristen an, sondern auch Wilddiebe, die es auf Bushmeat abgesehen haben.« Auch Jagdaufseher Joseph Kimojino, Chef der Tourismus-Sektion bei der *Mara Conservancy*, ist schon beschäftigungslos. »Jetzt, wo die Touristen nicht mehr kommen, bin ich zu Hause bei meiner Familie«, schreibt er in seinem Massai-Mara-Blog im Internet, »das heißt nicht, dass es keine Arbeit mehr für uns gibt, sondern dass es kein Geld mehr gibt, um uns weiter zu beschäftigen. Es ist hart, aber wir wissen nicht, wann die Touristen zurückkommen werden. Dies sollte eigentlich eine unserer besten Saisons werden. Aber ohne das Geld, das wir sonst durch die Eintrittsgebühren einnehmen, werden wir alle unsere Operationen drastisch einschränken müssen.«

Und auch Richard Leakey, der als damaliger Direktor des staatlichen *Kenya Wildife Service (KWS)* Anfang der neunziger Jahre die kenianischen Elefanten vor dem Untergang bewahrte, ist alarmiert: »Wir haben die Verantwortung, diese außergewöhnliche Wildnis nicht nur für die Kenianer, sondern für die ganze Welt, zu retten. Wenn wir nichts tun, laufen wir Gefahr, sie für immer zu verlieren.«

»Wir rasen auf den Abgrund zu«

22. Januar 2008

In den letzten Jahren hat sich in Kenia eine recht aktive Szene von Menschenrechtlern um Maina Kiai, gebildet, die Kibakis destruktivem Kabinett ziemlich genau auf die Finger schaut. Seit dem chaotischen Verfassungsreferendum und der Entzweiung der Regenbogenkoalition beobachten sie die Entwicklung des Landes mit wachsender Sorge, seit den gefälschten Wahlen mit Erschütterung und mittlerweile mit nacktem Entsetzen.

Neben Stammeskriegern, die das Land mit Pfeil und Bogen ins Mittelalter zurückzuschießen versuchen, und einer dekadenten Führungsschicht, die fast nur noch an der Rettung ihrer Pfründe interessiert zu sein scheint, existiert in Nairobi tatsächlich noch eine dritte Kraft. Es sind Menschen, die das Land nicht widerstandslos unter die Räuber fallen lassen wollen. Nicht selten müssen sie sich vor der Polizei oder gewalttätigen Jugendgangs verstecken – so wie unser Freund James Maina, der sich heute nach Tansania abgesetzt hat.

Gladwell Otieno ist eine junge und gebildete Kenianerin, die wie nur wenige diesen Aufbruch verkörpert. Sie studierte an der Freien Universität Berlin und spricht seitdem fließend deutsch. Von 2002 bis 2005 war sie Leiterin der Antikorruptionsgruppe *Transparency International* in Kenia, dann wurde sie von Kibakis Getreuen aus diesem Amt gejagt, weil sie gefordert hatte, dass die betrügerischen Minister ihre getürkten Vermögensverhältnisse offenlegen sollten. Mittlerweile leitet sie das von ihr gegründete *Africa Centre for Open Governance*. Ihr kleines Büro liegt in der Nähe der Lenana-Road, nicht weit entfernt von Kibakis *State House*, in welchem in diesem Tagen Schockstarre zu herrschen scheint.

Frau Otieno, gestern ist Kofi Annan in Nairobi eingetroffen. Er soll zwischen Regierung und Opposition vermitteln. Welche Chance hat der ehemalige Uno-Generalsekretär?

»Ich befürchte, er wird wenig ausrichten können. Die kenianische Regierung macht derzeit nicht den Eindruck, als wolle sie sich nur einen Zentimeter auf die Opposition zu bewegen. Warum soll er also mehr Möglichkeiten haben als etwas Ghanas Präsident John Kufuor, der auch schon mit leeren Händen aus Kenia abgereist ist? Es ist wirklich traurig, aber: Wir befinden uns in einer Spirale abwärts. Und leider bewegen wir uns rasant auf den Abgrund zu.«

Wie würden Sie die derzeitige Lage denn beschreiben?

»Eine Demokratie ist das schon nicht mehr. Die Medien werden gegängelt, sogar die Live-Berichterstattung wurde verboten. Den Menschen wird das Recht auf Versammlungsfreiheit genommen. Die Polizei geht unheimlich brutal gegen die Bevölkerung vor. Aus Kisumu haben wir unbestätigte Berichte gehört, nach denen dort Sondereinheiten eingesetzt wurden, die nur noch aus Kikuyu bestehen. Eigentlich ist es schon fast eine Diktatur, nur die Herrschenden sehen das noch nicht so.«

Was treibt die an?

»Durch die Grausamkeiten der Polizei wollen sie schlicht und einfach Angst schüren. Ansonsten treibt sie ein ethnischer Chauvinismus an. Wir nennen die Typen, die hinter Kibaki stehen, die *Mount-Kenya-Mafia*. Es sind nicht nur Politiker, auch Geschäftsleute, sie sind alle Kikuyu, sie benehmen sich, als gehöre ihnen das Land. Sie fürchten um ihre Privilegien.«

Üben die Hardliner so einen großen Druck auf den Präsidenten aus?

»Der Präsident ist schon selbst verantwortlich für das, was er macht. Manchmal tut er zwar etwas schwerfällig, aber er weiß ganz genau, was passiert. Er handelt eigenständig. Es ist nicht gerade so, als müsse er mit Drogen vollgepumpt werden, um zu regieren.«

Hat er das Militär auf seiner Seite?

»Das Militär verhält sich ruhig. Die höheren Dienstränge haben auch ihre Privilegien zu verlieren. Ihnen geht es doch wie den Politikern. Aber sie wären wahrscheinlich nicht zu solchen Auswüchsen fähig, wie sie derzeit von den Paramilitärs der *General Service Unit* begangen werden. Das dürfte der Grund sein, weshalb Kibaki ihnen nicht ganz über den Weg traut. Allerdings hat Kibaki in den vergangenen fünf Jahren das Militär gesäubert. Viele Kalenjin in hohen Positionen wurden in den frühzeitigen Ruhestand geschickt. Sie wurden durch Kikuyu ersetzt.«

Ist das der Grund, warum gerade die Kalenjin so aggressiv reagieren und gegen die Regierung rebellieren?

»Ein Grund ist sicherlich die Landfrage. Im Rift Valley, wo die Kalenjin leben, wurden nach der Unabhängigkeit viele Kikuyu und andere Menschen angesiedelt. Aber richtig ist auch, dass die Kalenjin in Politik und Militär viel Einfluss verloren haben, seit Daniel arap Moi, ein Kalenjin, nicht mehr an der Macht ist. Man darf auch nicht vergessen, dass die Menschen nach fünf Jahren Demokratie große Hoffnungen in den Staat haben. Sie wollen nicht in die alten Zeiten zurück. Sie wollen nicht verlieren, wofür sie gekämpft haben. Deshalb war auch die Wahlbeteiligung so groß. Die Menschen in Kenia sind demokratischer als ihre Führer.«

Moi hat sich im Wahlkampf hinter Kibaki gestellt ...

»... und sich ziemlich verrechnet. Das, was im Rift Valley passiert ist, ist eine kleine Revolution. Die Menschen dort haben sich gegen Moi gestellt und gegen Kibaki. Sie fühlen sich von den Kikuyu an die Wand gedrückt. Das ist ein gefährliches Potential, diese Region hat schon kriegerische Auseinandersetzungen gesehen in der Vergangenheit.«

Auch in den Slums der Großstädte herrscht eine Art Krieg.

»Mächtige Politiker versuchen, Jugendbanden aufzuhetzen und zu instrumentalisieren. Das ist ein sehr gefährliches Spiel. Diese Gruppen sind Kriminelle, sie werden bezahlt, um für die Mächtigen die Schmutzarbeit zu erledigen, Jobs, die sie nicht den staatlichen Organen überlassen wollen. Aber so etwas kann sich schnell verselbständigen. Es wird immer schlimmer. Menschenrechtler werden mit dem Tode bedroht. Wir versuchen, für einige sichere Unterkünfte zu organisieren.«

Sie meinen die Mungiki?

»Unter anderem. Noch vor einem halben Jahr hat die Regierung diese Banden selber bekämpft. Nun braucht sie sie offenbar und hat versucht, sie auf ihre Seite zu ziehen.«

Mit Erfolg?

»Zumindest teilweise.«

Im vergangenen Jahr wurden Todesschwadronen gegründet, die sich »Kwekwe« nennen. Diese sind gegen die Mungiki vorgegangen und sollen rund 800 von ihren Mitgliedern ermordet haben. Was machen diese Sondereinheiten heute?

»Wir befürchten, dass sie irgendwann auch gegen die Opposition oder gegen Menschenrechtler eingesetzt werden. Wo sie schon einmal da sind ...

Die Lage ist im Moment sehr, sehr angespannt. Im Rift Valley sind schon organisierte Milizen aktiv.«

Wie kann denn überhaupt Druck auf die Regierung ausgeübt werden?

»Wirtschaftlich. Einfrieren der Entwicklungshilfe etwa. Obwohl die Regierung sich damit brüstet, nicht abhängig von Entwicklungshilfe zu sein, verlässt sie sich auf dieses Geld für ihre Entwicklungs- und Sozialprogramme. Die Steuereinnahmen sinken ja auch. Schon jetzt kommen keine Touristen mehr. Wenn es so weitergeht, leidet der Transitverkehr mit Uganda. Mit der Wirtschaft geht es doch schon bergab. Es wird kaum noch Tee gepflückt, weil viele Teearbeiter Luhya oder Luo sind und vor den Kikuyu am Mount Kenya flüchten. Andere halten aus nachvollziehbaren Gründen Investitionen zurück. Das könnte vielleicht die Geschäfteute hinter Kibaki zur Vernunft bringen.«

Und wenn das auch nichts nützt?

»Ich habe wirklich Angst, dass Kenia in die Anarchie schlittert. Das Potential ist da. Vielleicht leben wir schon bald in einem Land, in dem es in Nairobi außerhalb der Slums noch halbwegs ruhig ist, aber der Rest des Landes befindet sich in Aufruhr.«

Network Orange

23. Januar 2008

Der Tag beginnt mit einem Trauermarsch – er soll vom Leichenschauhaus die Ngong-Road hinauf und dann an Kibera vorbeiführen. Dort wollen die Führer der ODM eine Trauerveranstaltung abhalten und der Toten gedenken, aber natürlich soll das auch eine politische Demonstration sein. Und eine der Friedfertigkeit – wenn es geht. Selbstverständlich ist das in diesen Tagen nicht.

Einige Tausend Trauernde sind gekommen, um den neunundzwanzig Särgen zu folgen. Viele Familienangehörige sind darunter, klagend die Frauen, stumm die Männer. Es sind die obligatorischen Raila-Odinga-Wahlplakate (»The People's President«), die geschwenkt werden, doch es sind auch immer mehr, die sich gegen Ugandas Präsidenten Yoweri Museveni richteten: »Kibaki and Museveni are Killers« und »Kibaki and Museveni in Kenya – No Peace«. Museveni befindet sich seit gestern nämlich ebenfalls im Land – angeblich um in der Krise zu helfen. Doch die Kenianer misstrauen dem Ugander, weil der bislang der einzige afrikanische Staatschef ist, der Mwai Kibaki zu seinem offenkundig gestohlenen Wahlsieg gratulierte.

Die Kenianer glauben aber auch, dass Museveni nicht alleine gekommen ist. Seit einigen Tagen werden in Kenia hartnäckig Gerüchte kolportiert, dass sich ugandisches Militär im Land befindet, um der wankenden kenianischen Regierung zu helfen, den Aufstand der Opposition niederzuwerfen. Von 3000 Soldaten der *Ugandan People's Defense Force* (UPDF) ist die Rede. Außerdem wird berichtet, dass in Eldoret afrikanische Soldaten aufmarschiert sind, die zwar englisch, aber kein Kisuaheli sprechen. Und aus dem Westen des Landes wird von einem Lastwagen berichtet, in dem massenweise ugandische Paradeuniformen transportiert wurden. Aufmerksame

Bürger hatten den Wagen in der Nähe der ugandischen Grenze gestoppt und den Fahrer genötigt, seine Fracht auszupacken.

Für die nachbarschaftliche Militärhilfe spricht, dass Kenias Präsident Mwai Kibaki seinen eigenen Soldaten nicht zu trauen scheint. Zu viele Luo und Kalenjin sind darunter. Zudem befindet sich Ugandas Führer Yoweri Museveni selber in einem Bürgerkrieg mit Luo-Abkömmlingen im Norden seines Landes, nämlich mit den Acholi.

Die Verbindung der kenianischen Krise mit dem Nachbarland birgt also jede Menge Zündstoff. Bereits Ende vergangener Woche kam es zu Auseinandersetzungen um einen Schienenstrang in Kibera. Die Gleise waren gewaltsam aus ihrer Verankerung gerissen und auf gut einem Kilometer Länge den Abhang hinuntergestürzt worden. Um diese Gleise, einen Teil der legendären Bahnverbindung von Mombasa nach Kampala, die Hauptstadt Ugandas, war zwischen den Slumvierteln Lindi, Gatwikira und Kianda am Freitag in Nairobis Slumstadt Kibera erbittert zwischen Aufrührern und Sonderpolizisten gestritten worden.

Die einen wollten sich der Verkehrsverbindung um jeden Preis entledigen. Die Hüter der staatlichen kenianischen Unordnung wollten sie um jeden Preis schützen. Anfangs behielten die Zerstörer die Oberhand, am Ende jedoch sicherte ein Großaufgebot Polizisten die Instandsetzung. Die Saboteure zahlten dabei einen hohen Preis, vier Menschen waren im Verlauf des Einsatzes von der Polizei erschossen worden: darunter ein fünfzehnjähriges Mädchen, das in den Rücken getroffen wurde, und zwei junge Männer mit Kopfschüssen. Sechzehn Verletzte wurden später im Masaba-Krankenhaus behandelt. Als Grund für ihre Tat gaben die Insurgenten an, sie hätten verhindern wollen, dass ugandische Truppen nach Nairobi vorstoßen können.

Paranoia oder begründete Sorge? Stimmen die Gerüchte über die Anwesenheit ugandischer Soldaten in Kenia? Die ugandische wie die kenianische Regierung streiten alle Vorwürfe ab. Doch seit in Kenia Aufstände toben, reagiert Kampala nervös. Als der Hafen von Mombasa Anfang des Jahres für einige Tage lahm gelegt wurde, ging in Uganda schnell der Sprit zur Neige. »Wenn Kenia niest, holt sich Uganda einen Schnupfen«, meldete eine südafrikanische Korrespondentin daraufhin nach Johannesburg. Uganda hängt an der kenianischen Nabelschnur. Chaos im Nachbarland könnte sich verheerend auswirken auf das Land, das Winston Churchill einst die »Perle Afrikas« nannte.

Es gibt aber auch noch die Verbindung der kenianischen Luo zu ihren Verwandten in Uganda. Die kenianischen Luo gehören zur Gruppe der Niloten, die weiter nördlich, entlang des Nil-Laufs, leben. Das Siedlungsgebiet ihrer Vorfahren war die Gegend um Rumbek im Südsudan. Bereits während des fünfzehnten Jahrhunderts begann ihre Wanderung. Hunger, Krankheiten und Angriffe benachbarter Stämme hatten sie gezwungen, die Gegend zu verlassen: Einige zogen nach Norden, der Luo-Führer Olum aber bewegte sich mit einem gewaltigen Tross nach Süden. Nach einer gewissen Zeit teilte sich dieser Zug in drei Kolonnen, die von Olums Söhnen angeführt wurden. Einer dieser Züge endete in jener Region, die heute im Norden Ugandas liegt und *Acholi* genannt wird. Hier vermischten sich die Luo aus Rumbek mit anderen Volksgruppen wie den nilo-hamitischen Langi. Bis heute sprechen ihre Nachkommen, die Acholi, die Luo-Sprache und bewahren deren Tradition. Zwischen 1550 und 1800 zogen einzelne Luo-Gruppen noch weiter nach Südwesten – in das Land, das heute Kenia genannt wird, in die Provinz Nyanza. Um 1800 fand diese Völkerwanderung ihr vorläufiges Ende.

Die britischen Kolonialherren ignorierten die Acholi, sie regierten lieber mit den im Süden Ugandas beheimateten Buganda, den Norden überließen sie sich selbst. Nur das Militär entwickelte eine unwiderstehliche Anziehungskraft auf die Nilotenkrieger. Im Laufe der Zeit entwickelten sie sich zur ugandischen Kriegerkaste, wurden die mit Abstand am stärksten vertretende Ethnie in der kolonialen Armee, und 1985, dreiundzwanzig Jahre nach der Unabhängigkeit, putschten sie »ihren« Präsidenten, Tito Okello, an die Macht. Es war der vorläufige Höhepunkt der Acholi-Macht in Uganda. Okellos Herrschaft währte allerdings nicht lang. Bereits nach sieben Monaten wurde er, im Januar 1986, von dem Guerillaführer Yoweri Kaguta Museveni und dessen *National Resistance Army* gestürzt. Die große Zeit der Acholi-Krieger im ugandischen Militär war vorbei. Museveni regiert bis heute Uganda. Viele Acholi jedoch sind erneut in den Krieg gezogen und haben sich der *Lord's Resistance Army* angeschlossen, einem spirituellen Rebellenhaufen, der Zehntausende Kinder entführt und zu Soldaten gemacht hat und für unvorstellbare Grausamkeiten verantwortlich ist. Über 100 000 Tote soll dieses Gemetzel im Norden Ugandas bislang gekostet haben.

Museveni hat also mit seinem kenianischen Freund Mwai Kibaki eines gemeinsam – den Kampf gegen die Luo. Und die Luo in Kenia haben mit den Acholi außer verwandtschaftlichen Beziehungen noch eine andere

Gemeinsamkeit: den Kampf gegen eine Regierung, von der sie sich seit Jahrzehnten unterdrückt fühlen. Was sie allerdings noch voneinander unterscheidet: Die Acholi haben in Uganda zu den Waffen gegriffen, die Luo noch nicht. Was immer also zwischen Kenia und Uganda ausgeheckt wird, es ist ein Spiel mit dem Feuer, und ganz Ostafrika ist seit langem in mörderische Auseinandersetzungen verwickelt.

Im Osten des Kongos tobt Krieg (bisher rund vier Millionen Tote) und im Norden Ugandas, im Sudan (zwei Millionen Tote) und in Somalia (500 000) und in Burundi (400 000). Ruanda erholt sich noch von den Schrecken des Genozids von 1994 (800 000 Tote). Äthiopiens Soldaten kämpfen derzeit in Somalia, aber auch zwischen Äthiopien und Eritrea kann es jederzeit wieder zu einem Waffengang kommen. Der letzte hatte rund 200 000 Tote gefordert. Kenia und Tansania bildeten bislang seltene Ausnahmen in diesem ostafrikanischen Horrorkabinett. Kofi Annan soll nun dafür sorgen, dass es so bleibt.

Nairobis Trauerzug endet in einer Straßenschlacht mit brennenden Autos, Tränengasgranaten und Steinwürfen auf Sondereinheiten der Polizei. Einen Tag, nachdem der ghanaische Vermittler Kofi Annan in Kenias Hauptstadt Nairobi eingetroffen ist, um zwischen Regierung und Opposition zu vermitteln, eskaliert wieder einmal die Gewalt.

»Wo Elefanten kämpfen, leidet das Gras«

24. Januar 2008

Zumindest haben sie sich die Hände geschüttelt, und das ist eine erste, zarte Annäherung. Heute nachmittag um vier Uhr trafen sich in Nairobis Harambee-Haus, dem Büro des Präsidenten, Kenias Staatschef Mwai Kibaki und Raila Odinga, der sich um den Wahlsieg bei den Präsidentschaftswahlen Ende Dezember betrogen fühlt. Es sieht allerdings so aus, als ob auch Ondingas Parteigänger kräftig mitgemischt haben beim Fälschen. Die beiden haben die Suppe angerichtet, die ihr Wahlvolk jetzt auslöffeln muss. Hunderttausende wurden vertrieben. Inzwischen sind 500 000 Arbeitsplätze gefährdet, schätzt die Staatssekretärin im Tourismusministerium, Rebecca Nabutola. Ethnische Säuberungen haben stattgefunden. Gegenseitig beschuldigen sich die Parteien übelster Verbrechen, und beide Seiten kündigen an, den politischen Gegner vors Internationale Gericht in Den Haag zu bringen.

Wo zwei Elefanten kämpfen, leidet das Gras, sagt ein berühmtes afrikanisches Sprichwort. Von der Wahrhaftigkeit dieser Weisheit konnten wir uns in den vergangenen Wochen mit eigenen Augen überzeugen. Elefanten wird aber neben einem langen Gedächtnis auch ein sehr soziales Wesen nachgesagt. Ist nun also die Zeit für eine Annäherung gekommen, für Versöhnung gar? Die kenianischen Zeitungen sind ganz hingerissen vom Meeting der Kontrahenten. »Ein erster Schritt« titelt der *Standard* und findet, dass das »Eis schmilzt«, »Endlich Hoffnung« sieht die *Daily Nation*, unter den Schlagzeilen zeigen beide Blätter das Bild vom Händeschütteln.

Dass das nun aber die langersehnte Wende ist, daran sind Zweifel erlaubt. Gut möglich, dass Präsident Mwai Kibaki nur auf Zeit spielt, dass Raila Odinga sich an jeden Strohhalm klammert. In den letzten Tagen, konnte man durchaus den Eindruck gewinnen, dass der Opposition langsam die Luft ausgeht. Die Meldungen aber, die die Hauptstadt aus der Provinz erreichen, sind alles andere als verheißungsvoll. Wieder wurden in Eldoret über zwanzig Häuser niedergebrannt und in Molo zwei Menschen von der Polizei erschossen, darunter ein zwölfjähriger Junge. Und auch in der Kikuyustadt Nakuru loderten Flammen. Durch das Rift Valley, wo Angehörige der Kalenjin Jagd auf Kikuyu machen, ziehen bewaffnete Banden jugendlicher Gewalttäter, mit Pfeil und Bogen, Speeren, Buschmessern und zum Teil in Tierfelle gehüllt. Dies sind Bilder, die man bislang aus dem Kongo kannte, aus der Zentralafrikanischen Republik oder früher aus Sierra Leone. Für Kenia aber, dieses einstige Touristenparadies und afrikanische Miniatur-Wirtschaftswunderland, sind dies schockierend neue Eindrücke.

Die kenianische Opposition werde von einem breiten Bündnis verschiedener Volksgruppen getragen, deren »Sprachrohr die Luo« sind, behauptet das *Amani-Forum*, eine regionale Friedensinitiatve aus dem Gebiet der Großen Seen. Die Gruppe von Parlamentariern afrikanischer Staaten wie Sambia, Tansania, Uganda, Kongo, Burundi, Ruanda und Kenia hat verschiedene Teile des maroden Staats besucht und die kenianische Krise begutachtet. Sie erkennt ein gefährliches »Kikuyu-gegen-den-Rest-des-Landes-Szenario« und befürchtet, Raila und Kibaki würden »in zunehmendem Maße Geiseln ihrer Anhänger. Der große Schub für die Zusammenstöße kommt von unten«. Sind sie also Getriebene der Hardliner, John Michuki, Marta Karua und William Ruto, die hinter ihnen stehen?

Auch die Menschenrechtsorganisation *Human Rights Watch* hat sich der Grausamkeiten in Kenia angenommen und einen ersten Bericht vorgestellt. Darin kommt sie zu dem Schluss, dass die Gewalt im Rift Valley, wo seit den vermutlich gefälschten Wahlen rund vierhundert Menschen getötet worden sein sollen, wohlorganisiert und keineswegs spontan war: »In einigen Fällen sind lokale Respektspersonen und Oppositionspolitiker aufgetreten und haben die Gewalt angeregt und organisiert.« Human-Rights-Watch-Mitarbeiterin Georgette Gagnon sagte: »Die Oppositionsführer haben das Recht, Kenias manipulierte Wahlen anzufechten, sie dürfen damit allerdings nicht Angriffe auf bestimmte ethnische Gruppen rechtfertigen.« Zur teilweise maßlosen Polizeigewalt hat die Menschenrechtsgruppe bislang allerdings geschwiegen.

Die staatliche kenianische Menschenrechtsorganisation *Kenya National Commission on Human Rights* (KNCHR) arbeitet ebenfalls an einer Untersuchung und hat sich mit einem internationalen Expertenteam verstärkt. Mit mindestens hundert Mitarbeitern will sie die Ereignisse der letzten Wochen untersuchen. Die Organisation ist mittlerweile selber Opfer des staatlichen Terrors geworden. KNCHR-Chef Maina Kiai befindet sich derzeit in der Schweiz, und es ist ungewiss, ob er sich so bald nach Kenia zurückwagt. Tagelang hatte die Regierung in ihrer Hetzanzeige, die in allen großen Tageszeitungen lief, sein Bild publiziert, und viele radikale Kikuyu verstehen so etwas als Aufruf zum Mord. Als vorgestern *Mungiki*-Banden mit Kibakibildern durch die Straßen zogen, sangen sie nicht nur Kriegslieder der Mau-Mau-Rebellen, die derzeit auf dem Kikuyu-Radiosender *Kameme* gespielt werden, sondern sie reckten auch Maina-Kiai-Fotografien in die Höhe: Um das Gesicht des Menschenrechtlers hatten sie vorher ein Fadenkreuz gepinselt.

Auch die Regierung macht weiter, als sei nichts geschehen. Informationsminister Samuel Poghisio will jedenfalls auch in Zukunft die Pressefreiheit einschränken. Auf einer Diskussionsveranstaltung im legendären *Stanley-Hotel* in Nairobis Innenstadt gibt er sich unfassbar arrogant und erklärt den anwesenden kenianischen Verlegern und Journalisten: »Extreme Zeiten verlangen extreme Maßnahmen!« oder »Die Medien tragen mit aufrührerischen Artikeln eine Mitschuld an den Morden, wir werden das später genauer untersuchen« oder »Seid vorsichtig!« Das ist die Sprache der Macht und angesichts der Gewaltakte ziemlich ekelerregend. Viele Kenianer erinnert dieses Sprache an die Zeiten der Moi-Diktatur.

Den von ihrer eigenen Geschichte leidgeprüften Parlamentariern aus dem Gebiet der Großen Seen fallen andere Vergleiche ein. Es ist spät geworden in Nairobis Hotel *Panafrik*, wo das *Amani-Forum* seinen Keniareport vorstellt. Noch einmal spricht der ruandische Abgeordnete Abdul Karim Harelimana, der die Delegation angeführt hat. Er sagt: »Vergessen wir nicht: Der Krieg in Burundi begann 1993, nachdem Wahlen gefälscht worden waren. Der letzte Aufstand der Banyamulenge im Kongo begann nach den Wahlen. Museveni griff zu den Waffen, nachdem er Milton Obote Wahlbetrug vorgeworfen hatte. Und in Côte d'Ivoire begann die Misere ebenfalls, nachdem Präsident Robert Guéï die Wahlen fälschen ließ und sich sein Herausforderer Laurent Gbagbo an die Macht putschte.«

»Die einen töten mit Macheten, die anderen mit Pfeilen.«

26. Januar 2008

Über der Armensiedlung Githima am Stadtrand Nakurus steht dichter Rauch. Militärlaster rollen durch die Straßen. In der Luft kreisen Armeehubschrauber. Und immer wieder fallen Schüsse. Auch in Nakuru, der viertgrößten Stadt Kenias, herrscht jetzt Chaos. Auslöser dieser Unruhen waren ausgerechnet die Gespräche der beiden Kontrahenten Mwai Kibaki und Raila Odinga, die sich jetzt immer kindischer benehmen.

Nach dem Treffen in Nairobi hatte Kibaki sich selbst als »ordnungsgemäß gewählten Präsidenten« bezeichnet und damit Raila Odinga öffentlich bloßgestellt. Der guckte trübsinnig. Seitdem eskaliert die Lage. Und trotz einer Ausgangssperre zwischen sieben Uhr abends und sechs Uhr morgens, bekommt das angerückte Militär die Unruhen kaum in den Griff. Mittlerweile befinden sich mehrere Tausend Menschen in Nakuru auf der Flucht.

Wie Sophie Okiech vom Stamm der Luo haben sie in aller Eile ihre Häuser verlassen müssen. Die Mutter von vier Kindern hat nicht einmal eine Decke mitnehmen können. Kikuyubanden hatten gedroht, sie zu lynchen. Die ganze Nacht belagerten junge Männer ihr Haus in Nakuru. Sie wetzten ihre Messer und schärften die Macheten und brüllten den Schreckensruf: »Verschwindet! Die *Mungiki* sind da!« Am Morgen flüchtete Okiech sofort auf die Polizeistation. Nachbarn halfen ihr, zu entkommen – Kikuyu. Auch das gibt es noch, wenn auch vereinzelt. Nun haust sie mit ihren Kindern zwischen Bergen von Hausrat, den die Menschen mitgeschleppt haben. Sie alle richten sich auf einen längeren Aufenthalt ein – entweder auf der Polizeistation oder anderswo, weit weg. Zurückkehren jedenfalls wollen sie nicht nach den vergangenen Blutnächten. Die Botschaft der *Mungiki* ist klar: Nakuru ist Kikuyustadt. Luo leben hier ab jetzt gefährlich.

In Nakuru begannen die Ausschreitungen unmittelbar nach dem Gipfeltreffen der Friedenspfeifen in Nairobi. Als hörten sie auf ein geheimes Kommando, zogen Gruppen von Kikuyu durch die Straßen der Stadt und eröffneten, weitgehend unbehelligt von irgendwelchen Sicherheitskräften, die Jagd auf Luo und Kalenjin. Am nächsten Morgen rotteten sich daraufhin mehrere Tausend Kalenjin aus der Umgebung zusammen und griffen ihrerseits die Kikuyu an. Seitdem wogt ein grausamer Kampf hin und her. Im Krankenhaus der Stadt werden rund um die Uhr Verwundete eingeliefert. »Wir haben nur zwei Ärzte derzeit«, stöhnt eine Krankenschwester, »die meisten trauen sich nicht mehr zur Arbeit.« Gerade wischt sie das Blut eines Angeschossenen weg, da humpeln hinter ihr schon ein Machetenopfer mit klaffender Kopfwunde und jemand, den ein Giftpfeil getroffen hat, vorbei. Von den Hügeln, die die Stadt umgeben, peitschen Schüsse herüber. »Die Polizisten sind ausgezogen, zu töten«, sagt ein Alter, der gerade einen Verletzten abgeliefert hat. Und dann fügt er unheilvoll hinzu: »Dies ist nicht das Ende des Kriegs, dies ist der Beginn.«

Bislang war es ruhig gewesen in Nakuru, der Hauptstadt der Provinz Rift Valley. 163 000 Menschen leben laut letzter Volkszählung in dem Ort, aber es dürften weitaus mehr sein. Der *Baedeker* bezeichnet ihn nicht zu Unrecht als »laut, staubig und trist«. Wie Nairobi verdankt die Stadt ihre Gründung der berühmten Uganda-Railway, dem *Lunatic Express*. Die britischen Kolonialherren hatten Nakuru einst zum Zentrum des *Happy Valleys*, wie sie die White Highlands auch nannten, gemacht. Doch mittlerweile wird die Stadt von Kikuyu dominiert, und die Kalenjin, die ursprünglich die Region bevölkerten, befinden sich in der Minderheit und sehen sich in die Vororte abgedrängt. Ansonsten ist Nakuru hauptsächlich für seinen Nationalpark bekannt. Man kann hier die spektakulärsten Flamingoschwärme Afrikas beobachten und hat gute Chancen, eines der vielen Nashörner zu sehen, die aus Südafrika importiert und danach hier ausgewildert wurden. Erst kürzlich hatten wir hier mit meiner Familie, die aus Deutschland zu Besuch gekommen war, einige herrliche Tage in der Natur verlebt.

Eigentlich war es nur eine Frage der Zeit, bis die brodelnden Konflikte auch hier eskalieren würden. Seit die Gewalt gegen die Kikuyu im Rift Valley begann, wird eigentlich täglich mit dem Gegenschlag gerechnet. Seit Wochen wird berichtet, dass die *Mungiki* mit viel Geld und Lastwagen voller

Macheten ausgerüstet werden, um Rache zu nehmen. Die Hintermänner sollen reiche Geschäftsleute oder einflussreiche Politiker sein. In Nakuru sollen *Mungiki* mittlerweile sogar in Polizeiuniformen durch die Slums ziehen und Menschen massakrieren.

Die *Mungiki*-Zelle in Nakuru will davon nichts wissen. Zum anberaumten Treffen im Hotel *Merica* mit Kurt und mir sind gleich sieben *Mungiki*-Führer angerückt: darunter der »Vorsitzende« Joe, »Feldmarschall« David, »Geheimdienstchef« Gidraf und ein paar andere Jungs, alle unauffällig gekleidet, zwischen Mitte zwanzig und Mitte dreißig, mit guten Manieren. Sie trinken Guiness und Cola und geben sich fromm wie die Lämmer.

»Wir haben mit der ganzen Sache nichts zu tun«, sagt Wortführer Joe Waiganjo, schwarzes Hemd, schwarze Hose, kurzgeschorenes Haar, während im Hintergrund Schüsse zu hören sind, »wir verteidigen nur unsere Frauen und Kinder.« Traurig sei es nur um Kenia, denn das Land befinde sich auf dem Weg in den Bürgerkrieg. Schon jetzt bilde sich eine Guerilla-Armee, die nach der Macht im Staate trachte. Joe nennt sie *Pentagon-Army* – *Pentagon* hat sich die Führung der oppositionellen *Orange Democratic Movement* genannt. »Und dieser Krieg, der gerade beginnt«, sagt Joe, »der wurde nicht erst gestern geplant.«

Worum geht es denn in diesem Krieg überhaupt?

»Um Land, es geht um nichts anderes als Land. Die Kalenjin wollen uns loswerden, sie wollen uns vertreiben, und sie wollen erst Ruhe geben, wenn wir alle am Mount Kenya sind. Aber das können sie mit uns nicht machen. Wir bleiben.«

Was ist das für ein Krieg genau?

»Dieser Krieg wird auf allen Ebenen geführt. Guck mal in mein Handy. Hier. Habe ich erst gestern bekommen, eine dieser Hassmails: Vorsicht, Vorsicht, ihr *Mungiki*, ihr Kikuyu, ihr seid fertig, wir werden unsere Pläne mit euch ausführen, ihr gehört in die Central Province, ihr wurdet getötet, aber ihr seid immer noch ruhig wie die Esel, wir kriegen euch, wir haben euch bereits.«

Von wem kommt diese SMS?

»Was weiß ich? Anonym. Von irgendeinem Server in Tansania.«

Wer auch immer diese Nachricht geschickt hat, weiß aber sehr genau an wen.

»Natürlich, das kann ein Nachbar sein. Jeder hier.«

Und diesen Krieg haben die anderen begonnen?

»Wir wollen doch gar keinen Krieg. Wir sind neutral.«

Die Mungiki sind neutral?

»Wir verteidigen uns nur, wenn wir angegriffen werden. Wir verteidigen unsere Familien. Mit den Regierungsleuten haben wir nichts am Hut. Mit denen wollen wir gar nichts zu tun haben. Sie sind dekadent und verkommen. Als es ihnen gut ging, haben sie unsere Leute gejagt, ermordet und eingesperrt, obwohl wir alle Kikuyu sind. Jetzt kriechen sie uns wieder in den Arsch.«

Haben sie mit euch gesprochen?

»Natürlich. Aber wir haben gesagt, wir halten uns da raus. Mit Raila haben wir auch gesprochen, dreieinhalb Stunden lang, am sechsten Januar. Ihm haben wir auch gesagt, wir machen da nicht mit.«

Haltet ihr die Wahlen für gefälscht?

»Na klar. Raila hätte gewonnen, mit Sicherheit. Das war eindeutig Betrug. Ich kann den Zorn der Menschen verstehen.«

Ihr habt aber Glück gehabt, dass er nicht gewonnen hat, oder?

»Warum?«

Raila ist Luo.

»Ich habe Raila selbst gewählt. Viele *Mungiki* haben Raila gewählt. Wir wollen, dass er unser Land befreit. Wir wollen aber, dass er sauber bleibt. So, wie es aussieht, hat er schon Dreck am Stecken.«

Ihr kämpft gegen die Luo.

»Nein, wir kämpfen für die Emanzipation der Kikuyu, für die Emanzipation der Jugendlichen, für die Emanzipation der Armen. Uns steht in vielen Punkten Raila näher als Kibaki. Wir kämpfen nicht gegen irgendwen, wir kämpfen für etwas. Wir wollen, dass es allen gutgeht, nicht nur einer kleinen Clique oder einem einzelnen Stamm. Wir sind eine von Gott geleitete revolutionäre Bewegung.«

Für was kämpft ihr denn genau?

»Für die United States of Africa. Wir betrachten Kenia nur als eine Provinz in einem gemeinsamen afrikanischen Staat.«

Ist das euer Ernst?

»Ja.«

Und der Kampf für die Kikuyu-Traditionen?

»Wir wollen, dass die Menschen ihre eigene Kultur verstehen. Dass sie patriotischer sind.«

Du wolltest noch erzählen, in was für einem Zustand sich das Land befindet

»Aufruhr, würde ich sagen, eine Art Bürgerkrieg. Und irgendwann haben wir hier einen *full scale war*. Warte noch ein bisschen. Das wird sich noch beruhigen zwischendurch, und dann geht es irgendwann richtig los. ODM baut sich doch einen richtigen Militärapparat auf. Sie bekommen Waffen und haben überall Einheiten und Lager, in denen sie ihre Leute militärisch trainieren.«

Lager?

»Mindestens fünf. Sagen wir: Fünf, von denen wir wissen. Drei in Nyanza, direkt am See, eins am Lake Baringo, eins in Turkana.«

Dann verschwindet die Gruppe so plötzlich, wie sie aufgetaucht war. Wie ein Spuk. Zwar vereinbaren wir noch ein weiteres Treffen, doch angeblich müssen die Kombatanten dringend nach Nairobi zu irgendeiner Einsatzbesprechung. Wir sehen sie nie wieder.

Durch die Straßen der Stadt rollen derweil endlose Kolonnen von Flüchtlingen. Ganze Dörfer werden auf Sattelschleppern bewegt. Völker werden sortiert. Die einen nach links, die anderen nach rechts. Die Kikuyu hausen auf dem Messegelände, die Luo und Kalenjin haben sich auf die Polizeiwache geflüchtet. »Wir werden nie wieder zurückkehren«, sagt der Kikuyu Sammy Kinanjui, 38, er ist gerade aus der Stadt Kericho eingetroffen. Seine Nachbarn hatten sein Haus angezündet, nun will er nur noch fort aus dem Rift. Wohin weiß er nicht. Einige Tage wird er in Nakuru noch ausharren müssen, denn die Straße nach Nairobi ist blockiert: In Naivasha toben heftige Kämpfe.

Wir fahren raus ins Kalenjingebiet, nach Githima. Am Ortseingang haben aufgebrachte Kalenjin eine Sperre errichtet und zwei Baumstämme auf die Straße gerollt. Sie schwenken Macheten und Keulen und rufen: »Wir werden kämpfen bis zum Tod.« Aufgeregt zeigen sie uns Patronenhülsen und berichten davon, dass die GSU gerade eingerückt sei und einen der ihren erschossen habe. Ob wir den Toten sehen wollten.

Wo liegt er denn?

»Da hinten, kommt mit.«

Der Tote ist vielleicht siebzehn Jahre alt, er trägt ein blaues Hemd, eine verschlissene graue Hose und einen schwarzen Hut, der ihm ein etwas dandyhaftes Aussehen verleiht. Blut rinnt der Leiche über die Stirn. Es wirkt, als sei der Junge im Lauf erschossen worden. Die Beine sind eingeknickt, und die Hände muss er sich noch im Tod schützend vors Gesicht geschlagen haben. Ein paar Leute kommen vorbei, sie nehmen kaum Notiz von ihm. Eine Frau schleppt Plündergut aus einem brennenden Haus: einen

Karton mit Veebol-Speisefett, eine 20-Liter-Trinkwasser-Flasche und undefinierbare Rollen.

In der Nähe qualmt noch das Haus eines Kikuyu. Reverend Richard Nato senkt beschämt den Kopf. »Wer hätte gedacht, dass der Krieg so schnell nach Kenia kommen würde?«, fragt der Geistliche von der *Africa Faith Gospel Church*. Nun fühlt er sich selbst nicht mehr sicher. Erst vorgestern hat er sechs Leichen vor seinem Gotteshaus gezählt. Immer wieder würden *Mungiki*-Banden unter Polizeischutz herumziehen und Jagd auf Angehörige anderer Stämme machen, sagt er. Woran er erkennt, dass es sich bei den Mördern um *Mungiki* handelt?

»Sie töten mit Macheten. Sie zerhacken ihre Opfer. Die anderen töten mit Pfeilen.«

In wenigen Tagen wird der deutsche Kinderarzt Ulrich Seemann, der ins Rift Valley gekommen ist, um zu helfen, einen erschütternden Brief schreiben: »Die in Nakuru sich uns bietenden Bilder der tödlich verletzten Opfer sind von unbeschreiblicher Grausamkeit. Menschen mit schwersten, durch Macheten verursachten Verletzungen, insbesondere an den Armen, am Oberkörper sowie durchschnittener Kehle oder mit durchbohrtem Leib zeugen von der Intensität der Auseinandersetzungen.«

Von Nakuru nach Eldoret

28. Januar 2008

s war wieder eine blutige Nacht in Nakuru. Zwölf Leichen zählte die Polizei am Morgen, und über Githima steht immer noch Rauch. Wir statten den Jugendlichen an der Straßensperre einen letzten Besuch ab. Zum Abschied rufen sie ein paar Parolen und schwenken ein Plakat, das den kenianischen Präsidenten Mwai Kibaki zur Hölle wünscht. Dann machen Kurt und ich uns auf den Weg nach Eldoret. Die Strecke ist wildromantisch, sie führt über kahle Berge und durch üppige Täler hinauf nach Norden. Aber in diesen Zeiten ist sie nicht ungefährlich, denn sie führt sozusagen über die imaginäre Frontlinie. Nakuru ist Kikuyugebiet, Eldoret ist Kalenjingebiet, und dazwischen liegen Dörfer und kleinere Städte mit wechselnden Mehrheiten. In diesen Tagen ist das Kriegsgebiet.

Die Fahrt beginnt bereits wenige Kilometer außerhalb Nakurus mit ersten Hindernissen. Brennende Autoreifen zwingen uns zum Anhalten. Übermütig springt der Wart dieser Barriere aus dem Gebüsch. Ein junger Mann mit Motorradhelm und einer Art Rockerkutte, die er mit einem Tierfell und allerlei Abzeichen und Schriftzügen geschmückt hat: »ISRAEL«, David- und Sheriffstern, »Phoenix« und ein Hahn, das Symbol der Kenyatta-Partei Kanu. Aus dem breiten Gürtel ragt der Knauf eines Dolchs hervor, daneben hängt eine Trillerpfeife. Aus geröteten Augen gafft er in jedes Auto. Er sagt, er stünde hier, um Rache zu nehmen für das, was seinen Leuten letzte Nacht in Nakuru angetan worden sei. Besonders furchteinflößend wirkt sein Auftritt dennoch nicht.

Brenzliger wird es einige Kilometer weiter. Wir hängen mittlerweile hinter einigen Omnibussen fest, die sich den Berg hoch quälen, als plötzlich ein Horde Kalenjinkrieger aus einem Waldstück hervorbricht. Die jungen Män-

127

ner stürzen sich auf die beiden Busse von der Firma *Mololine* unmittelbar vor uns und decken sie mit einem Steinhagel und einem Schwall von Pfeilen ein. Die Fahrer entkommen nur, weil sie mit Vollgas über Steinbarrieren und an brennenden Reifen vorbei rasen. Wir werden von den Angreifern in Frieden gelassen.

Fünfzig Kilometer nördlich von Nakuru, bei der Ortschaft Jogoo, hocken ein paar verängstigte Kikuyu am Straßenrand. Sie haben ihre Habseligkeiten zusammengeschnürt und halten Buschmesser umklammert. Als sie uns sehen, rudern sie heftig mit den Armen und winken uns zu sich. Sie befürchten einen Angriff. Weit und breit ist keine Polizei zu sehen. »Fahrt zur nächsten Wache und schickt Hilfe«, flehen sie, »wir müssen hier raus.« Sie berichten, eine Eskorte komme nur, wenn sie dafür bezahlt werde, doch die Menschen hier hätten kein Geld und seien von Kalenjin umzingelt. Wir haben keine Ahnung, wie viele es sein mögen, die hier in Todesangst ausharren. Erkennen können wir nur einige Männer. Ihre Frauen und Kinder werden sie wohl in einem Waldstück in der Nähe versteckt haben. Oben am Hügel liegt schon das Polizeirevier *Mau Summit*, es ist an der flatternden kenianischen Fahne unschwer zu erkennen: Schwarzrotgrün mit einem Massaischild in der Mitte und zwei gekreuzten Speeren. Wir fahren hin. Es sieht hier aus wie mittlerweile fast überall auf den kenianischen Polizeiwachen: Sie gleichen riesigen Flüchtlings-Camps. Die Polizistin, die diesen verlassenen Außenposten letzter staatlicher Autorität leitet, ist freundlich und notiert sich alles, aber daran, dass sie den verängstigten Menschen im Tal tatsächlich Hilfe schicken wird, haben wir unsere Zweifel.

In den Tageszeitungen lesen wir von Pogromen nun auch in Naivasha, jener Rift-Valley-Stadt, in der die berühmten kenianischen Blumenfarmen beheimatet sind. Mehr als neunzehn Menschen verbrannten gestern bei lebendigem Leib in einem Haus, in das sie sich zuvor geflüchtet hatten. *Mungiki* hat wieder zugeschlagen. Die Straße zwischen Naivasha und Nakuru, die wir vor drei Tagen noch gefahren sind, ist jetzt komplett von Marodeuren belagert.

Einige Kilometer weiter, in Timboroa, schwelen noch die Feuer. Durch die glühende Asche tastet sich Sarah Waithera Wamuli. Dies war einmal ihr Zuhause. Gestern früh, um zwei Uhr morgens, kamen die Angreifer. Sie umstellten das Haus und riefen: »Haut ab! Wir bringen euch jetzt um!« Sarah Wamuli schnappte ihre sechs Kinder und rannte ins Freie. »Sie hätten uns getötet wie Schafe«, sagt sie. Als sie weg war, ging alles in Flammen auf.

Die halbe Ortschaft ist jetzt ein einziges dampfendes Trümmerfeld. Vier ihrer Nachbarn überlebten die Attacke nicht, sie starben im Kugelhagel. »Es war ein organisierter Angriff«, sagt ein Kikuyu, der sich John nennt, »die Angreifer kamen in vier Kolonnen auf die Ortschaft zu, es waren viele, vielleicht zweihundert Mann, sie trugen Pfeilbogen, aber auch Gewehre.« Und dann fragt ein Mann mit einer Baseballmütze, auf der »Alaska« steht: »Wart ihr schon in Somalia?« Wir nicken. »So sieht es hier auch bald aus.«

Noch dreiundsechzig Kilometer bis Eldoret. Vor der Stadt Burnt Forest stauen sich die Lastwagen kilometerweit. »Sie haben drei Fahrer totgeschlagen«, sagt ein Trucker. Wir fahren dennoch weiter, langsam an der Kolonne vorbei. Vorne angekommen, ist von toten Fahrern nichts zu sehen, auch kein Roadblock. Statt dessen kommen ein paar verunsicherte Dörfler aus ihrer Deckung und bitten uns, ihnen zu folgen. Sie wollten uns etwas zeigen, wir sollten dokumentieren, was in diesem Land geschehe. Gerade erst hätte ein Sonderkommando der Polizei den Ort überfallen und zwei Männer erschossen. Die Leichen lägen immer noch auf einem Feld, nicht weit weg. Tatsächlich sind die Toten kaum einen Kilometer von der Hauptstraße entfernt. Es handelt sich um einen Vater und seinen Sohn, zwei Turkana, die in dem Ort lebten: John Ekai und Daniel Longara. Das Volk der Turkana lebt eigentlich im Nordwesten Kenias, es hat mit dem Landkonflikt zwischen Kikuyu und Kalenjin im Rift Valley nichts zu tun.

Ein Mann, der sich Matelong nennt, berichtet, was sich hier gerade abgespielt hat. Nach seiner Version hatte der dreiundzwanzigjährige Daniel Longara gerade Mandazi, ein süßes Hefeteig-Gebäck, zubereitet, als vier Spezialpolizisten herangestürmt kamen und ohne Vorwarnung auf ihn schossen. Er konnte sich noch ein paar Hundert Meter weit schleppen, dann brach er zusammen. Als ihm sein Vater zu Hilfe eilte, erschienen die Polizisten erneut. Sie zwangen die beiden, nebeneinander auf dem Boden niederzuknien und die Hände zu heben. Dann schossen sie Vater und Sohn nacheinander in den Kopf. Die Geschichte klingt glaubwürdig. Beide wurden durch Kopfschüsse niedergestreckt; einer trat unmittelbar über dem linken Auge ein, der andere in die linke Schläfe. Die Kugeln müssen fast senkrecht von oben abgegeben worden sein, denn sie stecken neben den Leichen noch im Boden. Einen der Mörder wollen die Anwohner sogar erkannt haben: ein Kikuyu namens Njuguna, angeblich ein Sadist, der schon mehrere Morde begangen hat.

Wenig später erreichen die Angehörigen den Ort: die Frau des Alten, ihre Schwiegertochter, ihr jüngster Sohn. Er ist noch ein kleiner Junge, vielleicht zehn Jahre alt. Als er die Leichen seines Vaters und seines Bruders nebeneinander auf dem staubigen Boden liegen sieht, fängt er an zu schluchzen. Dann erst kommen Polizisten. Andere offenbar; nicht die, die das hier angerichtet haben. Sie herrschen uns an, mit dem Fotografieren aufzuhören, schmeißen die Leichen auf die Ladefläche ihres blauen Landrovers und verschwinden.

»Dafür werden wir uns rächen«, schwört Fred Yego, ein Nachbar, »wir werden jetzt das Flüchtlingslager der Kikuyu angreifen und alle töten.«

Aber das sind doch Zivilisten, Frauen und Kinder.

»Das ist uns egal. Wir machen keinen Unterschied mehr zwischen Zivilisten und Polizisten oder Milizionären. Jeder Kikuyu ist jetzt unser Feind. Wir werden nicht zusehen, wie sie unsere Leute wie Hunde töten. Wenn die Regierung nichts tut, machen wir es selber.«

Wir erreichen Cheptiret. Hier waren wir schon einmal, am zweiten Januar, am Tag nach dem Massaker in Kiambaa. Damals stand an dieser Kreuzung ein ausgebrannter Minibus, und davor lagen zwei Leichen. Heute brennt ein Kleinlaster, dichter schwarzer Rauch steigt kilometerweit in den Himmel. Rund hundert Meter von dem brennenden Fahrzeug entfernt liegt ein Toter, offenbar der Fahrer. Er hatte noch versucht zu flüchten. Neben ihm liegen ein paar Felsbrocken. Wir nehmen an, dass er damit vor kurzem totgeschlagen wurde.

Ein Haufen Kalenjin hat sich um die Leiche zusammengerottet. »Den hat die Polizei auf dem Gewissen«, sagt einer. Ein anderer grinst nur und schüttelt den Kopf. Sofort fangen sie wieder an zu lamentieren und erzählen etwas vom Wahlbetrug und den demokratischen Rechten, die ihnen gestohlen wurden. Mir wird schlecht. Auch weil die Leute beginnen, uns kameradschaftlich auf die Schulter klopfen und zu unseren Ehren eine Art Begrüßungszeremoniell abhalten. Sie haben uns wiedererkannt und freuen sich über unseren Besuch. Dann hocken sie sich auf Kommando alle nebeneinander auf den Boden und singen ein Kriegslied. Es sind Hunderte, und sie sind sehr diszipliniert. Ethno-Hooligans wie in Nairobis Slums sind das nicht. Der Lehrer des Dorfes ist auch wieder an der Straßensperre, Simon Kipkerir, nur Bernhard aus Braunschweig ist heute nicht dabei. Der Lehrer führt uns zum Pfarrer – mit dem müssten wir sprechen. Doch auch Reverend Daniel Rugut serviert uns bloß die üblichen Rechtfertigungsfloskeln. Neben ihm liegt ein Mann, der gerade erst von einer aufgekratzten

Menge ermordet wurde, und der Pastor sagt: »Wir schützen nur uns selbst, wir haben gehört, dass Kikuyubanden auf dem Weg hierher sind, um uns umzubringen.«

Was hatte dieser Mann denn mit Kikuyubanden zu tun?

»Was mit dem ist, weiß ich auch nicht.«

Der liegt doch noch nicht lange hier.

»Nein.«

Plötzlich kommt Hektik auf. Zwei Kampfhubschrauber der Armee nähern sich im Tiefflug. Wir denken, die machen einen Aufklärungsflug, und bleiben, wo wir sind. Doch plötzlich eröffnen sie aus einem Maschinengewehr, das an der Seite befestigt ist, das Feuer. Schüsse peitschen über den Platz. Der Pastor kann sich noch rechtzeitig in Sicherheit bringen. Er hockt unter einem LKW und betet. Ich stürze. Meine Brille landet im Staub, auch die Fototasche. Ein Objektiv kollert über den freien Platz. Ich beginne, den Krempel aufsammeln, doch dann wird mir klar, was für eine Torheit das ist. Zum Glück haben die Helikopter das Feuer mittlerweile eingestellt. Nach einer Weile kauere auch ich unter einem der Lastwagen. Als die Armee abzieht, machen wir uns auf den Weg.

Die Frontläufer

30. Januar 2008

Morgens um sechs ist es kalt hier oben in Iten, einem Bergdorf 2400 Meter über dem Meeresspiegel in den kenianischen Highlands. Thamer Kamal Ali schnürt seine Laufschuhe und zieht sich die Kapuze über den Kopf, als wollte er sich verstecken. Er ist schmächtig, neunzehn Jahre alt, fast noch ein Kind. Heute liegen einige Kilometer Landstraße vor dem Hindernisläufer, vorbei an Straßenbarrikaden, ausgebrannten Autowracks und Häuserruinen. Vor vier Wochen ist der Krieg nach Iten gekommen. Thamer Kamal Ali friert nicht nur. Er hat Angst.

Iten ist eines der vielen Leistungszentren der kenianischen Langstreckenläufer und rund dreißig Kilometer von Eldoret entfernt. Weltmeister und Olympiasieger haben in Iten trainiert, in der Fachwelt ist Iten eine Legende. Die Kenianer sind stolz auf dieses Dorf und seine Bewohner, die hier in kleinen Grüppchen durch die Finsternis laufen. Thamer Kamal Ali trainiert jetzt nur noch sehr früh am Morgen. »Später am Tag wird es zu gefährlich«, sagt er, »dann beherrschen die Leute mit den Macheten die Straßen.« Thamer Kamal Ali aber läuft sein Pensum. Er ist Spezialist für die 3000-Meter-Hindernisstrecke. Von den *Asian Indoor Games* 2005 in Bangkok brachte er zwei Goldmedaillen mit nach Hause. Er ist sehr ehrgeizig. Er läuft jeden Morgen um sechs, es ist kalt, und er hat Angst.

»Soll ich ihm sagen: Geh nach Hause, vernachlässige deinen Beruf, lass alles stehen und liegen?«, fragt Alis Coach Yobes Ondieki. Disziplin, sagt er, sei der einzige Weg, mit der Sorge um die Familie und der eigenen Angst umzugehen. Yobes Ondieki war selbst ein Weltklasseläufer. Er war der erste Mann überhaupt, der die 10 000 Meter unter 27 Minuten schaffte, das war am 10. Juli 1993 in Oslo.

Ondieki sitzt im Restaurant des *Kerio View Hotels* vor einer Coca-Cola und hinter einer riesigen Glasfront. Hier oben, direkt an der Klippe zum Tal, hat man an Schirmakazien vorbei eine traumhafte Aussicht in die Ebene. Ondieki blickt hinunter. Unten, im Grasland, lodern Feuer. Es sind Buschbrände. Der Rauch hat eine milchige Farbe, wie Nebel. Einen Buschbrand erkennt man an seinem weißen Rauch. Wenn Häuser brennen, ist er dunkel, fast schwarz. Früher hat sich niemand darüber Gedanken gemacht, welche Farbe der Rauch hat.

Auch Ondieki hat schon anonyme Hassbotschaften per SMS bekommen. Er wird darin als Kalenjin beschimpft. Als Mörder. »Das Land liegt in Scherben«, sagt er, »es gibt keine Sicherheit mehr – nirgends in Kenia, die Polizei schießt selbst auf Kinder mit scharfer Munition.« Es ist fast unmöglich, dass sich die Läufer hier auf ihren Sport konzentrieren. Dabei sollten eigentlich demnächst die lokalen Ausscheidungsläufe für die Olympischen Spiele stattfinden, und im April beginnt die Saison der großen Marathonläufe in Europa und den USA.

»Selbstaufgabe«, sagt Ondieki, »wäre jetzt das Schlimmste.« Zumindest der Schein von Normalität soll gewahrt bleiben, damit die Läufer nicht auch innerlich kollabieren, wo sich schon um sie herum alles in Auflösung befindet.

In Eldoret hat sich Moses Tanui in seinem Hotel *Grandpri* verbarrikadiert. Seit dem 31. Dezember wagt sich der ehemalige Weltmeister über 10 000 Meter kaum noch auf die Straße. An jenem Abend wurde sein bester Freund, der 400-Meter-Läufer Lucas Sang, ermordet. Sang und Tanui galten als unzertrennlich. Sie hatten sich 1985 in London kennengelernt, sie hatten denselben Manager, sie trainierten zusammen im Hochland. Lucas Sang war in einen Aufruhr von Kikuyu geraten. Sie hackten ihn mit Macheten zu Tode. »Alle kannten Lucas«, sagt Tanui, »er war ein Held.« Sang und Tanui gehören zu den Kalenjin, das war Sangs Todesurteil.

Auch Moses Tanui ist bekannt in Kenia. Auch Moses Tanui hat Geld. Doch der Reichtum schützt ihn nicht. Im Gegenteil: Er ist sogar ein Grund, weshalb kenianische Spitzensportler in Angst leben. Irgendwann kamen nämlich Gerüchte auf, dass die Läufer Stammesmilizen finanzieren, zum Beispiel die *Kalenjin Warriors*. Gerüchte, dass die Athleten mit ihrem Geld Waffen kaufen und in ihren großen Autos transportieren und dass sich in ihren geräumigen Häusern die Marodeure treffen. »Es gibt Leute, die behaupten, mein Hotel sei der Versammlungsort von Killergruppen«, sagt

Moses Tanui, »aber das ist Unsinn, wir sind Sportler, wir wollen laufen und nicht kämpfen.« Dann verriegelt er die Tür und schaut zur Straße hinüber. »Wir befinden uns auf dem Weg zum Bürgerkrieg«, sagt er, »es ist der Krieg eines Stammes gegen den Rest des Landes, das kann furchtbar werden.«

Wo keine Ordnung mehr ist, werden alte Rechnungen beglichen, brechen längst vergessene Rivalitäten auf, überlagern sich die Konflikte, bis irgendwann kaum noch jemand durchblickt. Jede Seite hat dann ihre Toten zu beklagen und zu rächen, und jede Seite fürchtet die Rache der anderen. Das ist kein afrikanisches Phänomen, das war auf dem Balkan nicht anders.

Es geht um Clan-Zugehörigkeiten. Es geht um Land. Es geht um Geld. Auch Neid spielt eine Rolle: Wo Gewalt herrscht, rächen sich auch die Zukurzgekommenen. Das Gefälle zwischen Arm und Reich ist groß in Ostafrika.

Sogar in normalen Zeiten ist der irische Lauftrainer Colm O'Connell, der ebenfalls oben in Iten ein Trainingslager betreibt, immer auch als Psychologe gefragt. »Man darf nie vergessen, in welcher Welt wir hier leben«, sagt O'Connell. »Ein normaler Kenianer verdient vielleicht hundert Dollar im Monat, viele haben kein Geld für anständige Schuhe, es reicht nicht mal, um die eigenen Kinder satt zu bekommen.« Und die Läufer? »Wer den London-Marathon gewinnt, geht mit 100 000 Dollar nach Hause und streicht von seinem Ausstatter vielleicht noch 50 000 Dollar zusätzlich ein, die Auflaufprämie gar nicht mitgerechnet.«

Colm O'Connell ist ein gedrungener Typ mit einem roten Kopf. Man kann ihn sich gut in einem Pub in Dublin vorstellen. Seit 1976 lebt der ehemalige Missionar aus Cork als Lehrer in der Einöde der Highlands, in denen es damals weder Strom noch fließend Wasser gab. O'Connell hat das Lauftalent der Kenianer schnell erkannt, schon an seinem zweiten Tag in Iten wurde er Coach, heute hat *Brother Colm* fünfundvierzig Athleten unter Vertrag und gilt als einer der erfolgreichsten Trainer in Afrika.

Die Lage ist für viele kenianische Sportler kaum noch zu ertragen. Aber wohin sollen sie ausweichen? Wenn es ganz schlimm werden sollte, vielleicht nach Uganda, auf die andere Seite der Grenze, oder nach Äthiopien. Viele müssten dann ihre Familie zurücklassen. Außerdem bietet Iten beste Trainingsbedingungen. In dieser Höhe gibt es keine Malaria, das Klima ist mild, die Luft klar. Für Ausdauersportler ist Iten ein Paradies. Sogar deutsche Läufer schlagen hier ihr Trainingsquartier auf – in ruhigeren Zeiten.

Vor zwei Wochen wurden die letzten ausländischen Sportler evakuiert.

Dass gerade die Kalenjin so viele Weltklasseläufer produzieren, wundert O'Connell nicht. Anders als die Kikuyu, die den Bantu zugerechnet werden, sind die Kalenjin Niloten. Sie sind schlank und hochgewachsen, ihre Vorfahren waren Nomaden, die wochenlang mit den Herden durch das karge Land zogen, ihre Ernährung ist schlicht. Es gibt in Kenia nicht viele Möglichkeiten, dem Kreislauf aus Arbeitslosigkeit und Armut und Hunger zu entrinnen. Läufer zu sein, das ist in den Highlands von Kenia ein Traumberuf.

Auch für Thamer Kamal Ali, der jetzt jeden Morgen um sechs mit dem Training beginnt. Er kommt eigentlich aus Marakwet, einem Distrikt, in dem auch der berühmte Moses Kiptanui groß geworden ist. Kiptanui war dreimal Weltmeister über 3000 Meter Hindernis, er hat mehrere Weltrekorde aufgestellt, bei den Olympischen Spielen in Atlanta 1996 holte er Silber. Kiptanui ist ein Volksheld, immer wenn er in seine Heimat kommt, wird er gefeiert. Thamer Kamal Ali wollte schon früh so werden wie sein Idol.

Seit 2005 trainiert Ali im Sportzentrum von Yobes Ondieki in Iten. Er gilt als großes Talent. Das hat sich sogar bis nach Katar herumgesprochen. Ali hat die Staatsbürgerschaft der Katarer angenommen und läuft nun für die Ölscheichs. Er verdient gutes Geld, mit dem er auch seine Eltern und die acht Geschwister ernähren kann.

Alis Vorbild Moses Kiptanui hat nach seinem Rücktritt 2000 als Talentsucher, als Coach, sogar als Trainer der kenianischen Nationalmannschaft bei den Leichtathletik-Weltmeisterschaften in Paris gearbeitet. Inzwischen hat er eine Immobilienfirma aufgebaut. Er ist das, was der irische Trainer Colm O'Connell *role model* nennt.

Aber auch Kiptanui lebt in Angst. Vor drei Wochen wurde sein Fahrer von Polizisten gestoppt. Er hatte einen Sack Kartoffeln gekauft. Jeder kennt Kiptanuis Autos. »Du transportierst Waffen«, sagten die Polizisten. Dann schlugen sie seinen Fahrer zusammen und verabschiedeten ihn mit den Worten: »Wir werden dich umbringen, und wir werden auch deinen Boss umbringen.«

Kiptanui sagt: »In diesem Land kann die Polizei Menschen ermorden. Jeden. Zu jeder Zeit. Einfach so.«

Nach diesem Zwischenfall hat Moses Kiptanui gemeinsam mit sechsundfünfzig anderen Athleten, darunter der Olympia-Sieger Ezekiel Kemboi, einen Brief verfasst. Es sollte ein Hilferuf sein. Die Sportler wollten der Welt erklären, was in Kenia passiert und dass sie unschuldig sind. »Uns wird vorgeworfen, dass wir Gewehre, Bögen und Pfeile und andere Waffen gekauft und transportiert haben, die in der Gewalt nach den Wahlen zum Einsatz gekommen sind«, sagen die Sportler, »aber das ist nicht wahr.«

Kiptanui hat seinen Fall öffentlich gemacht. Nun muss er fürchten, damit erst recht in die Schusslinie der Fanatiker zu geraten. Drei Wochen nach dem Mord an Lucas Sang wurde der Marathonläufer Wesley Ngetich von einem vergifteten Pfeil getötet, und Luke Kibet, der Marathonweltmeister von 2007, von einem Stein am Kopf getroffen. Er hatte Glück, seitdem schützt er sich mit einem G3, einem deutschen Schnellfeuergewehr. Moses Kiptanui aber möchte sich nicht mehr verstecken.

Es scheint, als seien Kenias Athleten in einen tödlichen Kreislauf geraten. »Natürlich helfen sie mit ihrem Geld ihrer Gemeinschaft, dazu sind sie doch schon moralisch verpflichtet«, sagt Colm O'Connell, »und wer weiß am Ende schon, ob für das Geld ein Bogen oder wirklich ein Sack Mais gekauft wurde?« Dass ausgerechnet Kenias Sportidole gemeinsame Sache mit irgendeiner Miliz machen, glaubt aber kaum jemand im Rift Valley.

»Es ist absurd«, sagt Moses Kiptanui, »im Ausland laufen wir alle für Kenia und gelten als der Stolz des Landes – egal, welcher Volksgruppe wir angehören. Doch hier zu Hause bricht alles auseinander, und wir bekämpfen einander.«

Der Tod des Abgeordneten

31. Januar 2008

Waren die Wege von Iten hinunter ins Tal noch von Barrieren gesäumt, herrscht in Eldoret fast so etwas wie Alltag, sogar der Verkehr kommt dann und wann ins Stocken, so viele Autos sind unterwegs. Gestern abend trafen wir an der Bar des vornehmen *Eldoret Clubs*, der für seine Golfanlage berühmt ist, einen indischen Mediziner, Doktor Swarup Mishra, und eine Gruppe whiskeytrinkender Stammgäste. Je ausgelassener die Gruppe wurde, desto unverhohlener brachte sie ihre Abneigung gegen die Kikuyu-Elite des Landes zum Ausdruck. Einer der Männer, ein Nandi, bezeichnete sich sogar als rechte Hand von William Ruto. »Schon bald werden unsere Leute Hubschrauber abschießen können, wir bereiten uns darauf vor, wir bilden hartgesottene Krieger aus«, verkündete er stolz.

Und warum?

»Es wird einen totalen Krieg geben zwischen den Kenianern und den Kikuyu, und die Kikuyu werden die Verlierer sein. Die Kikuyu sind Diebe. Die Kalenjin bilden eine geschlossene Front.«

In seinem Mobiltelefon hat der Mann ein Foto von Raila Odinga gespeichert.

»Wir bauen eine Verteidigungsarmee auf«, ruft er uns nach.

Am Morgen zeigt der Inder seinen neusten Patienten: Noah Kendagor, ein vierundzwanzigjähriger Mann, den gestern abend eine Polizeikugel in den Rücken traf. In der Nacht wurde er eingeliefert. Die Kugel hat etliche Rippen und die Leber getroffen, als erstes hat Kendagor eine Bluttransfusion erhalten, fünf Liter waren nötig. Ob er durchkommt, ist ungewiss.

Als Besitzer einer kleinen Privatklinik bekommt Swarup Mishra in letzter

Zeit immer mehr Opfer dieses kenianischen Gemetzels zu Gesicht. Dennoch will er im Land bleiben: »Unter den Kalenjin fühlen sich die Inder in Kenia sicher«, sagt er, »sie leben seit einhundert Jahren in diesem Land. Wir sind ein Teil dieser Welt, wir sind *comrades*.« Es ist nicht ganz klar, ob der Inder selbst glaubt, was er da sagt. Mishra lebt erst seit 1997 in Kenia und gehört damit nicht zu den Asiaten in der dritten oder vierten Generation, die in Nairobi mit ihren Hindutempeln und Geschäften das Erscheinungsbild ganzer Stadtteile beherrschen. Auf den Gedanken, seinen indischen Pass gegen einen kenianischen zu tauschen, würde er trotz aller Liebesschwüre nicht kommen. Als Außenseiter in dieser rauhen Welt, sorgt man jedenfalls besser vor: In Mishras Büro hängen die Fotos von berühmten Patienten und prominenten Gästen, egal, auf welcher Seite sie stehen: Odinga, Ruto, Kibakis zweite Frau. Man kann ja nie wissen. »Africa is not for sissys«, zitierte der *Economist* einmal einen zugereisten Geschäftsmann.

Wir wollten uns noch nach der merkwürdigen Geschichte mit den ugandischen Soldaten erkundigen, von denen es hieß, sie seien im Krankenhaus von Eldoret aufgetaucht. Ein Sicherheitsmann des *Moi Teaching and Referral Hospitals* will tatsächlich etwas gesehen haben.

»Am 17. Januar tauchten plötzlich Askaris in den Uniformen der GSU und mit roten Baretten vor dem Krankenhausgelände auf«, sagt Wachmann Julius Chelimo, der an diesem Tag Dienst hatte, »der Kommandeur sagte, wir sollten ihn durchlassen, doch das wollten wir nicht. Wir dachten, sie kamen, um Leute zu verprügeln, die nach einer Demonstration auf das Gelände geflüchtet waren. Daraufhin wurde er wütend. Er befahl seinen Männern, Tränengasgranaten auf das Gelände zu werfen und in die Luft zu schießen. Am schlimmsten wurde ausgerechnet die Intensivstation getroffen. Uns haben sie geschlagen, als wir uns in den Weg stellten. Wir konnten sie nicht aufhalten.«

Wieviel Männer waren das?

»Etwa fünfzehn.«

Und was hat Sie misstrauisch gemacht?

»Dass sie kein Kisuaheli sprachen. Der Kommandeur, der war eindeutig Kikuyu, aber die anderen waren sehr merkwürdig. Als der Einsatz beendet war, fragten sie ihren Einsatzleiter, worüber wir gesprochen hätten. Sie fragten ihn auf englisch. Die sprachen eindeutig nicht Kisuaheli.«

Ist das denn so ungewöhnlich?

»Jeder Kenianer spricht Kisuaheli, jedenfalls eher als englisch. In Uganda ist das anders. Da gibt es viele Menschen, die englisch, aber nicht Kisuaheli sprechen.«

Plötzlich kommt Unruhe auf. Menschen laufen aufgeregt durcheinander. Schon wieder sei ein Parlamentarier von ODM ermordet worden, heißt es, der zweite bereits seit diesen verfluchten Wahlen. Irgendjemand zerrt uns weg, zum Hintereingang. Dort sei der Tote soeben eingeliefert worden. Wir sollten mitkommen. Kurze Zeit später stehen wir fassungslos im Leichenschauhaus des Hospitals. Dort liegt ein großgewachsener Mann aufgebahrt. Er trägt einen grauen Anzug, ein weißes Hemd und eine rote Krawatte, aber jetzt ist alles blutdurchtränkt. Mehrere Kugeln haben ihn von vorne getroffen: in die Brust und auch ins Gesicht. Eine Arzt sagt: »Der wurde aus kurzer Distanz erschossen«. »Sein Name ist David Too«, erklären andere, die den Toten umringen. Es sind überwiegend Ärzte und Krankenschwestern, die aus allen Teilen der Klinik hierher geeilt sind. Viele weinen. David Too, ein Kipsigis, war ODM-Abgeordneter. Sein Wahlkreis Ainamoi liegt etwas weiter südlich von Eldoret, in der Nähe von Kericho. Wir verlassen das Krankenhaus und wollen den Ort suchen, an dem Too erschossen wurde. Auf den Straßen herrscht Chaos, endlose Kolonnen von Fahrzeugen verlassen die Stadt, panisch, ohne Ordnung, überall stehen Landrover, auf deren Pick-ups furchterregende Paramilitärs thronen, Menschen hasten an ihnen vorbei. Wir kommen dennoch gut voran; in unsere Richtung will niemand. Nach einer Weile haben wir uns durchgefragt. Too wurde auf einer Wiese am Stadtrand ermordet. Anwohner berichten, dass ein Verkehrspolizist dem Wagen gefolgt sei, in dem Too unterwegs war. Neben dem Politiker habe eine Frau in Polizeiuniform gesessen. Nachdem der Verfolger den roten Wagen der beiden gestoppt habe, sei die Frau geflohen. Der Polizist habe sie sofort erschossen und dann auf Too angelegt. Dem Politiker sei nicht einmal genug Zeit geblieben, den Sicherheitsgurt zu öffnen. Es ist eine seltsame Geschichte. *West Indies* nennen die Einheimischen dieses Feld, eine unbebaute Fläche inmitten einer Armensiedlung. Was hat ein wohlhabender Politiker ausgerechnet hier zu suchen? Wurde er in eine Falle gelockt?

Am Abend gibt der Kommandant der kenianischen Polizei im Fernsehen eine Räuberpistole zum Besten. Die beiden im Auto seien ein Liebespaar auf dem Weg zum Schäferstündchen in einem Hotel gewesen. Ein Eifersuchtsdrama. Tragische Sache. Nur: In *West Indies* gibt es weit und breit kein Hotel.

Wieder in Kisumu

2. Februar 2008

Im gediegenen *Florence*-Restaurant des *Imperials*, der vornehmsten Absteige am Platz, herrscht gähnende Leere. Kellner Sammy darf gerade einmal zwei gekühlte Colas ausschenken. Ein englisches Touristenpärchen hat sich nach Kisumu verirrt. Die beiden trinken wacker ihre Softdrinks. Sie sind gerade aus Uganda gekommen, um sich den Traum von einer Afrikareise im Geländewagen zu erfüllen. Doch statt der geplanten Landtour auf eigene Faust steht ihnen am nächsten Morgen eine von der Polizei eskortierte Konvoifahrt nach Nakuru bevor. Ausgerechnet die Fahrt von Kisumu, der mittlerweile als »Kosovo« verspotteten Oppositionshochburg, hinüber nach Nakuru, wo vor kurzem noch Regierungsanhänger nächtelang marodierten, dürfte für unsere beiden tapferen Touristen einige unangenehme Überraschungen bereithalten. Die Nachrichten, die die zwei aus Kericho, einer Kleinstadt auf halber Strecke, erreichen, sind nicht gerade dazu angetan, ihre etwas gedrückte Urlaubs-Stimmung aufzuheitern. Überall in der Rift-Valley-Stadt loderten am Samstag hohe Flammen. Hier bekriegen sich Angehörige der Kisii-Volksgruppe und Männer der Kalenjin. Die jüngsten Kämpfe brachen aus, nachdem David Kimutai Too in Eldoret ermordet wurde.

Nun sind wieder lange Kolonnen von Flüchtlingen auf den lochrigen kenianischen Straßen unterwegs. Sie mäandern scheinbar ziellos durchs Land. Diejenigen, die am Samstag Kisumu erreichten, waren Luo. Sie wurden von jubelnden Stammesgenossen empfangen. Immer wieder ertönten die Rufe: »No Raila! No Peace!« – Ohne Raila Odinga keinen Frieden.

Es sieht derzeit so aus, als isolierten sich die Kikuyu von Präsident Kibaki immer mehr. zweiundvierzig Ethnien leben in Kenia. Die meisten haben sich mittlerweile erhoben: gegen Kibaki und seine *Mount-Kenya-Mafia*, die den ersten Teil ihres unrühmlichen Namens dem heiligen Berg der Kikuyu verdankt und den zweiten Teil ihren skrupellosen Geschäftsmethoden. Hinter der Regierung stehen allenfalls noch die Meru und Embu, Teile der Kamba, die den Vizepräsidenten Kalonzo Musyoka stellen, und Teile der Kisii, die im Westen mit den Luo im Clinch liegen. Gemeinsam kommen sie vielleicht auf dreißig Prozent der rund sechsunddreißig Millionen Kenianer, und obwohl sie neben den Indern die Wirtschaft dominieren, ist es schwer vorstellbar, wie sie sich in diesem Aufstand der Ethnien in Kenia langfristig behaupten wollen. Zusätzlich angeheizt wird die Stimmung durch Hass-Sendungen in den lokalen Radiosendern. Dort seien Dinge zu hören wie »Lasst uns das Unkraut von unseren Feldern beseitigen«, berichtet der Menschenrechtler Ceasar Handa, Gegner würden als »Paviane« oder »Tiere aus dem Westen« verunglimpft.

Die unheilvolle Saat der Scharfmacher scheint mittlerweile immer häufiger aufzugehen. In Kericho wurde in der Nacht von Donnerstag auf Freitag ein Polizist bei lebendigem Leib verbrannt. Zuvor hatte er, offensichtlich in Panik, drei Angreifer erschossen. Danach stürmte der Mob die Polizeistation und brachte sich in den Besitz von zwölf Schusswaffen, darunter vier Gewehren und zweihundert Schuss Munition. Etliche Teile der Stadt gingen in Flammen auf. Die verschiedenen betroffenen UN-Agenturen richten sich derweil auf die Unterbringung und Versorgung von 500 000 kenianischen Flüchtlingen ein. Sollte der Krieg vollends ausbrechen, will die Uno ihre Mitglieder nach Zypern evakuieren. Nur den Präsidenten des zerfallenden Staats scheint das alles immer noch nicht zu beeindrucken. Die Opposition solle doch vors Gericht ziehen, wenn sie Beschwerden über die Wahlen habe, hat er in Addis Abeba, auf dem Gipfeltreffen der Afrikanischen Union, verkündet.

Auge um Auge
3. Februar 2008

Die *Motor Vessel Sukhman I* liegt festvertäut an Kisumus Kaimauer. Von oben brennt die Äquatorsonne auf den Frachter hinab, und von unten steigt modriger Geruch auf. Männer mit nackten Oberkörpern wuchten schwere Säcke mit Gummilatschen, Batterien und Speiseöl auf ihre Schultern, um das Schiff zu beladen; dreihundert Tonnen davon kann der Kahn aufnehmen. Endlich ist der Lastwagen aus Nairobi gekommen. Kapitän Bernhard Anyumba konnte es kaum erwarten. Seit einer geschlagenen Woche harrt er nun schon in diesem Loch aus und wartet auf die Fracht. Dabei hätte er eigentlich längst unterwegs sein sollen, doch Straßenbarrikaden und Überfälle auf Lastwagenfahrer machen die 344 Straßenkilometer von der Hauptstadt hierher zum Wagnis. Der Schienenverkehr, der den wichtigen Handel mit Uganda ermöglicht, ist unterbrochen, seit an vielen Orten in Nairobi und auch im Westen des Landes die Geleise zerstört wurden. Die letzte Eisenbahn aus Nairobi kam am 23. Dezember 2007 in die Stadt am See, einen Tag vor Heiligabend.

Kisumu, die Hauptstadt der Provinz Nyanza mit seinen 250 000 Einwohnern, ist gezeichnet. Verkohlte Skelette ausgebrannter Häuser säumen die breiten Geschäftsstraßen. Immer wieder blockieren Spitzbuben die Zufahrtswege und verlangen bis zu 1000 kenianische Schilling Wegezoll. »Wunderschön am Victoriasee gelegen, präsentiert sich Kisumu als luxuriöse Oase Westkenyas«, schreibt der *DuMont*-Führer. Er ist aus dem Jahr 2001; es kommt einem vor, als sei er vor einer Ewigkeit verfasst worden.

Die Unruhen in Kenia haben auch den Schiffsverkehr auf dem Victoriasee hart getroffen. Statt viermal monatlich, verkehrt die *Sukhman I* jetzt nur noch zweimal im Monat zwischen Kisumu, dem kenianischen Hafen, und dem ugandischen Jinja, jener Nilmündung, nach der einst ganze Generationen von Entdeckern und Abenteurern forschten.

Unberechenbare Wartezeiten und gestiegene Spritpreise machen den Handel immer weniger lukrativ. Mittlerweile muss Bernhard Anyumba 75 Kenia-Schilling, also rund einen US-Dollar, für den Liter Diesel bezahlen, vor den Wahlen waren es 55 bis 65 Schilling. Für die Reise nach Uganda verbraucht er 3000 Liter. Der indische Eigner der *Sukhman I* sucht bereits nach Alternativen zum leidigen Keniageschäft, Tansania hat sich als relativ stabil erwiesen. Dabei leidet der Schiffsverkehr hier am Victoriasee, der von der Umweltstiftung *Global Nature Fund* vor einiger Zeit zum »Bedrohten See 2005« gekürt worden war, schon seit langem. Der ganze Hafen ist mit Wasserlilien und meterhohem Hippogras zugewachsen. Aus der Ferne wirkt das Hafenbecken mit den Schiffen darin wie eine verwilderte Märchenwiese, in die ein zürnender Gott kurzerhand den modernen menschlichen Krempel geworfen hat. Wie kommt ein Schiff bloß durch dieses Dickicht?

Wasserhyanzinthen haben sich für den Victoriasee, dieses riesige ostafrikanische Süßwasserreservoir, zur Plage Nummer 1 entwickelt. Bei günstigem Klima von 25 bis 27,5 Grad Celsius verdoppelt sich alle fünfzehn bis zwanzig Tage ihre Biomasse. Und es herrscht hier ziemlich häufig gutes Klima für die *Eichhornia crassipes*. Jeden Tag wachsen auf dem Binnenmeer, das Kenia mit Uganda und Tansania verbindet, vierzig Tonnen davon nach. Das entspricht einer Fläche von 2000 Hektar pro Woche. Damit ist ein tödlicher Kreislauf in Gang gesetzt worden. Fische ersticken unter dem dicken Pflanzenteppich, der den Sauerstoffgehalt des Wassers reduziert. Fischer, die vom Tilapiafang leben, werden arbeitslos. Moskitos brüten hier hingegen gerne. Die Anophelesmücken übertragen Malaria. Auch Schnecken, die die Wurmkrankheit Bilharziose übertragen, fühlen sich in dem Dickicht wohl. Der Kollaps des Sees und das Leiden seiner Anwohner scheinen kaum noch aufzuhalten zu sein.

Dabei ist die Wasserhyazinthe, diese grüne Pest, eigentlich kein afrikanisches Gewächs. Sie stammt aus Südamerika und soll von den belgischen Kolonialherren einst nach Ruanda eingeführt worden sein. Die weißen Herren des Zwergstaats verschönerten mit der Zierpflanze ihre kolonialen Teiche und rühmten das blasse Violett ihrer Blüten und das satte Grün des Blattwerks. Über den Kagera-Fluss gelangte die Pflanze, die hier keine natürlichen Feinde hat, irgendwann in den See, und 1988 wurde sie dort zum ersten Mal beobachtet.

Mittlerweile erscheint es wie ein Wunder, dass überhaupt noch Schiffe Kisumu anlaufen. Und es ist auch tatsächlich ein kleines seemännisches Kunststück, sich durch die grüne Barriere hinaus auf den See zu kämpfen. Zwei Tage lang lässt Kapitän Anyumba die *Sukhman I* mit der Strömung treiben, und immer, wenn sich der Wind dreht, lässt er den Motor laufen: so langsam, dass das Schiff praktisch auf der Stelle steht. Einen Anker kann er nicht werfen, den bekäme er aus dem Schlick nicht wieder hinaus. Und wenn er auch nur halbe Kraft fahren würde, wäre sofort die Schiffsschraube ruiniert. Erst nach zwei Tagen erreicht er das offene Wasser, zwei weitere Tage dauert es noch bis Jinja.

Dass es um den Hafen von Kisumu so schlecht bestellt ist, liegt übrigens auch an der Tatenlosigkeit der kenianischen Regierung, die bislang keine Anstrengungen unternommen hat, das Hafenbecken zu säubern. Die Häfen im ugandischen Jinja und im tansanischen Mwanza hingegen wurden von den Wasserhyazinthen weitgehend befreit. Ausgerechnet Kisumu, das an einem der größten Süßwasserseen der Erde liegt, leidet nun unter einem Mangel an Trinkwasser. Doch für die Stadt im Westen, in der hauptsächlich Luo leben, hatte Präsident Mwai Kibakis Regierung nie besonders viel übrig.

Wir machen uns nun auf den Weg zurück nach Nairobi, und dafür müssen wir durch das Gebiet der Kisii fahren, Kibakis Brückenkopf im Luoland. Diese Bantu in einer Region, in der sonst nur Niloten leben, haben zu einem großen Teil für die Regierung gestimmt. Um sich in feindlicher Nachbarschaft zu behaupten, gründeten sie bereits vor geraumer Zeit eine eigene Miliz, die *Chinkororo*. Seit dem Zusammenbruch der staatlichen Ordnung hat es besonders in ihren Siedlungsgebieten, die um die Stadt Kisii herum liegen, besonders heftige Auseinandersetzungen gegeben: im Norden, vorwiegend mit den Luo, im Osten mit den Kalenjin, die hier leben und vorwiegend zur Gruppe der Kipsigis gehören.

Die Frontlinie verläuft mitten durch das Örtchen Chebilat. Es ist die asphaltierte Hauptstraße, die Kisii mit Sotik verbindet: Auf der linken Seite der Straße herrschen die Kisii, die rechte gehört den Kipsigis. Links beginnt die Rift-Valley-Provinz und rechts Nyanza. Die Leute links, heißt es, hätten mehrheitlich für Präsident Kibaki gestimmt und die rechts für Raila Odinga, den Oppositionsführer. Die Frontlinie erkennt man an den Rauchwolken, die kilometerweit schon von dem Unglück, das über Chebilat hereingebrochen ist, künden. Dann stößt der Reisende auf eine Straßensperre.

Heute kontrollieren die Kisii die Strecke. Sie schwenken Macheten und Keulen und winken mit Pfeil und Bogen. Aus einem Bus voller verängstigter Grenzgänger ergaunern sie sich ein Päckchen Spaghetti. Nervös schnüren nebenan die letzten Dörfler ihre Bündel. Sie wollen fort, so schnell wie möglich. Seit Tagen nämlich wird in Chebilat gekämpft. Wie viele Tote diese archaischen Auseinandersetzungen bislang gefordert haben, ist nicht bekannt. Allein am vergangenen Samstag waren es zehn. Hunderte von Häusern sind bereits in Flammen aufgegangen, an diesem Morgen kam der Marktplatz an die Reihe. Etwas verstohlen kommen ein paar Jugendliche mit Kerosinflaschen zurück, hinter ihnen steht schwarzer Rauch.

»Dort drüben«, sagt ein junger Mann, der sich Jim nennt, »hocken unsere Feinde und bereiten einen Angriff vor.« Dann zeigt er hinüber zum Qualm: »Sie haben den Krieg begonnen. Seitdem sind wir auf uns allein gestellt. Niemand kommt, uns zu beschützen.« Tatsächlich sind die rund zehn martialischen Sonderpolizisten der berüchtigten *General Service Unit* lediglich damit beschäftigt, Flüchtlinge aus dem brennenden Ort hinauszueskortieren. Um die Straßensperren, die Rowdies, die Waffen kümmern sie sich nicht.

Wir gehen hinüber zu einem Hügel, vielleicht zweihundert Meter entfernt. Unter einer Akazie sitzen rund fünfzig Kipsigis-Krieger im Schatten. Sie tragen Pfeil und Bogen, einige wenige haben Macheten dabei. Gerade hält ihr Anführer eine Ansprache. Im Vergleich zu den Hitzköpfen auf der Straße wirken die jungen Männer ernsthaft und geordnet. »Wir kämpfen für die Gerechtigkeit«, sagt Sheik Omar, ein bärtiger Alter, »man hat uns den Wahlsieg gestohlen, und nun wurde auch noch unser Abgeordneter David Too ermordet.« Sein Wahlkreis liegt nicht weit entfernt, nur etwas weiter nördlich. Seit seinem Tod ist die Stimmung im Rift Valley explosiv. Die Kipsigis haben Rache geschworen. Sie sind in den Krieg gezogen.

Natürlich sagt Sheik Omar, die andere Seite hätte diese Auseinandersetzungen begonnen. Natürlich behaupten die Kisii von der Straße das Gegenteil. Doch mittlerweile geht es kaum noch um das Verursacherprinzip. Ein tödlicher Kreislauf hat sich in Gang gesetzt und zum Teil uralte Konflikte wiederaufleben lassen. Es herrscht das Prinzip der Blutrache, und es geht auch um Landbesitz. Mit jeder vertriebenen Familie wächst der Besitz der Vertreiber – so die tödliche, doch kurzsichtige Logik hinter dem Gemetzel.

Sheik Omars Version geht so: In der letzten Woche hätten die Kipsigis einen Friedensmarsch durch das Dorf gemacht. Der sei aber ziemlich pietätlos von den verfeindeten Kisii gestört worden. Die hätten Steine auf die Nachbarn geworfen und Häuser angezündet. Menschen seien verbrannt, Frauen hätten in Todesangst geschrieen. Die Kisii seien zudem Kibaki-Anhänger und verfügten über eine Miliz. Sie seien Büttel der Herrschenden und müssten verschwinden aus dem Gebiet der Kipsigis.

Und was passiert nun?

Sheik Omar zögert nicht mit seiner Antwort: »Wir werden uns rächen.«

Die Version des Kisii-Manns Jim geht so: Die Kipsigis hätten begonnen, die Kisii zu vertreiben, indem sie die Nachbarn überfallen und deren Häuser in Brand gesetzt hätten. Sie benutzten den politischen Konflikt lediglich als Vorwand. In Wahrheit sei es nämlich so, dass die Kipsigis vor langer Zeit, vielleicht in den sechziger oder siebziger Jahren, Land an die Kisii jenseits der Grenze verkauft hätten, und nun vertrieben sie kurzerhand die »Kibaki-Kisii«, um ihr Land umsonst zurückzubekommen und es zum zweiten Mal verkaufen zu können. Mit der vermeintlichen Unterstützung der Kisii für Kibaki verhalte es sich im übrigen so, dass die Kisii in Wahrheit gespalten seien. Von den zehn Abgeordneten, die sie ins kenianische Parlament entsenden durften, kämen genau fünf von der Opposition und fünf von der Regierung.

Was nun passiert?

Jim zögert nicht mit seiner Antwort: »Wir werden uns rächen.«

Die Wahrheit in Chebilat herauszufinden, ist mittlerweile fast unmöglich. Jeder hat seine Version. Jeder hat seine Toten. Und die Polizei scheint nicht in der Lage oder willens, die Konflikte zu lösen. Sie schaut bloß zu, wie ganze Landstriche entvölkert werden. Es geht alttestamentarisch zu im Großen Grabenbruch, wo einst die Wiege der Menschheit gestanden haben soll: Auge um Auge. Zahn um Zahn.

Prinzip Hoffnung
4. Februar 2008

Abends, wenn die Sonne langsam über dem Mara-River versinkt, vernimmt man im *Karen-Blixen-Camp* am Rande von Kenias wohl berühmtestem Tierreservat, der *Massai Mara*, nur noch das Schnaufen der Nilpferde, die sich im keinen Steinwurf entfernten *Hippopool* tummeln. Daneben äsen Impalas. Und dann und wann lässt sich majestätisch ein Seeadler nieder. Es ist eigentlich wie immer.

Nein, etwas ist anders: Menschliche Gäste sind im Moment so rar wie ein Leopard im Abendlicht. Die meisten der zweiundzwanzig Zelte sind verwaist, das *Karen-Blixen-Camp*, das seine dänischen Inhaber nach ihrer berühmten Landsmännin Karen Christence von Blixen-Finecke (1885 bis 1962) benannt haben, ist derzeit in nahezu jeder Hinsicht eine Oase des Friedens. Und es ist keine Ausnahme. Von nur noch zwei bis drei, maximal fünf Prozent Belegung sprechen Reiseveranstalter. Die *Mara Country Lodge*, nicht weit entfernt, hat wie viele andere bereits geschlossen.

Wer will derzeit aber auch nach Kenia reisen?

Nur fünfzig Kilometer nördlich der vornehmen und sehr geschmackvoll gestalteten Lodge wetzen immer noch Kisii-Krieger ihre Macheten, spannen Kalenjin-Warriors ihre Bögen und brennen Häuser nieder. Die schrecklichen Nachrichten und Bilder haben Europa längst erreicht. »Kenia steuert auf den Abgrund zu«, befindet am 31. Januar 2008, die sonst eher betuliche *Zeit*. Noch immer dominieren Bilder mordlustiger Jugendlicher aus Eldoret oder anderswo die Keniabeiträge der BBC: »Die Machete oder Panga, wie die Kenianer sie nennen, ist ein alltägliches Bild geworden«, berichtet etwa die schockierte Reporterin Karen Allen aus dem Rift Valley. Und sie ist keine Ausnahme. Nahezu alle internationalen Berichterstatter, die ihre von Wachdiensten abgeschotteten Büros verlassen, kommen zum gleichen Ergebnis. Die *Frankfurter Allgemeine Zeitung* sieht sogar schon ivorische Verhältnisse nahen. »Die Parallelen der Kämpfe in Kenia zu den Ausschreitungen, die zum Bürgerkrieg in der Elfenbeinküste führten, sind besorgniserregend«, schreibt deren Afrika-Korrespondent Thomas Scheen, der während des dortigen Blutvergießens jahrelang in Abidjan ausgeharrt hatte. »Im Westen von Kenia herrscht Krieg«, titelt die *Neue Zürcher Zeitung,* »Jenseits von Afrika versinkt Kenia im Blut«, schreibt der Hamburger *Stern.*

Selbst der Weltsicherheitsrat der Vereinten Nationen, der sich sonst mit Afghanistan, Somalia oder dem Irak herumzuschlagen hat, nahm sich des Mordens nun an und forderte die beteiligten Parteien zum Frieden auf. Noch immer, befindet die Uno, würden »Zivilisten getötet, Opfer sexueller Gewalt und aus ihren Häusern vertrieben«, von »weit verbreiteter Gewalt« ist die Rede. Alle Vermittlungsbemühungen von Ex-Generalsekretär Kofi Annan sind bislang erfolglos geblieben.

Natürlich ist es eine bittere Wahrheit: Kenia, das viele als halbwegs stabil kannten und an dessen erschreckend hohe Alltagskriminalität (»Nairobbery« wird die Hauptstadt seit langem genannt) man sich irgendwann gewöhnt hatte, ist gefährlich ins Schlingern geraten. Zu glauben aber, dass die Stabilität in Kenia für die Ewigkeit gemacht war, ist bestenfalls naiv. John Christensen weiß das natürlich. Er wollte dennoch in Kenia sein Glück versuchen. 1993 besuchte er das Land zum ersten Mal, und fast auf Anhieb verliebte er sich in Kenia. Der Däne ist einer der Inhaber des *Karen-Blixen-Camps.* Vor zwei Jahren erst wurde die Lodge eröffnet. Christensen pachtete von der lokalen Massai-Gemeinde ein sechsundzwanzig Hektar großes Gelände direkt am Fluss. Jedes Zelt stattete er mit einer Mahagoni-Terrasse, einer eigenen Toilette und Handwaschbetten aus. Wer will, kann unter der Außendusche mit Heißwasser den afrikanischen Sternenhimmel bewundern. Das Hauptzelt, in dem sich die Bar und auch die Rezeption befinden, wurde mit Möbeln bestückt, die den Originalen von Karen Blixen nachempfunden wurden. Weil Christensen zudem ein Naturfreund ist und kein wertvolles Holz verfeuern will, wird das Wasser mit Gas erhitzt, das benutzte Wasser wiederaufbereitet, und damit kein stinkender Dieselgenerator die Einöde verpestet, baute er eine Solaranlage auf. So etwas ist natürlich teuer. Ein Einzelzimmer in der Lodge kostet zwischen 435 und 490 Dollar.

Natürlich hat Christensen viel Geld investiert, und es sieht so aus, als würde er derzeit viel verlieren. Allein für die Monate Januar bis März hat er Stornierungen im Wert von 700 000 US-Dollar zu beklagen. »Es ist traurig«, sagt Christensen, »aber wir müssen die Realität zur Kenntnis nehmen. Es hat doch keinen Sinn, den Kopf in den Sand zu stecken und so zu tun, als würden hier nicht gerade schreckliche Dinge geschehen.«

Besonders abstoßend findet Christensen das Gejammer einiger seiner Kollegen, die in Kenia leben und das Unglück bagatellisieren: »Ich kann sogar verstehen, dass viele Touristen jetzt lieber nach Tansania zum Ngorongoro-Krater fahren oder meinetwegen nach Südafrika. Es ist doch nun einmal so, dass die Touristen viele Alternativen haben und lieber dorthin fahren, wo die Zustände halbwegs in Ordnung sind.« Die Probleme müssten jetzt im Land gelöst werden. Törichte Gesundbeterei aber helfe am allerwenigsten, und geradezu zynisch sei es, den jetzigen Zustand von Machtmissbrauch und Gewalt zur Normalität zu erklären, als seien die Menschenrechte nicht universell.

Mwai Kibakis Wahlfälschung hat viel Schaden angerichtet. Und das, nachdem 2007 ein Rekordjahr für den kenianischen Tourismus gewesen war: mit Einnahmen von rund 650 Millionen Euro und einem Anstieg von 15,4 Prozent zu 2006. Mehr als eine Millionen Menschen besuchten das ostafrikanische Land. Nun bricht die Wirtschaft rasend schnell zusammen, überall im Land. »Dass sich die Lebensumstände des Volkes, in dessen Namen gemordet und gebrandschatzt wurde, zum Besseren hin verändern, das steht nicht zu erwarten«, schreibt der kenianische Autor Meja Mwangi. Er weiß, dass das »wirtschaftliche Unheil« (*Daily Nation*) Kenias erst begonnen hat. 300 000 Menschen sind derzeit auf der Flucht. Aus der berechtigten Angst, von Angehörigen anderer Volksgruppen massakriert zu werden, verließen sie ihr Zuhause. Ihre Felder werden nicht mehr abgeerntet, ihre Geschäfte nicht geführt. Blumenplantagen wurden in Naivasha zerstört. Kaffeepflücker aus dem Luoland wagen sich nicht zur Arbeit am Mount Kenya, Händler aus der Central Province nicht mehr nach Kisumu.

Dass die Regierung noch besonders viel von ihrem Herrschaftsgebiet kontrolliert, ist wohl eher Propaganda aus dem *Statehouse*, in dem sich Mwai Kibaki verbarrikadiert und der vom *Observer* deshalb als »General Coward« – »General Feigling« – verulkt wird.

Teile des Rift Valleys befinden sich längst im Chaos, die Oppositionshochburg Nyanza im Westen ohnehin, in Nairobis Slums herrscht zum Teil der blanke Terror. Im Norden des Landes, Richtung Sudan und Äthiopien, konnte sich immer schon weitgehend unbehelligt von der Polizei das Bandenwesen entfalten, ebenso wie im Nordosten entlang der somalischen Grenze. In der Central Province werden derzeit Luo vertrieben. Relativ ruhig ist es in der Region um Kakamega, wo überwiegend Luhya leben – fast friedlich jedoch in den Nationalparks, in den Touristengegenden an der Küste, dem bevorzugten Lebensraum der weißen Aussteiger, und in einigen wohlhabenderen Gebieten in Nairobi.

Investoren werden sich deshalb zweimal überlegen, ob sie ihr Glück noch einmal in einem Land versuchen, durch das »eine Welle der Anarchie« (*The Guardian*) schwappt und in dessen Städten »Vergeltung regiert« (*New York Times*). Auch Christensen hat schon mit dem Gedanken gespielt, seine Zelte in Kenia abzubauen und in der Serengeti ein neues Lager zu errichten. Sein Plan wird wohl an den hohen Gebühren für eine dortige Lizenz scheitern.

Jetzt muss er erst einmal Mitarbeiter in Kenia entlassen. Statt dreiundsechzig Angestellten wird er bald nur noch sechsundzwanzig beschäftigen. Und danach herrscht das Prinzip Hoffnung.

Uganda
14. Februar 2008

Da war noch diese Geschichte mit Uganda. Die Behauptung des Sicherheitsmanns vom Krankenhaus in Eldoret, dass englischsprachige Soldaten gekommen seien, die Medienberichte über die ugandischen Uniformen, die merkwürdigerweise im Westen Kenias aufgetaucht waren, die Gerüchte über dreitausend UPDF-Soldaten. »Alles Unsinn«, sagt der Chef der Presseabteilung von Ugandas Präsidenten Yoweri Museveni, Fred Opolot, den ich in seinem Büro in Kampala treffe. Sicher werde Uganda seine Grenzen schützen, sicher sei die Lage sehr prekär, da Uganda von einer funktionierenden Verbindung nach Mombasa abhängt, sicher habe man auch die Grenze im Blick und verfolge genau, was in Kenia, besonders im Westen geschehe. Aber Soldaten der *Uganda People's Defence Force* hätten nie die Grenze überschritten, und folgerichtig könnten auch keine in Eldoret aufgetaucht sein.

Und die Uniformen? Was haben denn, bitteschön, ugandische Uniformen in Kenia zu suchen?

Opot lacht. »Am 6. Februar 1981 wurde unsere *National Resistance Army* gegründet, die Mutter der UPDF. Wir wollten das 27. Jubiläum unserer Armee feiern, und darum haben wir uns in Kenia ein paar Paradeuniformen schneidern lassen. Die Bestellung haben wir schon vor über einem Jahr aufgegeben. Aber leider sind die schönen Stücke nie bei uns angekommen.«

151

Partielle Blindheit
15. Februar 2008

»Eigentlich müssten sie sich an die Brust schlagen und ›mea culpa‹ rufen: all die Diplomaten, Entwicklungshelfer und Dritte-Welt-Experten, von den Kirchen bis zu den Parteistiftungen, die Afrika jahrelang gesundgebetet, die Probleme des Kontinents schöngeredet und ethnische Konflikte heruntergespielt haben bis zum Geht-nicht-Mehr«, schreibt der Schriftsteller und Afrikaexperte Hans Christoph Buch (*Black Box Afrika*) in einem Essay für die *Frankfurter Allgemeine*.

»Wer den Finger auf die Wunde legte und die Dinge beim Namen nannte, wurde von der großen Koalition politisch korrekter Gutmenschen an den Pranger gestellt und als Schwarzseher, Rassist oder Kolonialist gebrandmarkt, obwohl oder weil die Krisensymptome unübersehbar waren.«

Abends treffen wir im *Mediterraneo*, einem beliebten Italiener in Westlands, eine Deutsche. Sie arbeitet für eine Firma, die vorwiegend verunglückte Touristen mit Rettungsflugzeugen birgt. Sie sagt, die Konflikte in Kenia seien nicht so schlimm, alles werde aufgebauscht. Die Läden in ihrer Gegend seien immer noch gut bestückt, und Tote habe sie auch nicht gesehen. Nicht, dass sie selbst von der Krise betroffen sei. Sie sorge sich nur um die Kenianer, nun kämen ja keine Touristen mehr und alle würden arbeitslos.

»Die Folgen des Tribalismus und Klientelismus sind derzeit in Kenia zu besichtigen, das bis vor kurzem als Hort der Stabilität und Bollwerk der Demokratie in Ostafrika galt«, schreibt Buch, »– dasselbe hatten Experten über die vom Bürgerkrieg zerrissene Elfenbeinküste gesagt: Weil nicht sein kann, was nicht sein darf, wurden ethnische Konflikte für nichtexistent erklärt. Dieses Wunschdenken, das alle Übel Afrikas auf eine einzige Ursache namens Kolonialismus reduziert, führt zu partieller Blindheit und Verkennung der Realität.«

»We have a deal«
28. Februar 2008

»Wir haben einen Deal« – mit diesem Satz Kofi Annans endet Kenias schwerste Krise seit der Unabhängigkeit, zumindest vorerst. Die Konfliktparteien haben sich nach quälenden Wochen tatsächlich auf eine Koalitionsregierung geeinigt: Der eine, Kibaki, soll Präsident bleiben; der andere, Odinga, soll einflussreicher Premierminister werden. Die Kabinettsposten sollen entsprechend der Stärke der Parteien im Parlament verteilt werden. Danach müsste ODM die Mehrheit der Minister stellen.

Raila Odinga ist die Erleichterung anzusehen. Er wirkt entspannt und lächelt und nennt Mwai Kibaki zum ersten Mal seit dem 27. Dezember öffentlich Präsident. Kibaki guckt etwas deprimiert. Oder störrisch? Egal. In Kenia wird diese Lösung gefeiert.

Immerhin fünf lange Wochen war darum verhandelt worden, und noch vor wenigen Tagen sah es so aus, als scheiterten alle Versuche des ehemaligen Uno-Generalsekretärs, die blutige Fehde beizulegen. Kofi Annan warnte entnervt vor einem Scheitern der Gespräche und drohte mit seiner Abreise, die Regierung wirkte wenig kooperationsbereit. Doch dann vollzog sich ein Wandel: Nun also doch.

Neu ist das, worauf man sich gerade geeinigt hat, allerdings nicht. Schon nach den Wahlen im Dezember 2002, als Odinga und Kibaki gemeinsam gewannen und das Erbe des Autokraten Daniel arap Moi antraten, hatten sich die Strategen des Regimewechsels auf eine ähnliche Machtteilung geeinigt. Kibaki sollte Präsident werden, und Odinga war der mächtige Posten des Premiers versprochen worden. Der Rest ist mittlerweile Geschichte. Kibaki brach die Abmachung und mochte von einer Machtteilung nichts mehr wissen. Odinga formte die Orange-Opposition und forderte den Präsidenten heraus. Der Machtkampf eskalierte, und er wurde ethnisch. Fast zerbrach die kenianische Gesellschaft daran.

Wirtschaftlich geht es rapide bergab. Noch immer erwägt die Uno, ihr Umwelt-Hauptquartier in sicherere Gebiete zu verlegen. Die Mitarbeiter der Weltbehörde konferieren so gerne, eigentlich konferieren sie ganzjährig, aber sie konferieren ungern, wo Machetenmörder ihr Unwesen treiben. Fürs normale Nairobi haben sie Sicherheitsstufe 2 ausgerufen, und für bestimmte Gegenden wie Kibera oder Mathare oder das Rift Valley gilt sogar Stufe 3 – wie sonst für Landstriche wie Somaliland, und das bedeutet: Evakuierung aller nicht unbedingt erforderlichen Mitarbeiter. An so einen Ort kann man jedenfalls keine Leute zum Konferieren einladen, und deshalb werden schon seit Wochen alle geplanten Kongresse abgesagt. Für die Uno ist das eine mittlere Katastrophe, ist sie dadurch doch ihres Daseinszweck weitgehend beraubt. Für Nairobi wäre es aber eine Katastrophe, wenn die Uno abzöge: Sie hat in der Stadt dreitausend Mitarbeiter stationiert, und die haben noch einmal dreitausend Familienangehörige an ihrer Seite. Im Jahr gibt die Weltbehörde etwa fünfhundert Millionen Dollar in Kenia aus.

Uganda und Ruanda suchen derzeit nach alternativen Zugängen zum Meer und blicken hinüber ins verschlafene Tansania. Mehr als 350 000 Binnenflüchtlinge gehen nicht mehr zur Arbeit, sie haben ihre Geschäfte geschlossen, ihre Felder verrotten, ihre Häuser sind abgebrannt. Der wirtschaftliche Schock wird erst eintreten, wenn die Reserven aufgebraucht sind. Kofi Annan hat recht, wenn er sagt: »Wir sind weit davon entfernt, am Ende der Reise angekommen zu sein. In Wahrheit hat sie erst begonnen.«

Kenia stehen unruhige Zeiten bevor, denn ein paar Unterschriften allein motivieren Urlauber nicht, ihr Schnitzel in einem Land zu essen, in dem noch vor kurzem Menschen gebrannt haben. Den Vertriebenen bleibt die Angst vor den mordlustigen Nachbarn, und ein ausländischer Investor muss über eine gehörige Portion Wagemut verfügen, um sein Geld ausgerechnet in diesem Land anzulegen. Kenias vielgerühmte Mittelschicht pulverisiert sich gerade. Daran kann auch kein Agreement zwischen den Streithähnen in Nairobi etwas ändern.

Werden aber die wenigstens einsichtig sein? Zweifel sind wohl erlaubt. Noch immer wurden in Kenia großangekündigte Versprechen gebrochen, und der Verdacht, dass Kibakis Wahlfälscherkabinett während der Pogrome im Land die Probleme einfach auszusitzen gedachte wie der Wahlbetrüger

154

Meles Zenawi in Äthiopien, drängt sich nahezu auf. Meles musste nach seinen Manipulationen auch mit Massakern fertigwerden, und heute badet er in deutschen Steuergeldern, die ihm die Entwicklungshilfe überweist.

Eine gewisse Skepsis ist also geboten. Es ist nicht unwahrscheinlich, dass sich die verschiedenen ethnischen Milizen in den fünf zähen Wochen kräftig aufgerüstet haben. Ein Funke genügt, und es knallt wieder in Kenia. Und Funken schlagen Politiker gerne in diesem Land. Optimisten hoffen auf Einsicht. Sie hoffen, dass die Verantwortlichen nach den Blutbädern vom Januar aufgewacht sind. Dass sie sehen, was sie anrichteten, wie rasant das vermeintlich krisensichere Land zusammenbrach, wie die Wirtschaft kollabierte. Pessimisten hingegen vermuten in den Absprachen nur zynisches Kalkül, Zeitspiel. Absprachen, die nur getroffen wurden, um wieder gebrochen zu werden, und sich in der Zwischenzeit gegenseitig schöne Posten zuzuschachern.

Was auch immer geschieht: Kenia hat sich verändert. Die Angst regiert jetzt immer mit. Und der Hass. Jeder weiß jetzt, was auf dem Spiel steht. Jeder weiß, wie schmal der Grat zwischen politischen Unruhen und Bürgerkrieg ist. Jeder weiß auch, welche Macht er hat, welche diabolischen Kräfte er freizusetzen imstande ist. Das kann den Rädelsführern endlich Verpflichtung sein. Es kann aber auch zum Spiel mit dem Feuer reizen.

Die Eisbahn
16. März 2008

Natürlich hatten ihn damals alle für verrückt erklärt. So eine Schnapsidee! – eine Eisbahn ausgerechnet in Kenia, ein paar Kilometer südlich des Äquators – in einem Land, das auf dem *Human Development Index* der Uno, einem Wohlstandsbarometer der Nationen gewissermaßen, den kümmerlichen 148. von 177 Plätzen einnimmt. Sigi Loeper, Hotelmanager mit Wurzeln im niedersächsischen Celle, bekam Anrufe aus China und Amerika. Alle wollten wissen, was das sollte und ob das überhaupt wahr sein konnte.»Crazy«, sagten die Anrufer und lachten irritiert und lobten seinen Mut. Sigi Loper schluckte und ertrug tapfer den Spott.»Warum denn nicht?«, fragte er zurück.

Warum sollten Kenianer, die in ihrem Savannen-Alltag noch keiner Schneeflocke begegnet waren, nicht Schlittschuh fahren lernen – auf einer Eisbahn im dritten Stockwerk eines Hotels in der Hauptstadt Nairobi? Kenianer wollen doch auch mal was Neues erleben. Er sagte das mit fester Stimme. Aber natürlich plagten ihn manchmal selbst Zweifel an dem seltsamen Projekt. Das *Panari Hotel* richtet sich sonst ja auch eher an ausländische Gäste als an Kenianer. Flugzeugcrews steigen hier ab, weil ihnen der Weg in die Innenstadt zu weit ist. Wer kann sich in diesem Fünfsternehotel mit Satellitenfernsehen, Kingsize-Betten und High-Speed-Internetzugang, Crystal-Bar, Kino und Spielcasino auch sonst ein Zimmer leisten? 165 bis 272 Dollar kostet hier eine Nacht.

Etwas mehr als zwei Jahre ist das jetzt her. Nach den Unruhen, die das Land vor eine Zerreißprobe stellt, weiß niemand, ob sich Kenias ins Straucheln geratene die Wirtschaft jemals erholen wird. Doch ausgerechnet Sigi Loepers Eisbahn hat wundersamer Weise alle Wirren überstanden.

Sigi Loeper lehnt jetzt triumphierend an der Bande. Er hat einen eisgrauen Schopf und trägt ein schwarzes Seidenhemd. Hinter ihm schlittern ein paar schwarze Kinder über die Bahn. Draußen brennt die afrikanische Sonne, 36 Grad. Rinderhirten treiben ihr Vieh auf der Suche nach verdorrtem Gras über die Straßen Nairobis. Hier drinnen bei Sigi Loeper im *Panari Hotel* aber ist die Luft auf exakt zwölf Grad heruntergekühlt. Die Schlittschuhläufer frösteln. Es riecht nach Popcorn. Sigi Loeper ist glücklich. »Über 50 000 Leute haben wir seit der Eröffnung der Bahn hier durchgeschleust«, sagt er stolz. Heute spottet niemand mehr über die verrückte Sache.

Die Idee zu dem *Solar Ice Rink* hatten dabei eigentlich Loepers Arbeitgeber, zwei wohlhabende indische Familien – eine aus Kenia, die andere aus Großbritannien. Im Jahr 2005 eröffneten sie das *Panari Hotel* in der Nähe des internationalen Flughafens von Nairobi. Sie gewannen Loeper, der seit 1979 in dem ostafrikanischen Land lebt, als Managing Director. Gemeinsam gingen sie das »Projekt Eisbahn« an. Ein Mammutprojekt, wussten sie. Bislang gab es südlich der Sahara nur zwei Schlittschuhbahnen. Eine befindet sich in Abidjan, der Wirtschaftsmetropole der Elfenbeinküste, die andere im wohlhabenden Johannesburg.

Aber würde man ausgerechnet die Kenianer aufs Eis locken können? »Sollen die jungen Leute doch lieber Schlittschuhlaufen, als Bier zu trinken und in der Gegend herumzulungern«, dachte sich Loeper, der eher ein Pragmatiker ist, und machte sich an die Arbeit. Es gab sehr viel zu tun.

1650 Meter Kühlschläuche wurden verlegt, riesige Kompressoren, die das Eis auf Minus fünfundzwanzig Grad herunterkühlen, herangeschafft. Eine Entfeuchtungsanlage musste aufgebaut werden, Aircondition, damit die Lufttemperatur konstant bleibt. Zwei riesige Generatoren sorgen dafür, dass im Hotel die Lichter nicht ausgehen, denn Stromausfälle sind in Kenia keine Seltenheit. Eine Eisbahn wurde gebaut – 32 mal 16 Meter groß. Das Eis war neun Zentimeter dick.

Noch immer war Loeper misstrauisch. Die Halle hatte nun schon rund 858 000 US-Dollar gekostet. Und weil man so eine Anlage nicht einfach abschalten kann, wenn gerade niemand auf dem Eis steht, sondern mindestens zwanzig Stunden am Tag in Betrieb halten muss, war klar, dass monatliche Stromkosten von rund 10 000 Euro im Monat auflaufen würden.

Und das in einem Land, in dem sechzig Prozent der Bevölkerung in bitterer Armut leben. Neun Euro hingegen kostet nun eine Stunde Eis-Spaß auf dem *Solar Ice Rink*, die importierten deutschen Schlittschuhe werden gratis vom Veranstalter gestellt. »Kenianer besitzen keine Schlittschuhe«, sagt Loeper.

Dann geschah das kleine Wunder. Die ersten Kenianer strömten ins Hotel: High Society, die sich das Vergnügen spielend leisten konnte, Neugierige, die all ihr Erspartes für diese Begegnung der dritten Art riskierten. Die meisten, die kommen, nähern sich sehr behutsam dem fremden Element an. Sie klammern sich an die Bande, rutschen vorsichtig auf allen Vieren über die Bahn, klopfen misstrauisch aufs Eis. Ist das auch echt? Loeper schmunzelt: »Die meisten können gar nicht glauben, dass das hier richtiges Eis ist.« Eis gibt es in diesen Breiten sonst nur auf dem Kilimandscharo und dem Mount Kenya. Und jetzt bei Sigi Loeper aus Celle.

Loeper weiß, dass er mitverantwortlich ist für diese afrikanische Erfolgsgeschichte. Er hat den Kenianern bewiesen, dass man mit unkonventionellen Ideen Großes bewirken kann. Mittlerweile nutzen schon fünf kenianische Schulen die Eisbahn. Ein Eishockeyteam trainiert einmal in der Woche. Einige multinationale Firmen wollen bei Loeper ihre Manager zum Eishockeyspielen schicken. »Eishockey«, hat er ihnen erklärt, »schult die Disziplin, das Selbstbewusstsein und die Charakterfestigkeit.«

Es hört sich so an, als könne er seinen Erfolg manchmal selber nicht fassen.

»Panic starts all over again.«

14. April 2008

Bianca bekommt eine SMS aus Nairobi. »Wife and child of *Mungiki* leader murdered. Big trouble in Nairobi Dagoretti, Thikka, Kibera etc. and Naivasha Nairobi Highway. Burning people in cars ... Are you not glad not to live here anymore? Panic starts all over again. Friend hears shooting from Dagoretti all morning in her house ... Andrea.«

Das sind keine guten Nachrichten, die uns aus der alten Heimat erreichen. Wir hatten so etwas befürchtet, natürlich. Die Probleme der Kenianer sind nicht gelöst worden. Alle haben sich bislang höchstens irgendwie durchgewurschtelt. Und eins scheint auch klar zu sein: Da niemand dem anderen zu trauen scheint, hat es auch nie eine Versöhnung gegeben, keine Entwarnung und keine Entwaffnung. Die Mordbanden, sie sind alle noch da, gewissermaßen in Reserve, und niemand geht hin und sagt: Legt eure Waffen nieder, das war alles nur ein großes Missverständnis. Im Gegenteil scheinen die zu allem bereiten Fußsoldaten der Parteien unentbehrlich zu sein für das Gleichgewicht des Schreckens, das Kenia derzeit paralysiert und zumindest dafür gesorgt hat, dass das Morden ein Ende fand. Aber das macht es natürlich auch brandgefährlich. Wer hat denn in einem chaotischen Staat wie Kenia solche Killersekten wie die *Mungiki* (Pro Kibaki) oder die *Baghdad Boys* (Pro Odinga) wahrhaft unter Kontrolle? Wer solche Banden aufpäppelt, macht sich nur erpressbar, und Staatszerfall, das lernt man sehr schnell in Afrika, ist ein Zustand, der quasi über Nacht herbeigeführt werden kann.

Was war nun passiert? Was hatte unsere deutsche Freundin Andrea, die mit Charlie Cardoso, einem portugiesisch-britischen Kaffeehändler, und der gemeinsamen Tochter Alma etwas einsam am Rande Nairobis lebte, so erschüttert? Mitte April herrscht wieder einmal Unruhe auf kenianischen Straßen. In Nairobi blockieren aufgebrachte Anhänger der *Mungiki*-Chauvinisten-Sekte die Straßen, auf der wichtigen Verbindungsstraße nach Uganda kommt der Verkehr zum Stillstand, ein Vorortzug entgleist, Barrikaden lodern und im Rift Valley werden wieder einmal Menschen aus den Fahrzeugen gezerrt, wenn sie der falschen Ethnie angehören. Es scheint, als hätten die *Mungiki* in Orten wie der Blumenstadt Naivasha ein Machtvakuum ausgefüllt. Hier hatten sie im Februar blutig Rache genommen für die Morde an Kikuyu in anderen Regionen und Menschen bei lebendigem Leib verbrannt. Wenig später waren sie losgezogen und hatten kontrolliert, ob sich kenianische Frauen auch »kenianisch« genug kleideten – also in Rock statt in Bluejeans. Mindestens vierzehn Tote fordern die Unruhen diesmal, und sie erinnern fatal an die Gewalttaten vom Januar und Februar. Dreißig Sektenmitglieder werden verhaftet.

Auslöser der Gewalt war diesmal die Ermordung der Frau des *Mungiki*-Anführers Maina Njenga, der seit geraumer Zeit im Gefängnis von Naivasha einsitzt. Anfang April waren seine Gattin Virginia Nyakio und ein Fahrer und wenig später zwei weitere Gefolgsleute umgebracht worden. Die *Mungiki* vermuten hinter den Killern die Regierung und fordern die Freilassung ihres Anführers. Und das just zu einer Zeit, da Mwai Kibkai mit öffentlichen Schwüren Schlagzeilen zu machen versucht: »Lasst uns die politischen Differenzen vergessen und mit der Arbeit beginnen.« Nicht alle glauben aber an eine friedliche Entwicklung. »Der kürzlich blutig unterdrückte Aufstand der *Mungiki* ist auch ein Symptom für den Aufstieg von politisch oder kriminell motivierten Kampfgruppen aller Art in den zunehmend größeren rechtsfreien Räumen des Landes«, schreibt Kurt in einem Artikel für die *Neue Zürcher Zeitung*. Und Wolf Krug von der Hanns-Seidel-Stiftung in Nairobi schreibt in seinem Monatsbericht: »Es stellt sich die Frage, ob die kenianischen Sicherheitskräfte in der Lage sind, mit dem *Mungiki*-Problem fertig zu werden und für Sicherheit zu sorgen. Die Gründe für die erneuten Proteste der Sektenmitglieder sind voraussichtlich nicht eingelöste Wahlversprechen, die der *Mungiki*-Sekte zugute kommen sollten. Dabei wird immer deutlicher, dass verschiedene *Mungiki*-Fraktionen sich auch gegenseitig bekämpfen.«

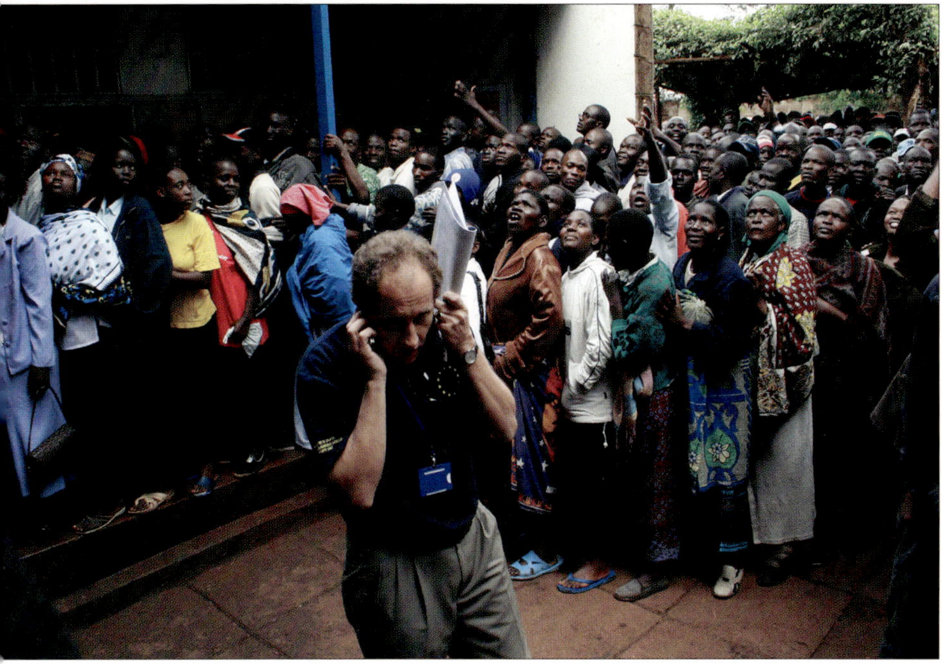

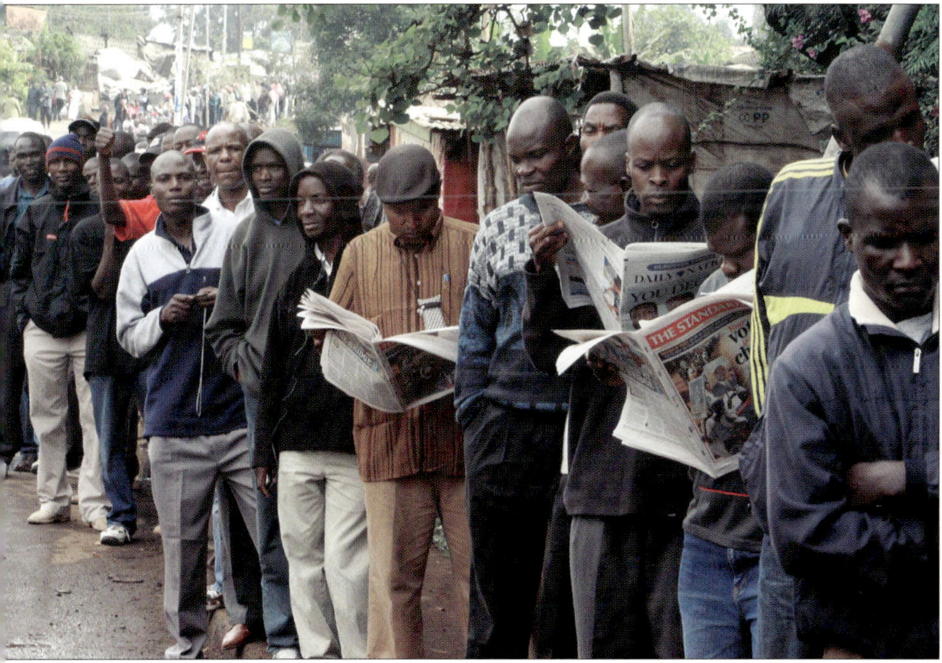

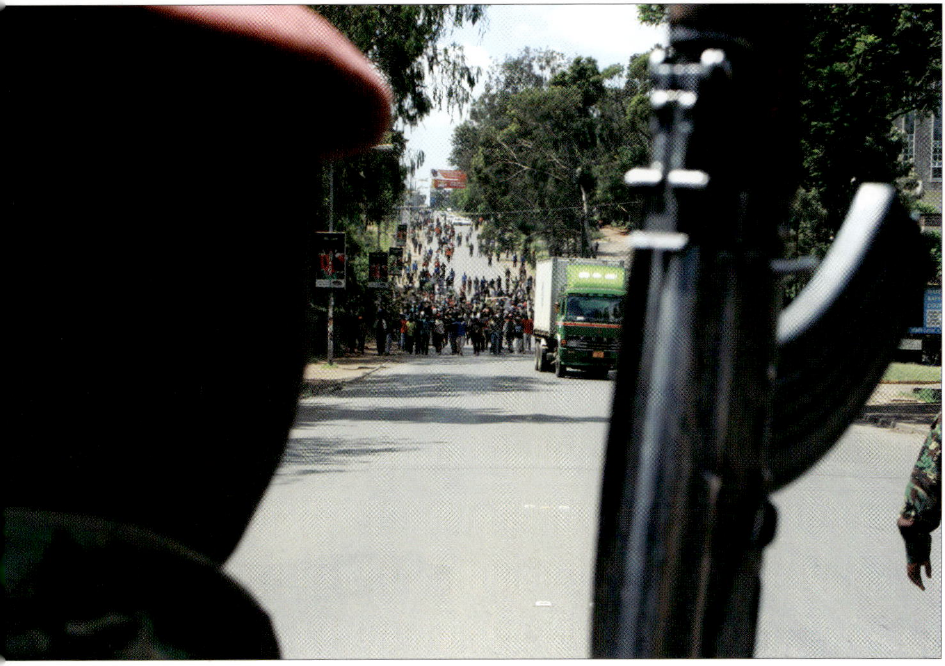

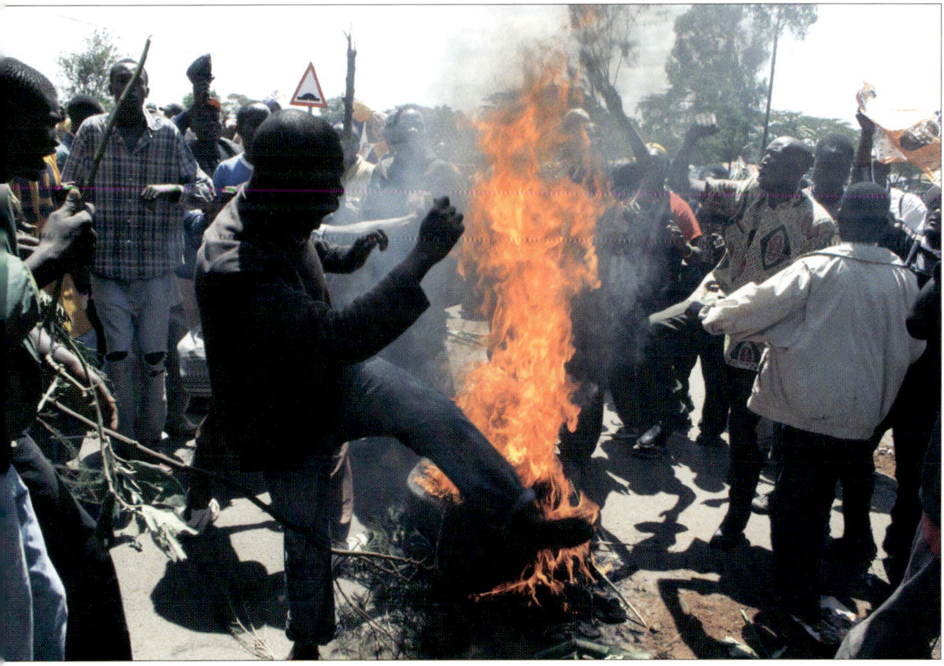

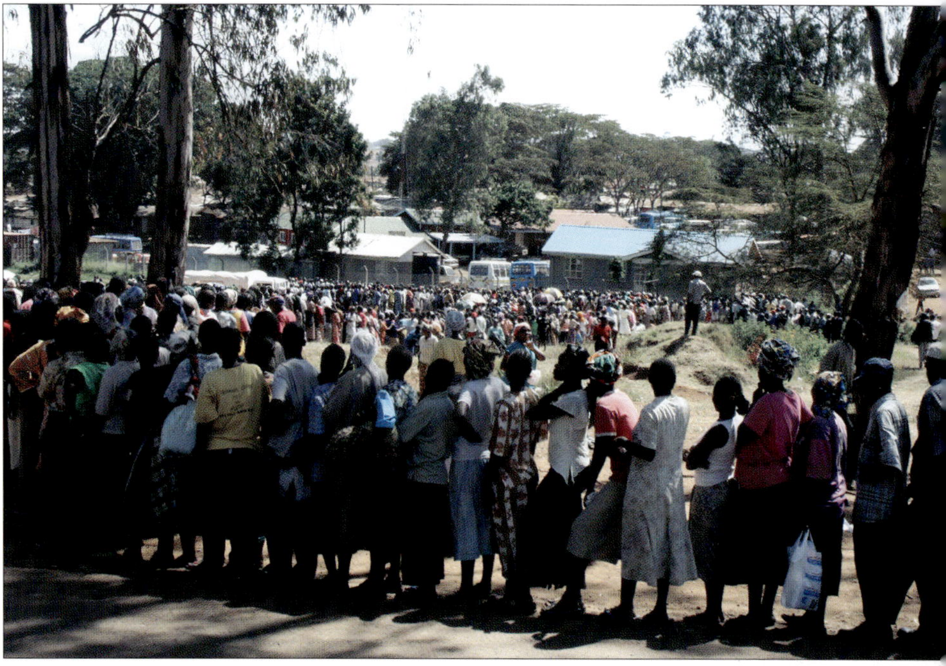

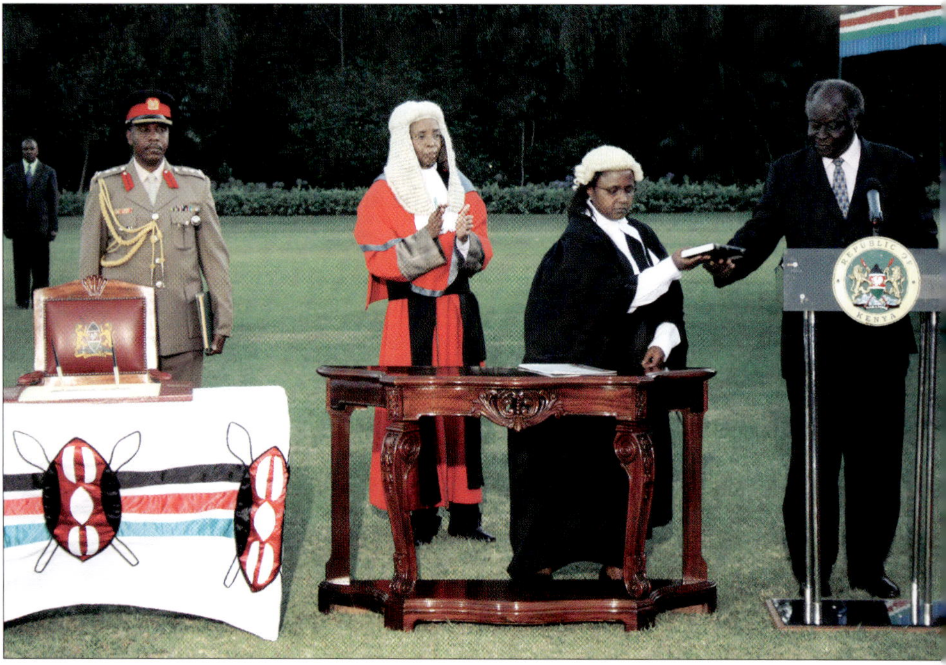
REPUBLIC OF
KENYA

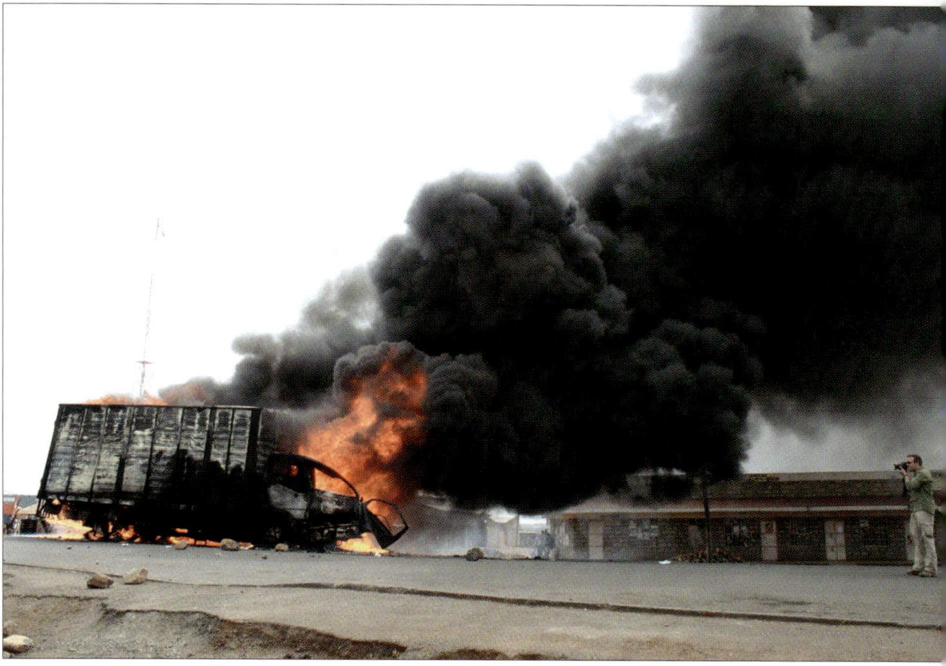

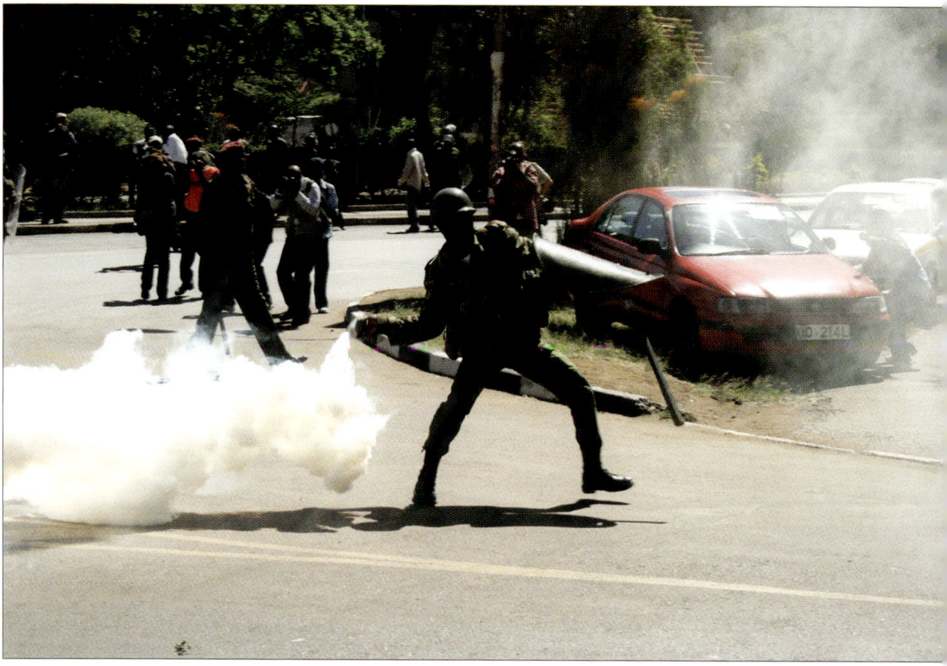

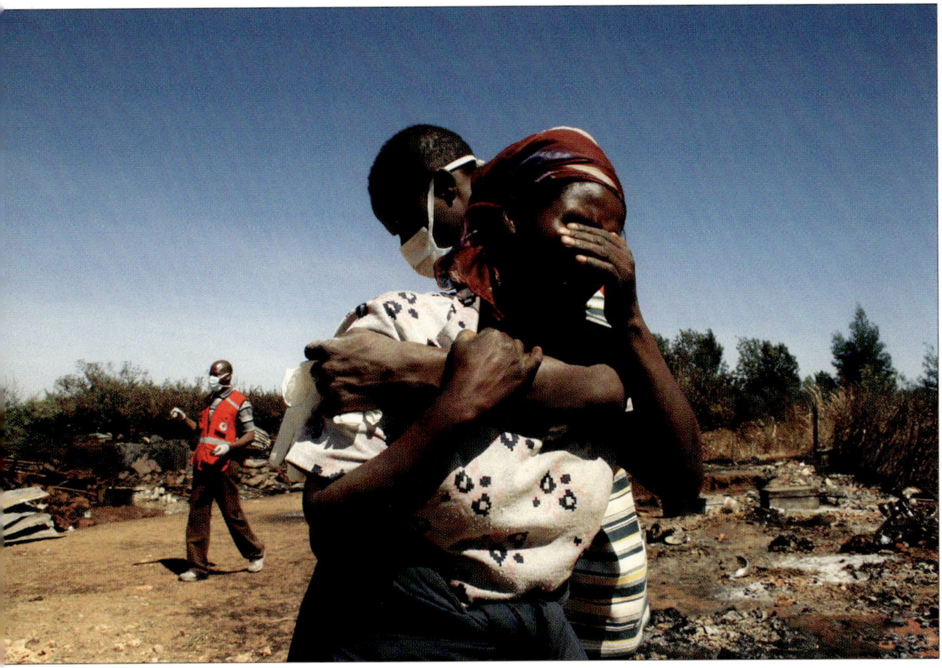

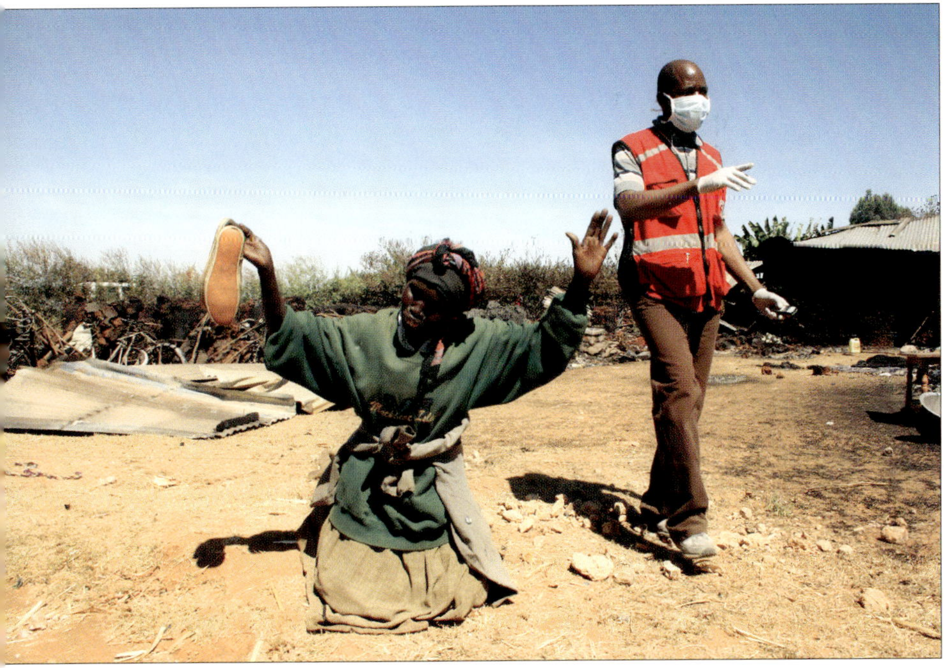

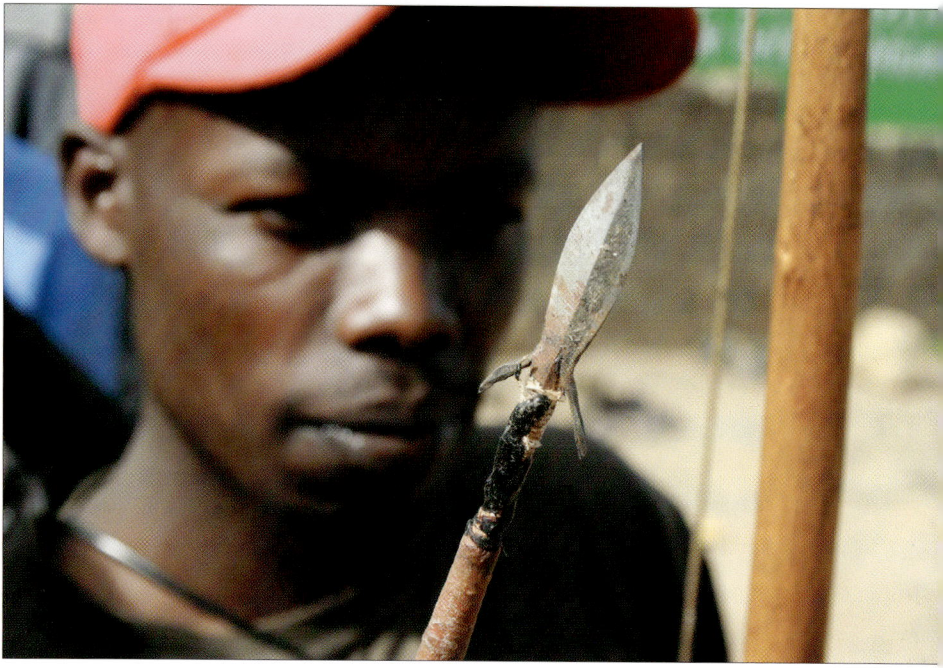

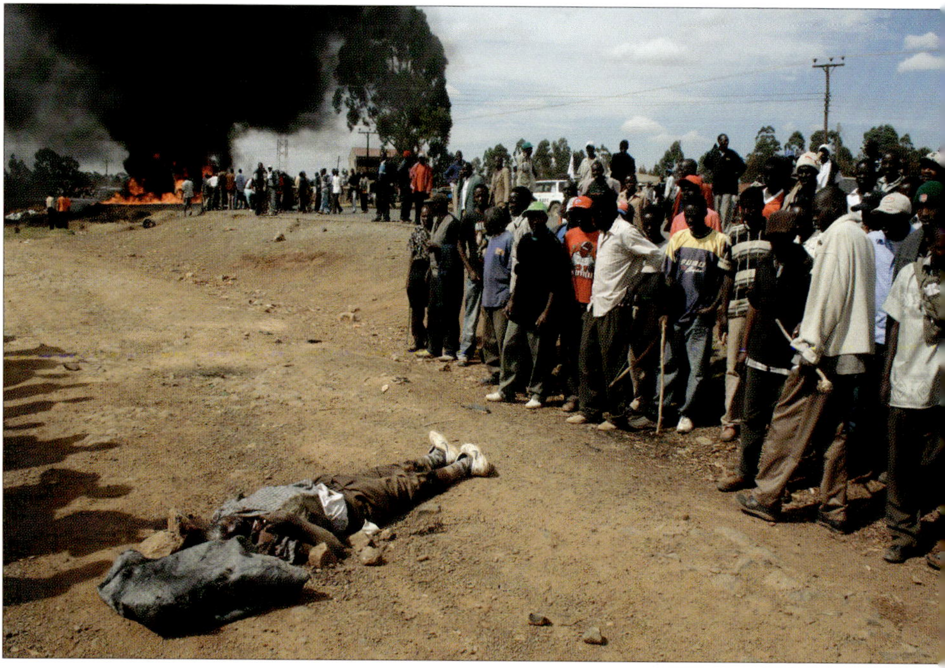

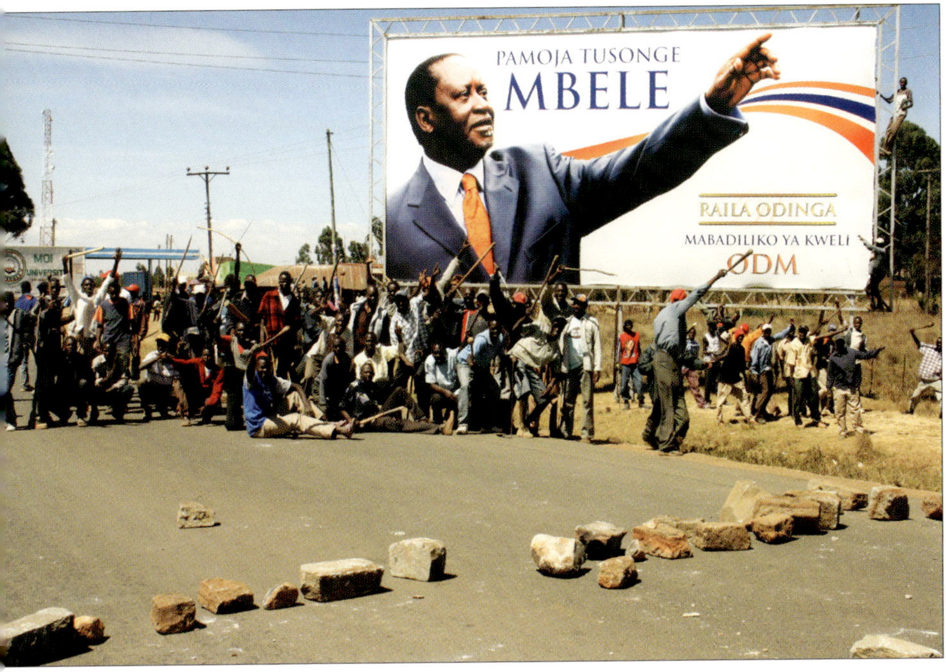
PAMOJA TUSONGE
MBELE
RAILA ODINGA
MABADILIKO YA KWELI
ODM

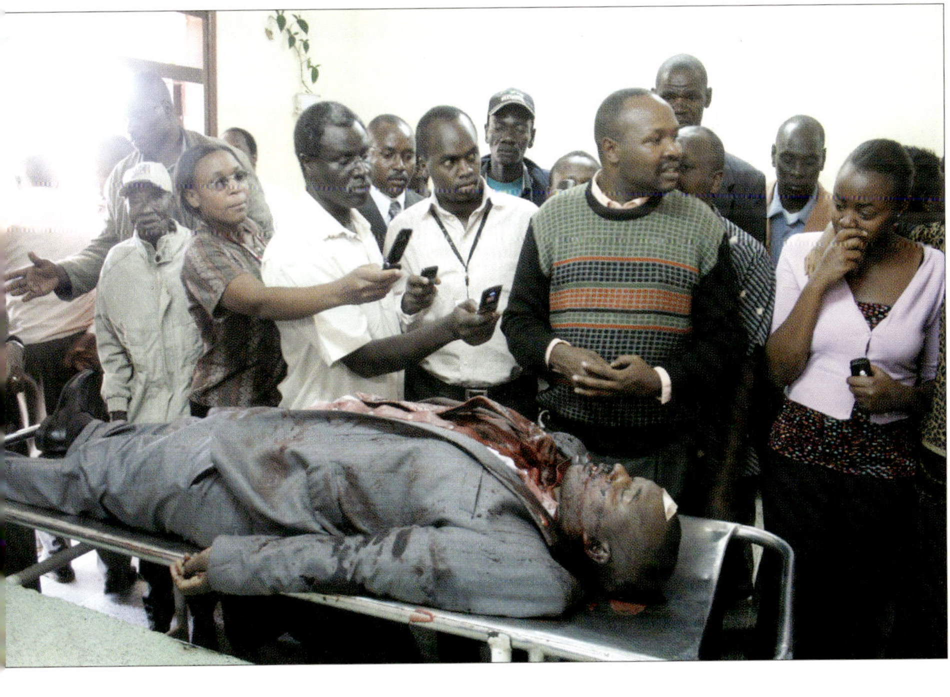

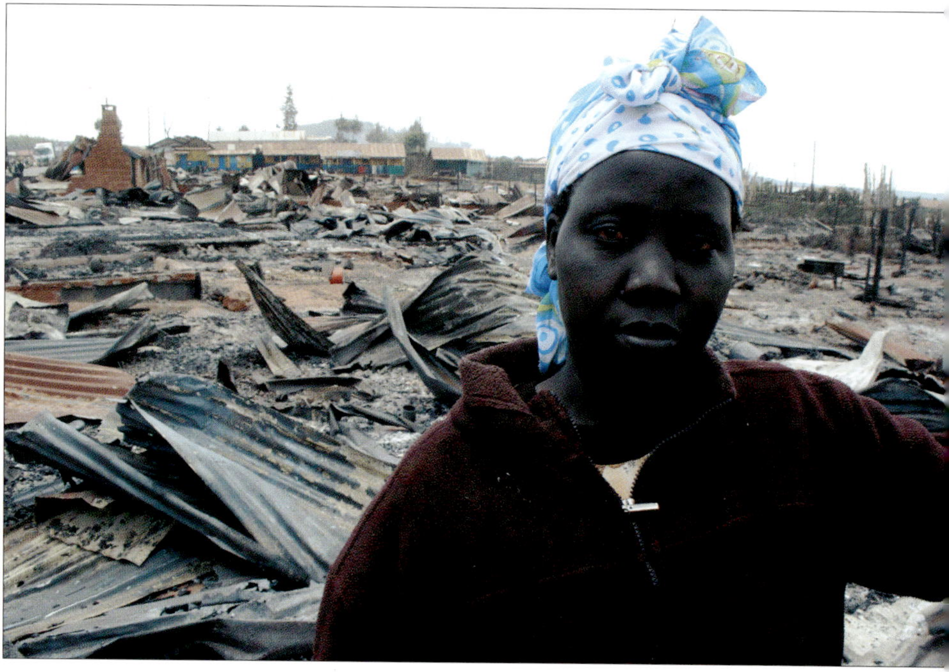

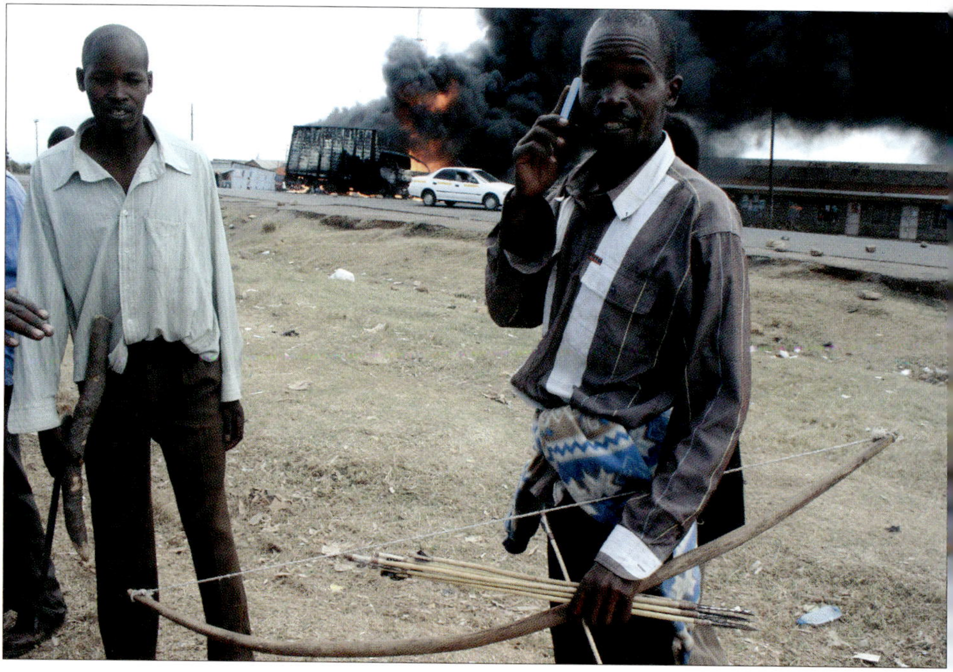

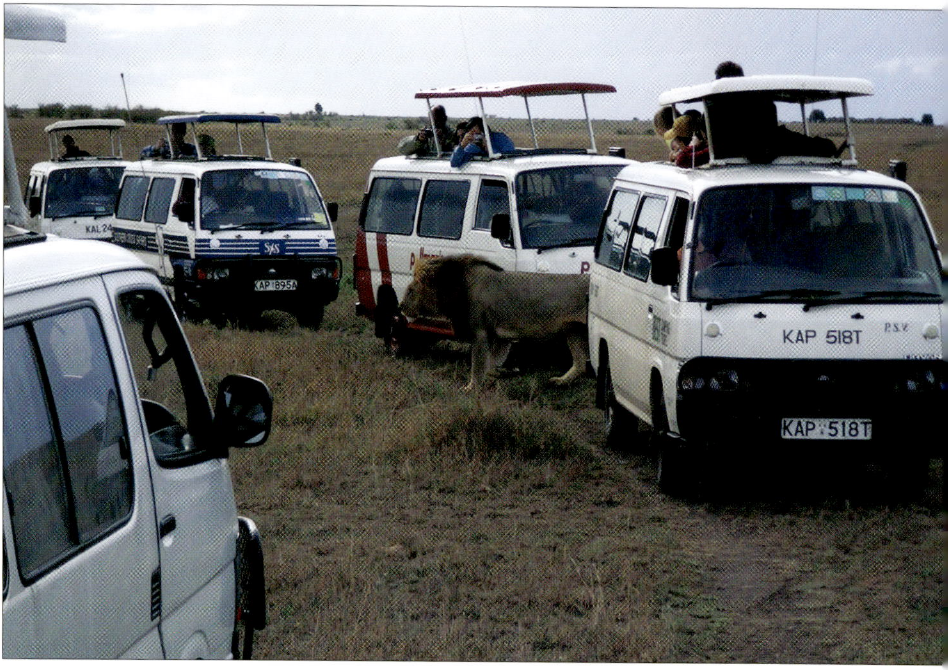
KAP 518T
P.S.V.
KAP 518T

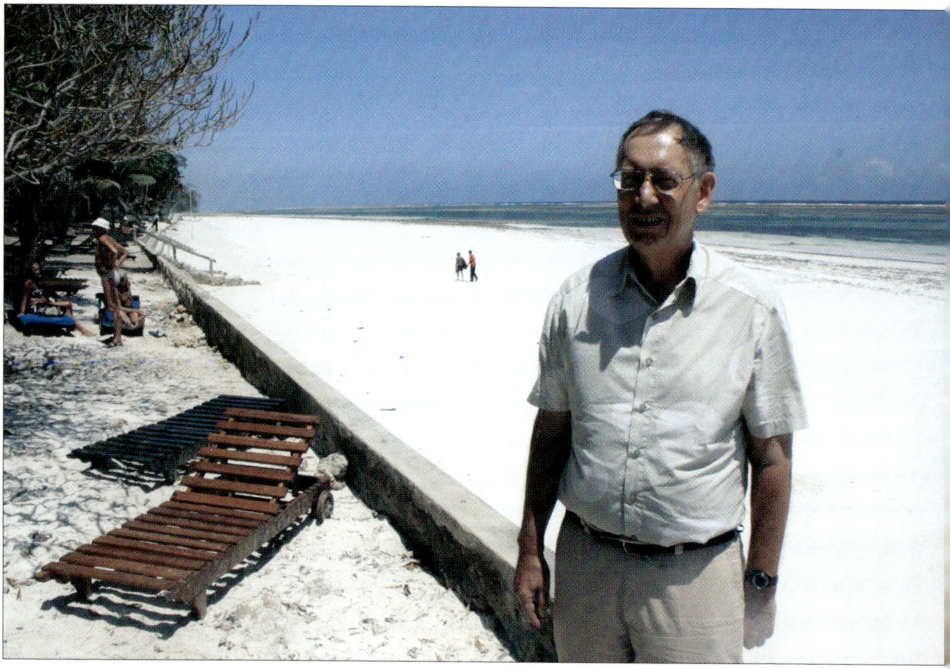

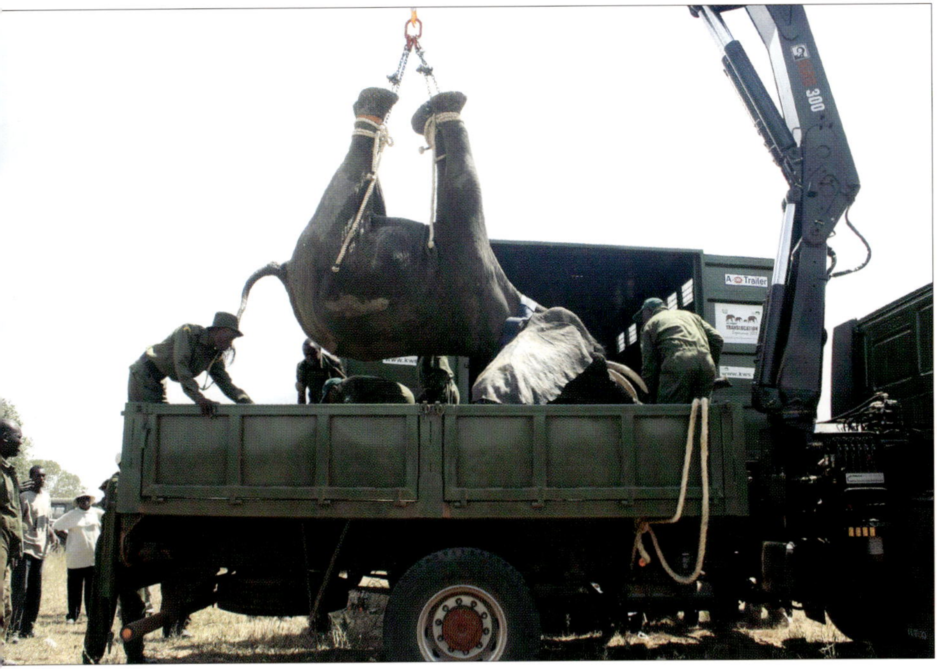
A Trailer
300

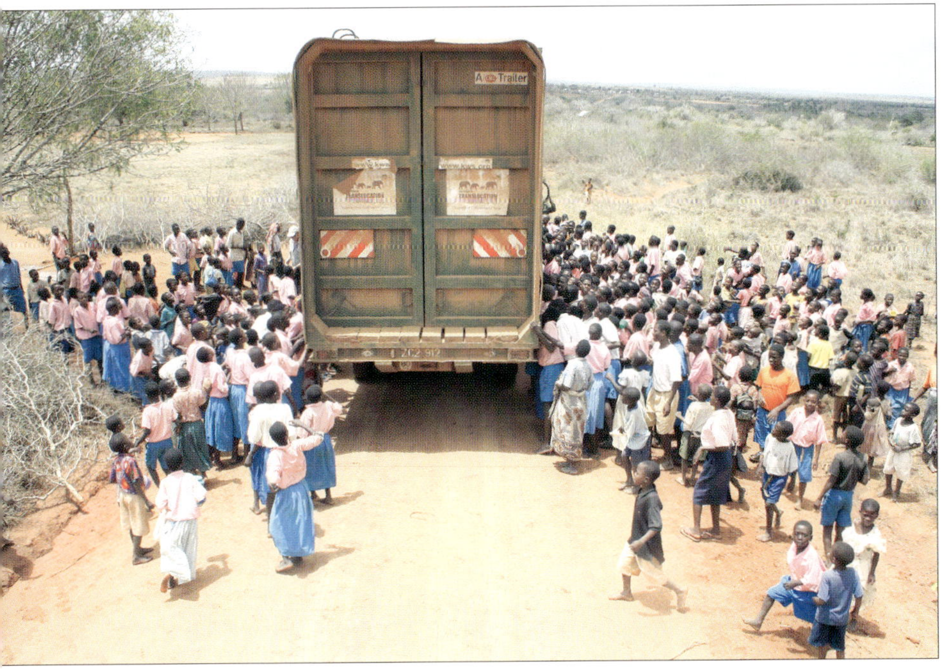
A Trailer

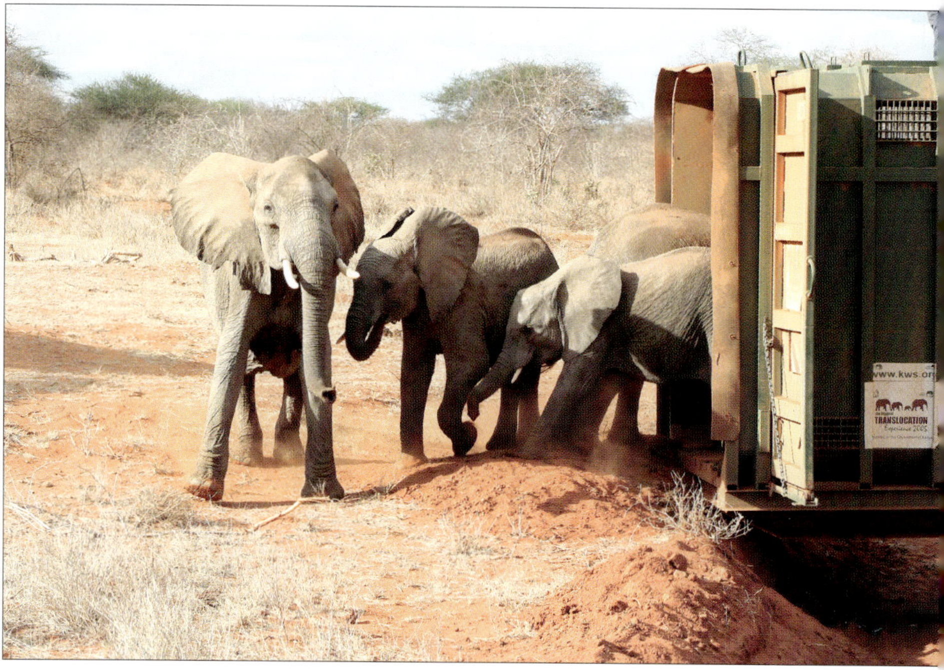
www.kws.or
TRANSLOCATION

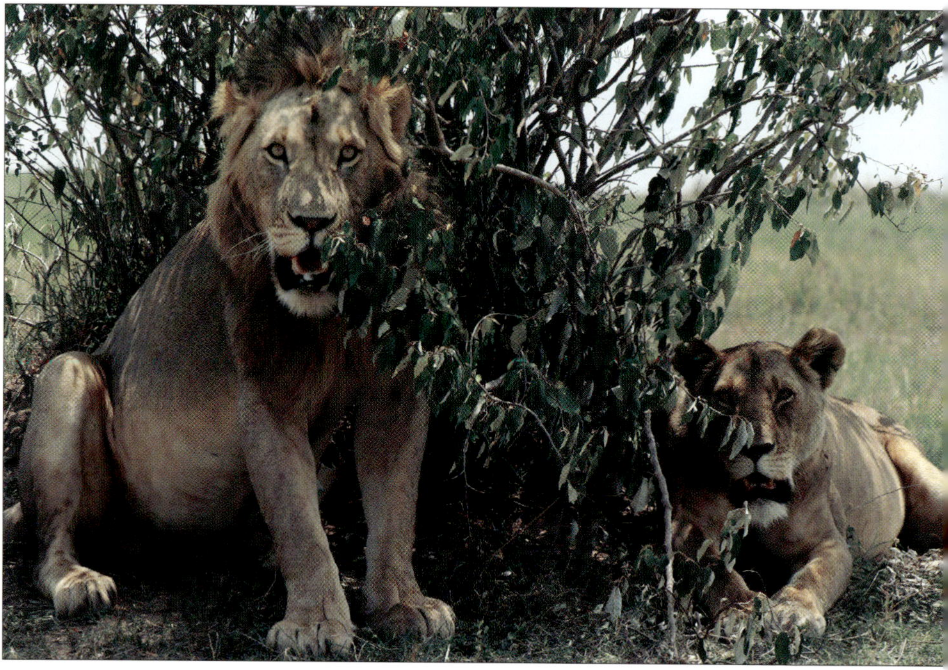

Der Aufstand der Hungrigen
18. April 2008

Die Fernsehnachrichten werden von den Bildern einer offenbar weltweiten Hungerrevolte dominiert. In Kamerun soll es bei Auseinandersetzungen mit der Polizei rund hundert Tote gegeben haben, in Mauretanien, in Mosambik, dem Senegal und in Côte d'Ivoire kommt es zu Aufständen. Ebenso in Ägypten, Indonesien und Pakistan. Teilweise müssen Lebensmitteltransporte militärisch eskortiert werden. Die Preise für Nahrungsmittel schießen in ungeahnte Höhen. Waren sie jahrelang stabil, sind sie in den letzten drei Jahren um 181 Prozent gestiegen. In Nairobi kostet ein Kilo Weizenmehl jetzt rund 120 Kenia-Schilling (etwa 1,20 Euro), vor einem Jahr war er noch für ein Drittel zu bekommen, der Zuckerpreis stieg von 40 auf 85 Schilling, und für die vier Tomaten, die vor einem Jahr zwei Kenia-Schilling kosteten, will der indische Händler nun zehn Schilling haben. Den Kenianern geht langsam die Puste aus, denn die Wirtschaft liegt am Boden, und Hilfsleute befürchten, die schwerste Krise stehe dem Land noch bevor – unbebaute Felder, hohe Dieselpreise, teures Saatgut.

Die Ursachen für die Verknappung – die zwar zu hohen Preisen bei den Konsumenten, aber eben auch zu satten Umsätzen in der Landwirtschaft führt – sind vielfältig. Wegen der sich ändernden Essgewohnheiten werden immer mehr Äcker zu Viehweiden, obwohl deren Ertrag in Kalorien gerechnet geringer ist. Spekulanten treiben die Rohstoffpreise in die Höhe. Ein hoher Ölpreis führt dazu, dass in zunehmendem Maße sogenannte Energiepflanzen statt Korn oder Futtermais angebaut werden. Durch den Klimawandel nehmen Überschwemmungen, Stürme oder Dürren zu. Das Österreichische Rote Kreuz will mittlerweile gar von einem drohenden Desaster wissen. »Wenn wir jetzt nicht handeln«, verkündet deren Generalsekretär Wolfgang Kopetzky, »werden in zwanzig Jahren 1,2 Milliarden Menschen chronisch Hunger leiden.« Besonders dramatisch sei die Situation im östlichen Afrika: »Das Rote Kreuz hat für Äthiopien, Kenia und Somalia die Warnung einer drohenden Hungerkatastrophe ausgesprochen. Zu geringe Niederschläge, interne Konflikte und steigende Lebensmittelpreise könnten in den nächsten Monaten über elf Millionen Menschen in der Region von Nahrungsmittelhilfe abhängig machen.« Zum Glück ist es in Kenia darüber noch nicht zu gewaltsamen Protesten gekommen, aber wahrscheinlich sind die Menschen nach den Januar-Februar-Krawallen einfach zu erschöpft.

Folgt man der Logik des Welternährungsprogramms der Vereinten Nationen, dann ist das ostafrikanische Kenia schon lange ein einziges Katastrophengebiet voller Hungerleider. Hier verteilen die Uno-Leute nämlich jedes Jahr mehr Lebensmittel als im von jahrzehntelangen Bürgerkriegen verheerten Südsudan zum Beispiel. Und im Südsudan, man ahnt es, ist das WPF natürlich immer schon besonders aktiv gewesen.

Stirbt Kenia nun also den Hungertod?

Wenn es so wäre, wäre das natürlich eine Katastrophe. Und es würde Afrikas Aussichten, sich jemals selbst ernähren zu können, recht düster erscheinen lassen. Ein Blick auf die Landkarte zeigt indes, dass Kenia am Victoriasee liegt. Der See, von seinem europäischen »Entdecker« John Hanning Speke nach dessen Queen benannt, ist eigentlich ein Meer – trotz seines stetig sinkenden Wasserpegels. Dieses Meer verbindet Tansania und Uganda mit Kenia. Es ist ungefähr 68 000 Quadratkilometer groß. Der *Lake Victoria* ist der größte See Afrikas und (nach dem Kaspischen Meer und dem *Lake Superior*) der drittgrößte der Welt. Und: Er ist voller Süßwasser.

In Kenia stellt sich also – ähnlich übrigens wie in Malawi, das ebenfalls regelmäßig mit echten oder vermeintlichen Hungersnöten Schlagzeilen macht – die Frage: Warum verhungern Menschen, wenn es genügend Süßwasser gibt?

Natürlich ist Kenia groß. »Kenia ist gewissermaßen ›Afrika en miniature«‹, wie der *Baedeker*-Reiseführer schreibt. Es verfügt über Savannen, Hochland, Trockenzonen im Norden, Gebirge und über feuchtschwüle Gegenden wie die 480 Kilometer lange Ostküste am Indischen Ozean oder den Kakamega-Regenwald im Westen – wo geradezu Treibhausklima herrscht. Wenn man es nur halbwegs geschickt anstellt, dürfte in so einem Land niemand verhungern.

Was im Westen an Überschüssen produziert wird, müsste einfach in den Norden geliefert und dort verkauft werden. Der Bedarf scheint schließlich vorhanden zu sein. Er würde den Landwirten einen Anreiz verschaffen, mehr zu produzieren. Wenn sie dadurch mehr verdienen würden, müssten sie schließlich auch mehr Steuern zahlen – und der Staat hätte dringend benötigtes Geld, das er in den Ausbau der desaströsen Infrastruktur stecken könnte und so weiter, wie das eben so ist im Kapitalismus.

Wie ist das aber nun in Kenia?

Natürlich hat der afrikanische Staat wenig Lust, das eingenommene Geld in den Ausbau des Straßennetzes zu stecken. Kenias politische Klasse bastelt gerade an einem Mammutkabinett und wird deshalb demnächst erklären, man habe gar nichts mehr über, und überhaupt müsse die reiche Welt ihre Rechnungen begleichen, sonst verhungerten die Kenianer nämlich und der mühsam erkämpfte Frieden sei in Gefahr. Die Straßen sind also katastrophal, und sie bleiben es für eine Weile, weswegen der Mais aus dem Westen Tage oder Wochen benötigen würde, um in den Norden des Landes zu gelangen. Aber was soll er da auch? Herrschte im Norden des Landes ein Engpass, war bisher meist schon das Welternährungsprogramm da und hat kostenlos Lebensmittel verteilt. Dafür werden die Mitarbeiter der Behörde bezahlt: dass sie den Hunger bekämpfen. Und deshalb schreiben sie auch gerne Berichte, in denen die Lage in Afrika sehr dramatisch geschildert wird und die meistens mit Appellen enden, dass mehr Lebensmittel gespendet werden müssten. Die Entwicklungshelfer, deren Berichte unser Afrikabild maßgeblich prägen, tun das gewissermaßen aus einem Selbsterhaltungstrieb, von dem sie glauben, er sei bei den Afrikanern nicht vorhanden. Die würden ohne Hilfe alle verhungern, sagen die Helfer. Die Helfer würden ohne Hilfe allerdings alle arbeitslos.

Und wenn die Hilfe da ist? Leiden erst einmal die Händler, denn die Lebensmittelpreise fallen ins Bodenlose. Vorratslager anzulegen, lohnt bei der gegenwärtigen Praxis also nicht. Außerdem leiden die Landwirte, denn ihre Ernte wird wertlos. Wer seine Familie über die Runden bringen will, wäre dumm, sich nicht in der Nähe der Helfer zu tummeln. Dort gibt es alles umsonst.

Die Helfer halten sich gerne in Trockengebieten auf: Im Feld, wie sie sagen, vor Ort, dort, wo die Bedürftigen sind, wo die Hilfe dringend benötigt wird. Normalerweise hungern in solchen Gegenden nicht so viele Menschen, da solche Gegenden dünn besiedelt sind. Hungersnöte in der

Sahara sind zum Beispiel vergleichsweise unbedeutend. Aber in Nordkenia, überhaupt an den Randgebieten, kommen sie natürlich vor. Darum graben wohlmeinende Menschen dort Brunnen, damit die bedürftigen Menschen sauberes Trinkwasser erhalten.

Um so einen Brunnen kommt es aber bald zu einem regelrechten Gedränge. Immer mehr Viehhirten ziehen dorthin, Nomaden mit ihren Herden. Diese Tiere fressen schnell alles kahl, besonders die Ziegen. Wo früher allenfalls ab und zu ein paar Pastoralisten vorbeikamen, entsteht schnell ein Dorf, dann eine kleine Stadt. Immer mehr Helfer sind nun vonnöten, die Menschen zu ernähren, die sich um den Brunnen und um die Verteilstationen angesiedelt haben. Bald schon geht nichts mehr ohne Hilfe. Die Gegend ist bald hoffnungslos überbevölkert. Da ist also schon wieder etwas schiefgelaufen, und ein Ausweg aus dem Dilemma scheint nicht in Sicht.

Kann das aber überhaupt gutgehen? Entwicklungshilfe ist Planwirtschaft, wenn auch eine ohne vernünftiges Konzept. Dass Ernährungsengpässe planwirtschaftlich beseitigt werden könnten, ist ein interessanter Gedanke, der den Makel hat, dass derartige Konzepte bislang unglücklich gescheitert sind. Die Philanthropen hätten jeden Sinn für Humanität verloren, unkte Oscar Wilde einmal. Da hatte er recht!

Aber die Afrikaner sind ja selber schuld, sie müssten die Hilfe ja nicht annehmen, könnte man jetzt einwenden. Doch diese Argumentation ist perfide. Die meisten afrikanischen Staaten sind bitterarm. Das Bruttoinlandsprodukt Mexikos ist zum Beispiel fünfzig Mal so groß wie das des ölreichen Sudan. Natürlich lehnen die wenigsten afrikanischen Staatschefs die ihnen so großzügig angebotene Spende ab. Mit dem Geld lassen sich schließlich Fußballstadien bauen oder schöne Boulevards, durch die das Militär später zum Jahrestag der Machtergreifung paradieren kann. Man kann damit Limousinen kaufen und Reisen unternehmen, um auf Uno-Konferenzen mit anderen Staatschefs und Entwicklungshilfeministern die Hungerprobleme der Welt zu wälzen.

Dass in Afrika gehungert wird, liegt aber hauptsächlich daran, dass sich der kommerzielle Anbau von Lebensmitteln und der Handel damit nicht lohnen. Entweder ruinieren die Entwicklungshilfe oder subventionierte Lebensmittel die Preise oder ruchlose und korrupte Führer bestehlen das Volk. In kaum einem afrikanischen Land ist zudem privater Grundbesitz gestattet, alles gehört dem Stamm oder dem Staat. Der Staat hingegen kümmert sich nur unzureichend um die Einnahme von Steuern und den Ausbau der Infrastruktur. Große Teile dessen, was in den Verantwortungsbereich eines Staats fällt – Gesundheit, Bildung, Straßen – wird in Afrika deshalb gerne den Helfern aus dem Westen und ihrer Planwirtschaft überlassen. Dementsprechend schnell verrottet alles. Und sonstige Staatseinnahmen durch Bodenschätze etwa können deshalb anderweitig investiert werden.

Wo kommerzielle Landwirtschaft funktionierte, wie in Simbabwe, Südafrika oder Namibia, wird sie hingegen durch die Vertreibung der weißen Siedler zerstört. Die namibische Landreform, die die schwarze Bevölkerung entschädigen soll, aber zum Exitus der aus Europa stammenden Siedler führen wird, wird dabei ironischerweise sogar mit deutschen Steuergeldern finanziert. Bald werden auch diese Länder sehr wahrscheinlich am Tropf des Rests der Welt hängen.

Es ist also eine Mär, dass in Afrika gehungert werden müsste. Der größte Teil Afrikas ist dünn besiedelt. Viele Länder verfügen über ein Treibhausklima, in dem nahezu alles gedeiht. Lange glaubte man etwa, die größten Hungerprobleme würden irgendwann in dichtbesiedelten asiatischen Ländern wie China und Indien auftauchen. Doch zwischenzeitlich produzierten gerade diese Staaten sogar Überschüsse. Im ebenfalls sehr dicht besiedelten Europa wurden ähnliche Erfahrungen gemacht, hier arbeiten nur noch rund drei Prozent der Bevölkerung in der Landwirtschaft – und dennoch können massenhaft Überschüsse produziert werden.

Wo wirklich Hunger herrscht, sind skrupellose Führer schuld, die ihre Völker ausbeuten und darben lassen oder in Kriege hetzen. Der Sozialist Mengistu Haile Mariam von Äthiopien war so jemand oder sein Kollege Robert Mugabe, bei dem er dann auch konsequenterweise in Simbabwe untergekrochen ist. So ist es heute im Sudan oder in Somalia oder dem Tschad oder in Eritrea.

Dem Rest des Kontinents aber wäre mehr geholfen, wenn man den Selbstheilungskräften Afrikas vertrauen, statt ständig die Dosis einer schädlichen Medizin erhöhen würde. Es gibt einige afrikanische Intellektuelle, die fordern, man solle Afrika endlich in Ruhe lassen, die Afrikaner seien schließlich nicht suizidal veranlagt. Handel würde die Probleme besser als Hilfe lösen. Auch müsse Grund und Boden endlich privatisiert werden und die Alimentierung von Diktatoren müsse ein Ende finden. Sie sehen das Heil im Gegenteil von Entwicklungshilfe also – und das wäre mal ein Versuch wert.

Denn es leuchtet ja nicht ein, dass die Israelis in der Lage sind, die Wüste zum Blühen zu bringen, und die Südafrikaner – und nur Schwarzafrika ein Opfer der Naturgewalten bleiben muss. Oder, um es mit den Worten eines geschätzten Schweizer Kollegen zu sagen: Die Europäer bewässern, die Afrikaner warten auf Regen.

Interessant ist in diesem Zusammenhang, was der Kenianer X. N. Iraki dazu schreibt. Der Gelehrte ist Dozent an der Universität in Nairobi, Sektion *School of Business*, und mag sich mit der ihm zugedachten Rolle als institutionalisiertem Almosenempfänger nicht länger abgeben. »In Kalifornien wird Wasser vom Norden zu dem durstigen Süden durch Aquädukte gebracht, eines davon über 444 Meilen«, hat Iraki, der zeitweise auch in Mississippi in den USA lehrt, beobachtet, »das Wasser bewässert die Obstgärten und Gemüsefarmen, die die Eintönigkeit der Wüste unterbrechen. Noch mehr Wasser wird vom Colorado-Fluss gebracht, bevor es sich in den Indischen Ozean ergießt, schon ›in totale Unterwerfung gezähmt‹.« Seine Fahrten durch Kalifornien hätten ihm sehr deutlich gezeigt, »dass man Natur zähmen, mildern und versklaven« könne.

»In Kenia hingegen haben wir versäumt, die Natur zu zähmen; sie hat uns versklavt, und wir bezahlen den Preis durch Hunger. Die Wüsten Kaliforniens sind keineswegs weniger bedrohlich als in Kenia, aber nachdem das Gold ausgegangen war, fingen die Kalifornier nicht an zu jammern, sondern sie wurden angeregt, die Natur zu zähmen. Nicht die Wasserverknappung in Kenia ist das Problem, es ist seine Verteilung. Wir lassen viel zu viel davon in die Ozeane fließen, wo es niemand benötigt.« Statt dessen werde in Afrika immer nur geklagt: Mal gibt es zu viel Regen, mal zu wenig. »Einige trockene Gebiet wie die Laikipia-Ebenen sind mit fruchtbarem Boden ausgestattet. Was fehlt, ist der Wille, die Eingebung, Wasser in solche Gebiet zu bringen.« Doch: »Eine einfallslose Nation kann seine Probleme nicht lösen, nicht einmal das elementarste Problem: nämlich, wie man sich selbst ernährt.« Iraki schreibt voller Zorn. Er schreibt: »Es ist nicht das erste Mal, dass das Land verhungert. Aber wir scheinen nichts zu lernen. Wir bitten um Nahrungsmittelhilfe und bekommen sie, und sobald der Regen kommt, geht das Leben weiter wie vorher.«

Hatz auf Leo

22. April 2008

Die Ranger der *Massai Mara* ersparten dem Löwenmännchen ein qualvolles Sterben, als sie ihm vor einigen Tagen die erlösende Todesspritze setzten. Ein anderer Löwe aus demselben Rudel war da schon elendig krepiert. Beide wiesen ähnliche Symptome auf. »Das Löwenmännchen war nicht mehr in der Lage zu laufen und zeigt klare Zeichen von einer Lähmung der vorderen Gliedmaße«, heißt es im später veröffentlichten Bericht der Wildhüter über den Zwischenfall: »Das Tier konnte nicht mehr stehen und in einer normalen Körperhaltung laufen. Es benutzte, beim Versuch sich vorwärts zu bewegen, die Hinterbeine und ›hüpfte wie ein Hase‹«. Während der nächsten fünf Tage erkrankten noch zwei weitere Raubkatzen (Lebensdauer normalerweise vierzehn bis zwanzig Jahre) – alle aus demselben Rudel.

Es waren nicht die einzigen mysteriösen Todesfälle in diesem Wurmfortsatz der riesigen, tansanischen Serengeti. Rund zwei Wochen zuvor, am 31. März, war in der Nähe ein Nilpferd verendet. Dann tauchten immer mehr Hippopotamus-Kadaver auf; nach ein paar Tagen waren es schon fünf. Die Ranger schlugen Alarm: War das alles ein Zufall oder gab es einen Zusammenhang zwischen dem Sterben der bis zu viereinhalb Tonnen schweren Kolosse und dem Tod des Königs der Tiere? Ist die *Massai Mara* vergiftet? Bodenproben wurden genommen, das Wasser des *Hippo-Pools* untersucht, der Schädel des eingeschläferten Löwen und wichtige Organe in das Labor von Veterinären gebracht, später in ein toxikologisches Institut. Eine erste Tollwutprobe verlief negativ.

Die chemische Analyse brachte dann endlich Klarheit und bestätigte den Verdacht: Alle Tiere waren vergiftet worden. Im Magen des Löwen fand sich eine hohe Konzentration des Pestizids Carbofuran. Auch in einigen Bodenproben wurde das hochgiftige Pflanzenschutzmittel entdeckt. Die Flusspferdkadaver waren ebenfalls kontaminiert. Über sie muss das Gift in die Nahrungskette gelangt und schließlich bei den Löwen gelandet sein.

»Es ist sehr wahrscheinlich, dass die Nilpferde die *Massai Mara* verlassen haben und in der Nähe von Maisfeldern grasten«, sagt Dipesh Pabari von *Wildlife Direct*, »und das lässt sich auch gar nicht verhindern, denn die Nationalparks und Tierreservate in Kenia sind nicht eingezäunt.« Es sei ein Skandal, dass derart giftige Insektizide in Kenia zum Einsatz kommen dürften und so mit Leichtigkeit in die Nahrungskette gelangten.

Gut möglich, dass das Sterben in der *Massai Mara* weitergeht. Carbofuran gilt als eines der giftigsten Pestizide überhaupt, es ist unter anderem unter den Markennamen *Furadan* oder *Curater* bekannt. Es führt es zu Übelkeit, Schwindel und Orientierungslosigkeit, Koliken, Erbrechen und Durchfällen. Die Aktivität der Schweißrüsen erhöht sich, Lähmungen treten ein, Tremor, Muskelzucken bis hin zu tonisch-klonischen Krämpfen und einer Versteifung der Muskulatur. Der Speichel verfärbt sich blau. Ein Viertel Teelöffel (rund ein Milliliter) pures Corbofuran kann für einen Menschen bereits tödlich sein, ein Korn genügt, um einen Vogel zu töten.

Beliebt ist das in Deutschland nur in Ausnahmefällen zugelassene Fraß- und Kontaktgift wegen seiner Effizienz, zudem ist es preiswert und in Afrika leicht zugänglich. Es findet reichlich Verwendung, um etwa Mais, Kartoffeln oder Sojabohnen gegen Insekten zu schützen. Es wird von den Pflanzen durch die Wurzeln absorbiert und gelangt von dort in die Blätter oder Strünke.

Die fürchterliche Entdeckung hat sofort kenianische Umweltschützer auf den Plan gerufen. Die Tierschutzorganisation *Wildlife Direct* um den berühmten Paläoanthropologen Richard Leakey fordert jetzt ein Verbot von Carbofuran. Leakey: »Wir appellieren an die kenianische Regierung, den *Importeur Juanco SPS*, die agrochemische Vereinigung von Kenia und das *Pests Control Products Board*, den Weg von Europa und den USA einzuschlagen und den Import, den Verkauf und die Verbreitung und Benutzung dieser tödlichen Chemikalie in Kenia zu verbieten.«

Der Alarmruf der Tierschützer ist verständlich, denn die Löwenpopulation in Kenia sinkt seit Jahren dramatisch. Immer häufiger werden die Tiere Opfer von Wilderern oder Rinderzüchtern, die ihre Herden vor den Raubtieren schützen wollen und die Löwen vergiften oder mit Speeren, Pfeil und

Bogen oder Schusswaffen jagen. Erst Anfang des Jahres waren zwei Löwen im kenianischen Kajido mit Carbofuran vergiftet worden. Darunter die Löwin *Birdie*, die unter Beobachtung der Tierschutzorganisation *Lion Guardian* stand und sogar einen Sender trug. Auch ganze Hyänenpopulationen wurden auf diese Weise schon ausgerottet.

Doch besonders verheerend wirkt sich das Gift auf die Vogelwelt aus. Die Tiere halten die Giftkörner für Nahrung und verenden kurz nach dem Verzehr. Für den Tod von Millionen Vögeln jedes Jahr soll Carbofuran verantwortlich sein. Besonders betroffen sind in Ostafrika die Weißrückengeier, Sperbergeier und Ohrengeier. Im Jahr 2004 starben in Kenia allein 187 Geier infolge eines einzigen Carbofuran-Einsatzes in der Nähe des Athi-Flusses. Der Raubvogel-Experte Simon Thomsett: »Wenn der Einsatz von Carbofuran so weitergeht, ist es möglich, dass innerhalb der nächsten zehn Jahre zwei Geierarten in Kenia aussterben.«

Der Tierschützer beschäftigt sich seit einiger Zeit bereits mit den Vergiftungen der kenianischen Wildtiere. »Ein möglicher melodramatischer Grund für die Verwendung von Gift könnte daran liegen, dass eine Community von einem umherziehenden großen Raubtier terrorisiert wurde – etwa von einem Löwen, der Vieh gerissen hat und dabei Hindernisse wie Einfriedungen aus Dorngestrüpp oder Drahtzäune schlau umging«, schreibt Thomsett in seinem Blog. Oft wüssten sich die Dörfler, denen es nicht gelingt, die Raubkatzen lebend zu fangen oder zu erschießen, nicht anders zu helfen, als Kadaver mit hochtoxischen Pestiziden zu verseuchen und darauf zu warten, dass sich die Raubtiere darüber hermachten und einen qualvollen Vergiftungstod stürben.

Die Liste der tödlichen Carbofuran-Fälle in Kenia ist lang. Im November 2007 vergifteten Nomaden in der Nähe der *Lewa Wildlife Conservancy* im Isiolo-Bezirk ein Kamel mit Carbofuran. Durch den verseuchten Kadaver sollten Löwen angelockt und getötet werden. *Wildlife Direct*: »Das Resultat war der Tod von mindestens zwei Löwen und fünfzehn Geiern, die in der Nähe gefunden wurden. Kürzlich wurde ebenfalls in der Nähe von Lewa eine Gruppe von neun Löwen aus dem nahegelegenen Samburu-Reservat vergiftet, von denen fünf starben. Genauso wie eine große Anzahl von Raubvögeln.« Im April 2005 wurden mindestens dreißig Geier in der Nähe des Athi-Flusses vergiftet und im März 2005 ein brütender Mackinder Uhu, der sterbende Mausvögel verzehrt hatte. Im März 2004 dokumentierte Simon Thomsett einen Fall, in dem eine Gruppe junger Viehzüchter eine

Kuh mit dem Termitengift Karate kontaminierte, um Tüpfelhyänen zu töten, die zuvor das Dorf belästigt hatten.

Als Thomsett eine andere Bande von Gifttätern über den Schaden unterrichtete, den sie anrichteten, erfuhr er: »Wen interessiert das schon? Das ist doch alles nutzloses Ungeziefer. Wenn wir ein paar davon vernichten, senden sie eine Botschaft an die anderen, uns nicht zu nahe zu kommen. Ihre Kadaver könnten von Hyänen, Löwen oder Leoparden gefressen werden, und so wird der Tod über eine lange Distanz verbreitet, und das ist gut für unsere Kühe.«

Kenias einzigartige Tierwelt stirbt einen langsamen Tod. Erst am ersten Mai wurden in der *Massai Mara* sechsunddreißig Thompson Gazellen gefunden, die von Wilderern erlegt worden waren. Die Wilderer konnten immerhin dingfest gemacht werden. Sie waren zwischen siebzehn und fünfunddreißig Jahre alt und gingen mit zehn trainierten Hunden auf die Jagd. Wenige Tage zuvor war es sogar zu einem Schusswechsel mit schwerbewaffneten Wilddieben gekommen, die von den Rangern in einen Hinterhalt gelockt worden waren, ein Wildhüter wurde dabei angeschossen.

Die Armut treibt immer mehr Kenianer in die Hände der Wilddiebe. Und die härtesten Zeiten stehen den Kenianern nach Schätzungen der Welthungerhilfe wohl erst bevor.

Ein Rückblick.

Ein Besuch der *Massai Mara* aus dem Januar 2004 ist uns allen ganz besonders in Erinnerung geblieben. Wir waren mit unserem weißen Landrover etwas ziellos am nördlichen Rand des Nationalreservats entlang gefahren, als wir plötzlich auf ein Löwenrudel stießen: ein männliches Tier mit imposanter Mähne, daneben vier, fünf Junge und zwei Weibchen. Sie verloren sich in einem kleinen Dorngestrüpp, hatten kurz zuvor offenbar reiche Beute gemacht und taten sich nun an einem fetten Happen gütlich. Immer wenn sie aus dem Unterholz auftauchten, sah man ihre Lefzen, über die frisches Blut floss, und in der Nähe sammelten sich bereits die Geier, um sich später über die Reste dieses Mittagsmahls hermachen zu können.

Es war heiß und trocken, und die Sonne stand ungefähr im Zenit. Lange hatten wir eigentlich nicht vor nicht bleiben. Auch wir waren spätestens jetzt hungrig und durstig, und an der Bar unserer Herberge, der *Siana Springs*

Lodge, warteten kühles Tusker und einige Käse-Schinken-Sandwiches auf uns.

Weil der *kill* der Löwen etwas versteckt im Unterholz lag, konnten wir nicht erkennen, welches Tier das Rudel gerissen hatte. Es mag wohl ein Zebra oder ein Gnu gewesen sein, dachten wir. Bis jetzt war das Ungewöhnlichste an dieser ganzen Szenerie jedenfalls das Ausbleiben der obligatorischen Gelände-Minibusse mit den Touristen, die normalerweise herangepprescht kommen, sobald eine Raubkatze hier ihr Haupt erhebt. Aber es war ja Mittagszeit, und da kehren die meisten zurück in die Lodges und laden ihre menschliche Fracht an den Buffets ab.

Nach einer Weile wurde es interessanter. Denn plötzlich zog der männliche Löwe die Beute immer weiter hinter dem Busch hervor – wahrscheinlich hatte er keine Lust mehr, mit seiner Sippe zu teilen. Es kam jedenfalls Stück für Stück ein ziemlich abgenagter Schädel zum Vorschein, dessen Hörner ihn zweifellos als den eines Rinds auswiesen.

Nun ziehen die Massai immer wieder gerne mit ihren Rinderherden in die Nationalparks und Game Reserves, besonders während der Trockenzeit, wenn das Gras in weiten Teilen des Landes verdorrt, in der *Massai Mara* aber immer noch recht hoch steht. Man kann es ihnen schlecht verdenken. Sie betrachten dies als ihr Land und müssen sehen, wie sie ihre Herden durch die regenarme Zeit bringen. Und da die einfachen Hirten kaum vom Reichtum profitieren, den der Tourismus dem Land, wenn es nicht so korrupt wäre, bescheren könnte, ist es auch nicht sehr verwunderlich, dass bei ihnen der Sinn für den Erhalt des Wunders Natur nicht besonders ausgeprägt ist.

Das Dilemma ist natürlich, dass eine in der *Massai Mara* grasende Rinderherde auf Löwen einen nahezu unwiderstehlichen Reiz ausübt; dass die rotgewandeten Massai auf keinen Fall zulassen dürfen, dass diese Raubkatzen Geschmack an ihren Rindern finden, da sie sonst ihre Fressgewohnheiten sehr zum Nachteil der Rinderhirten ändern könnten und dass die Massai deshalb nachgerade gezwungen sind, auf die Löwen Jagd zu machen.

Eigentlich gehören nämlich auf den Speiseplan eines Löwen hauptsächlich Antilopen, Gnus und Zebras, selbst Fische und Büffel und manchmal auch Elefantenbabys oder kleine Flusspferde, zumindest wird das aus Botswana kolportiert. Rinder gehören jedenfalls nicht dazu. Und darum müssen die Massai ihnen im Falle einer solchen Verirrung den Garaus machen und zum Savannen-Halali blasen.

Und wie so etwas dann abläuft, das durften wir in den nächsten Minuten erleben.

Zunächst irritierte uns die Unruhe, die sich irgendwann bei unserem Löwenrudel breit machte. Aufgeregt pirschte das Männchen auf und ab und witterte nervös in der Gegend herum. Dann nahm die ganze Bande plötzlich Reißaus, als wäre eine Elefantenherde zum Angriff übergegangen. Doch wer kam da zum Vorschein? Ein kleiner Köter schnupperte in dem Gebüsch herum. Ein Hund!, nicht einmal besonders groß, ein kleiner hellbrauner Mischling. Vor dem war das stolze Löwenrudel getürmt.

Von den beiden Löwinnen und den Jungen sahen wir eine ganze Weile nichts mehr. Nur Vater Löwe, der König der Tiere, thronte ängstlich auf einem kleinen Hügel, vielleicht zweihundert Meter entfernt, und beobachtete den weiterten Fortgang der Ereignisse.

Als erstes musste er mit ansehen, wie sich ein Haufen junger Massai-Krieger mit Stöcken und Speeren in das Gebüsch begab und den Schaden begutachtete. Man sollte in diesem Zusammenhang vielleicht erwähnen, dass die Massai ihre Rinder geradezu lieben. Manchmal sogar mehr als ihre Frauen. Und dass sie für ein Rind fast alles täten. Der Löwe, nach dem Tiger die zweitgrößte Katzenart auf diesem Planeten, musste also mit ansehen, wie ein paar hagere Massai im Gebüsch herumstocherten, um die abgenagten Knochen ihres Rinds in Augenschein zu nehmen und stumm Rache zu schwören. Danach verzogen sich die stolzen Krieger der Savanne und machten sich auf den Weg zu ihrer Herde, die noch in Sichtweite friedlich vor sich hin weidete. Erst jetzt fiel uns überhaupt auf, dass die Kühe mitten in der *Mara* grasten. Die Massai verschwanden, sie würden sich nun wohl auf den Weg ins Dorf machen, um Nachschub zu holen, nahmen wir an – wir Hobby-Ranger aus Germany, bei denen jetzt alle Alarmglocken schrillten. Blitzschnell hatten wir kombiniert: Die jungen Männer würden sich jetzt in ihrem Dorf bestimmt alle unter einen schattenspendenden Affenbrotbaum setzen und beraten, was zu tun wäre. Dann würden sie alle *Moran*, wie sie ihre Krieger nennen, rekrutieren, Speere und Pfeile und Bögen und, was sie sonst noch an Waffen besitzen, einsammeln und mit erbarmungsloser Kälte die ihnen schutzlos ausgelieferte Löwenfamilie töten. Weit würde die ja wohl nicht kommen: faul und dösig, wie die Löwen zur Mittagszeit normalerweise sind. Aufgeregt machten wir uns auf den Weg, um die Ranger zu benachrichtigen. Und wir hatten sogar Glück, dass wir in der Nähe auf die Patrouille eines Hyänenschutzprogramms stießen. Und weil den Hyänenforschern auch das Wohl der Löwen am Herzen liegt, kamen sie unserer Bitte nach, per Funk die Wildhüter der *Massai Mara* zu verständigen, damit die ein Rettungsteam aussenden können. Wir warteten die Ankunft der Ranger noch ab, und dann machten auch wir uns endlich aus dem sprichwörtlichen Staub. Wenig später nahmen die Hiobsbotschaften aus dem Reich der Löwen zu.

Und deshalb war auch Paul Gathitu so bekümmert. Vom Kragen bis zum Stiefelschaft militärolivgrün camoufliert, saß der Wildhüter in seinem Büro am Rande des Nairobi-Nationalparks und sinnierte über den Lauf der Welt. »Keine Ahnung, wann es losging«, seufzte der Mann, dessen Aufgabe der Erhalt der Tierwelt ist, »doch plötzlich ist es wie im Krieg.« Seine Truppe schwer bewaffneter Ranger befinde sich in dieser Schlacht gegen Wilderer und Massai-Krieger nur noch dem Rückzug.

Es starben in Massen: Afrikas Nashörner, das Horn zu Arzneipülverchen zermalmt; die Elefanten, aus deren Stoßzähnen Schachfiguren geschnitzt wurden; die Gorillas, von skrupellosen Milizionären zu Wurst verarbeitet. Schimpansen wurden in kleine Reservate gesperrt, Wildhunde nahezu ausgerottet und Krokodile in Zuchtbecken zu Lederlieferanten degradiert. In Burundi und im Kongo vernichten hungrige Kombattanten den Nilpferdbestand. Und nur wer Glück hat, bekommt noch eine Seekuh an Afrikas Ostküste zu sehen.

Allein dem König der Tiere schien all der Raubbau an der Natur wenig anhaben zu können. Wenn ein Löwe aufbrülle in seinem Zorn, glaubten schon die alten Ägypter, »bebt der Boden, und die Tiere erzittern«. In der griechischen Mythologie bedarf es erst der Stärke eines Herakles, um den nemeischen Löwen zu besiegen – »ein furchtbares Raubtier«, unverwundbar und »durch keine Waffe verletzt«. Selbst bei Johann Wolfgang von Goethe »herrscht er über alles Getier, und nichts widersteht ihm«.

Das stimmt so leider nicht mehr. Gerade einmal 23 000 Löwen soll es in Afrika noch geben. Vor zwanzig Jahren waren es noch ungefähr 200 000, schätzt Laurence Frank, ein Wildbiologe von der Universität im kalifornischen Berkeley: »Die Löwen stehen kurz vor dem Aussterben.« Und auch Paul Gathitu befürchtet, »dass wir sie in ein paar Jahren nur noch im Zirkus oder im Zoo zu sehen bekommen«. Dabei hat vom Überlebenskampf der Löwen bislang kaum jemand etwas mitbekommen. Während grimmige Regenbogenkrieger im Friesennerz regelmäßig Spektakel zur Rettung gestrandeter Meeressäuger veranstalten, Poster von niedlichen Koalabären rosarote Kinderzimmer zieren sowie traurige Elefanten die Herzen einer ganzen Tierretter-Generation schneller schlagen lassen, hat der *Panthera leo* vielerorts weitgehend unbemerkt sein Leben ausgehaucht.

»Die frühen Einwohner Europas oder Assyriens oder Kleinasiens erwarteten von ihrem König, Häuptling oder Anführer, dass er diese Ungeheuer für sie töte«, bemerkte der britische *Spectator* bereits am 3. März 1900, »es war kein Sport, es war die Pflicht des Herrschers, und die Tat an sich beinhaltete einen Anspruch auf Macht. Theseus, der Land und Leute von Untieren und Wegelagerern befreite, Herakles der Löwenbezwinger, Sankt Georg der Drachentöter und all die anderen Helden verdanken diesem Umstand ihren unvergänglichen Ruhm.«

In Nordafrika ist der Berberlöwe bereits ausgerottet, seit 1922 dessen letzter Vertreter in Marokko erschossen wurde. In Westafrika hat das stolze Fabeltier kaum noch eine Überlebenschance, seit in Ländern wie Benin oder Burkina Faso zur Aufbesserung des klammen Staatshaushalts sogar Touristen mit der Flinte auf die Großkatze anlegen dürfen. Im berühmten *Etosha*-Nationalpark in Namibia existieren gerade noch dreihundert Löwen, und auch in Kenia schätzen Wildhüter die Zahl frei lebender Tiere nur noch auf einige hundert. Im traditionsreichen, 1946 gegründeten *Nairobi National Park* lebten Ende der neunziger Jahre noch vierzig Stück. Heute sind es kaum mehr als zehn. Die anderen wurden von Massai-Hirten massakriert.

»Zwar wurden die Tiere immer schon verfolgt, heutzutage jedoch besitzt jeder Gewehre und Gift«, sagt der Wissenschaftler Laurence Frank. Selten ist der Kampf der Nomaden gegen die Löwen so unbarmherzig geführt worden wie derzeit. Allein am Rande des Nairobi-Parks fielen im Sommer 2004 zehn Löwen den Kriegern zum Opfer. »Unsere Krieger werden nicht aufhören, ehe alle Löwen getötet sind«, verkündete Godfrey Ntapaiya, ein Massai-Führer aus dem kenianischen Kitengela, und drohte: »Wenn die Regierung unsere Rinderherden nicht beschützt, lösen wir das Problem durch die Ausrottung der Katzen.«

Und in Voi, der Stadt am Eingang des *Tsavo*-Parks, kündigte der lokale Parlamentsabgeordnete an, für jede zerstörte Hütte einen Elefanten zu töten – zuvor hatten in der Umgebung der Stadt hungrige Löwen fünfundvierzig Schafe gerissen. In anderen Gemeinden sieht es nicht anders aus. Am Rande des *Massai Mara*-Schutzgebiets kommt es immer wieder zu Blutbädern an den Tieren, die immerhin die Wappen diverser afrikanischer Staaten schmücken. Oft wird dabei den Löwen das Fell abgezogen, der Kopf abgeschlagen, werden die Klauen herausgerissen – Schädel, Mähne und Krallen sind Trophäen, die Mut und Stärke der Jäger belegen.

Da liegt der Verdacht nahe, dass die Massai den Großkatzen nicht nur aus Notwehr auf den Pelz rücken. Die Löwenpirsch sei beinahe zum Volkssport geworden, grollt die kenianische Tageszeitung *East African Standard*. Die Großkatzen würden »systematisch geschlachtet«.

So dürfte es wohl nicht mehr lange dauern, bis auch der letzte kenianische Leu in freier Wildbahn zur Strecke gebracht ist, fürchten Naturschützer. Schon jetzt fordern viele Kenianer, die Nationalparks vollständig einzuzäunen. Der König der Tiere im Gehege – nicht zum Schutz der Menschen, sondern zur Rettung vor ihnen.

»Wenn ein Löwe sprechen könnte«, mutmaßte der Denker Ludwig Wittgenstein einst, »wir würden ihn nicht verstehen.«

Krieg im Westen
3. Mai 2008

Es ist ruhiger geworden um Kenia. Durch die Weltnachrichten geistern keine Bilder mehr von machetenschwingenden Rüpeln, lodernden Wellblechhütten oder martialischen Spezialpolizisten. Regierung und Opposition haben sich auf ein Friedensabkommen und ein gemeinsames Kabinett mit über vierzig Ministerien geeinigt. Raila Odinga ist mittlerweile zum Premierminister ernannt worden. Und nun streiten sie sich darüber, über wieviel Macht er als solcher tatsächlich verfügen soll. Politik eben; langweilig, bis es wieder knallt. In die Schlagzeilen schafft man es damit selten.

Bald könnten wohl auch die ersten Touristen wieder in die Safarizelte des *Amboseli*-Nationalparks ziehen oder in den Wellen des Indischen Ozeans planschen und den beliebten Strandschlager *Jambo Bwana* summen, in dessen Refrain es heißt: *Hakuna Matata* – zu deutsch: »Kein Problem«. So hätte es wohl das *Kenya Tourism Board* gerne, das auf der *Internationalen Tourismus Messe* in Berlin kürzlich in der Bredouille steckte, weil gerade niemand ins brennende Land der Massai reisen wollte. Nun also wieder *Hakuna Matata?*

Von wegen. In Kenia tobt ein fürchterlicher Krieg, von dem kaum jemand etwas wissen will, behaupten Menschenrechtsgruppen und legten innerhalb weniger Wochen verstörende Berichte vor. »Die Rebellen von der ›Sabaot Landverteidigungsarmee‹ und das kenianische Militär sind für schreckliche Missbrauchsfälle verantwortlich«, schreibt *Human Rights Watch* in einem sechsseitigen Report (»Kenia: Armee und Rebellenmiliz begehen Kriegsverbrechen am Mount Elgon«) und zählt »Tötungen, Folterungen und Vergewaltigungen von Zivilisten« auf. Mehr als sechshundert Leichen und 60 000 Vertriebene sollen dabei auf das Konto der Aufständischen gehen – einer bewaffneten Rebellenarmee im Westen des Landes, die nach Schätzungen des *Standards* über »35 000 bewaffnete Kämpfer und Scouts« verfügen soll (eine Zahl, die mir allerdings etwas hoch gegriffen scheint) und vermutlich Rückzugsgebiete und Militärbasen im nahen Uganda hat. Zu allem Unglück werde die Bevölkerung nun auch noch vom Militär terrorisiert: »Kenianische Soldaten missbrauchen diejenigen, die sie beschützen sollen.« Von Dutzenden Toten ist die Rede. Von Tausenden Verhafteten und Folteropfern.

Die Gefahr, die von dem im Westen schwelenden Konflikt für das ganze Land ausgehen könnte, ist seit langem schon bekannt. So berichtete der Thinktank *International Crisis Group* in seinem Bericht »Kenya in Crisis« bereits am 21. Februar 2008, es gebe Berichte, nach denen die *Sabaot Land Defence Force* (SLDF), »eine schattenhafte Miliz«, sich »mit ihren Kalenjin-Cousins zusammengeschlossen hätte. Sie führt ihren eigenen Krieg gegen sogenannte nicht-einheimische Stämme«. Die SLDF sei »mittlerweile die mächtigste und am besten bewaffnete Miliz, die im Westen operiert. In ihren Hit-and-Run-Angriffen, die sie vom Mount Elgon aus führt, ist sie eine große Herausforderung für die Regierung, die unfähig scheint, die Rebellion zu bändigen. Die Gruppe wird offiziell von einem Mann namens Wycliff Matakwei angeführt, aber es gibt Mutmaßungen, dass der wahre Führer ein neugewählter ODM-Parlamentarier aus der Region ist – obwohl der alle Verbindungen abstreitet«. Nach Ansicht der SLDF gehöre das Land im Westen einer Völker-Gruppe, die sie »Kamatusa« abkürzt: Angehörige der Kalenjin, Massai, Turkana und Samburu – Pastoralisten allesamt, die ein »gemeinsames sprachliches und kulturelles Erbe teilen. Die Gruppe bewaffnet und trainiert derzeit angeblich die *Kalenjin Warriors*«. Eine womöglich mit Waffen aus Uganda versorgte Guerilla, die sich mit kikuyu-mordenden Kalenjinkriegern in anderen Landesteilen zusammenschließt und von einem Parlamentarier der ODM geführt wird – das ist wohl eine gefährliche Gemengelage.

Anfang März hatte das kenianische Militär deshalb einen Großangriff auf das Rebellengebiet nahe der ugandischen Grenze unternommen und dabei die Region für Menschenrechtler und Journalisten weiträumig abgeschirmt. »Operation Okoa Maisha« nennt es seinen Einsatz reichlich euphemistisch: »Operation Lebensrettung«. Armee und Polizei geben sich natürlich redlich Mühe, das alles wie einen großartigen Erfolg gegen die

Insurgenten aussehen zu lassen, sie sprechen von »1735 verhafteten Verdächtigen«, von denen auch 374 dem Gericht zugeführt worden seien, jeder Menge sichergestellter Waffen, »Handgranaten und aufrührerischem Material«, was auch immer darunter zu verstehen ist. Ihr Bericht über die Ereignisse liest sich so: »Am 2. April 2008 hat eine Bande von sechs einheimischen Kriminellen drei verheiratete Frauen entführt und sie gezwungen, Kartoffeln in den Wald zu tragen. Sie warnten die armen Frauen, den Sicherheitsbeamten etwas zu erzählen. Unglücklicherweise aber für sie und glücklicherweise für ihre Opfer wurde die einheimische Bevölkerung durch die Oparation Okoa Maisha ermutigt, einzuschreiten. Kaum kehrten die ihr den Rücken, da rannte auch schon jemand aus dem Dorf los und berichtete einigen Sicherheitsbeamten auf Patrouille von den Geschehnissen. Die Gang wurde umgehend verfolgt und an einem Flussbett aufgespürt, wo sie den Frauen unmenschliche Folter zufügte. Ihr Versuch, sich der Verhaftung zu entziehen, führte zu einem Schusswechsel. Drei Banditen wurden tödlich verwundet und zwei AK47-Gewehre mit dreiundvierzig Schuss Munition sichergestellt.« Soweit »Police Commissioner« E.K. Kiraithe.

Die Berichte von Menschenrechtlern lesen sich hingegen etwas anders. Denn nun kommen immer mehr Einzelheiten über diesen umstrittenen Kriegseinsatz ans Tageslicht, die ein etwas anderes Licht auf die Aktion werfen. So sollen während der Säuberungsmaßnahmen rund 1200 Menschen verhaftet und angeklagt worden sein, berichtet die kenianische Sektion der *International Commission of Jurists* in einer kürzlich veröffentlichten Untersuchung. Über 1000 Menschen seien gefoltert worden. Die Regierung der Großen Koalition und ihr Militär begehe »Verstöße gegen die fundamentalen Rechte der Bevölkerung am Mount Elgon – in historischen Dimensionen, in bislang nicht gekanntem Ausmaß«. Wobei die Rechtsgelehrten extra betonen: »Die militärische Operation war von der Regierung sanktioniert und wird von höheren Militärs der kenianischen Armee kontrolliert. Es ist ziemlich klar, dass die Polizei bei Verhaftungen und dem Gefangenhalten derjenigen, die bereits vom Militär gefoltert wurden, Hand in Hand mit dem Militär arbeitet – auch wenn sie selbst nicht direkt in Folterungen der Opfer und Überlebenden verstrickt ist.«

Allein das Kenianische Rote Kreuz habe vierhundert Folteropfer in einem Gefängnis in Kapkota versorgt – »einer Art Konzentrationslager«, wie die *Neue Zürcher Zeitung* schreibt. Was die Juristen im Einzelnen notierten, sind Geschichten aus dem Horrorkabinett. So seien den Opfern des Militärs Waffen in den Anus einführt worden. Einige hätten sich nackt ausziehen, sich gegenseitig an den Genitalien ziehen und sich gegenseitig die Brüste lecken müssen. Sie seien gezwungen worden, Mitgefangene auszupeitschen und hätten »Jeshi ni moja«, ein Loblied auf die Armee, singen müssen. Andere mussten nackt über Stacheldraht kriechen und wurden dabei getreten. Manche wurden gezwungen, Waffen herzustellen, und ausgepeitscht. Ob sich unter den derart Misshandelten tatsächlich viele Rebellen befinden, darf hingegen bezweifelt werden. Die hatten von der Militäroffensive nämlich rechtzeitig Wind bekommen und sich in den Südsudan oder nach Uganda gerettet.

Aus dem Bericht der Menschenrechtler: »Die Überlebenden der Folter wurden zwischen sechs Uhr am Morgen und vier Uhr nachmittags verhaftet. Die Verhaftungen wurden von Polizeibeamten durchgeführt ... Viele Verhaftungen fanden statt, indem die Beamten um sechs Uhr früh gewaltsam in die Häuser eindrangen, als die Überlebenden noch schliefen ... Alle Überlebenden wurden irgendwann in Lastwagen und Landrovers nach Kapkota gebracht ... Hier mussten sie sich alle nackt ausziehen, bevor sie den verschiedenen Formen der Folter ausgesetzt wurden.«

Der Krieg am 4300 Meter hohen Mount Elgon, Kenias zweithöchstem Massiv, begann im Mai 2006. Damals griffen Angehörige der Sabaot, einer Untergruppe der Kalenjin, zu den Waffen. Es geht, wie meistens in Afrika, um Landfragen und um verfeindete Stämme, um Seßhafte und Ackerbauern. Die Sabaot fühlen sich von der Regierung betrogen. Diese, so der Vorwurf, habe ihr Land den verfeindeten Ogiek gegeben. Deshalb müsse man kämpfen und werde nicht eher ruhen, bis dem eigenen Volk Gerechtigkeit widerfahre – so schildern die Rebellen den Fall.

Wie so oft reicht aber auch dieser Konflikt bis zurück in die Kolonialzeit. Die britischen Kolonialherren hatten, um Platz für weiße Siedler zu schaffen, die Sabaot in den dreißiger Jahren aus ihrem angestammten Gebiet (im Trans Nzoia District) vertrieben und sie am Mount Elgon, rund 140 Kilometer nordöstlich vom Victoriasee, angesiedelt, wo sie auf die Ogiek stießen, die die Hochmoore am Berg bewohnten. Dabei änderte sich die Lebensweise der Sabaot dramatisch: Aus Viehhirten wurden nun Ackerbauern, die Mais und Gemüse pflanzten. Noch immer erinnern sie in wehmütigen Gesängen an die Zeit, als sie Krieger waren und Rinder hüteten und jede Kuh einen eigenen Namen hatte.

Als der 169 Quadratkilometer große *Mount-Elgon-Nationalpark* 1968 gegründet und im Jahr 2000 dann auch das Hochmoor in ein Naturschutz-gebiet umgewandelt wurde, verschärfte sich der Konflikt. Nun wurden die Ogiek – Jäger und Sammler, die sich als eigenständige Ethnie betrachten – immer weiter in die tieferen, fruchtbaren Siedlungsgebiete am Fuß des Bergs gedrängt – in jene Gegenden, in denen mittlerweile die Sabaot Land-wirtschaft betrieben. Irgendwann eskalierte der Krieg.

Mittlerweile haben sich auch die Ogiek organisiert – in sogenannten »Moorland Forces«, die von den Sicherheitskräften unterstützt werden. »Die humanitäre Situation der Menschen in der Region verschlechtert sich zunehmend«, berichtete *Ärzte ohne Grenzen* bereits im September 2007, »die Zivilbevölkerung ist in Gewalt gefangen.« Den Hilferuf der Notärzte wollte damals niemand hören. Mittlerweile herrscht im Westen Kenias Krieg, und die Regierung in Nairobi scheint zu sehr mit sich selbst beschäftigt zu sein, um das Gemetzel der verschiedenen Gruppen in den Griff zu bekommen. Waffen jedenfalls scheint es genug zu geben. Gegenüber Kurt Pelda von der *Neuen Zürcher Zeitung* brüstete sich ein Sabaot-Rebell damit, seine Trup-pe würde aus Uganda und dem Südsudan versorgt. Dort toben seit Jahr-zehnten blutige Bürgerkriege.

Die kenianische Regierung scheint noch lange ziemlich ratlos. Stolz ver-kündet sie, sie habe bei ihrer großangelegten Folteroperation bereits sie-benundfünfzig Kalschnikows erbeutet und eintausend Schuss Munition. Doch der Polizeikommissar aus dem Westbezirk, Abdukl Mwasera, klingt reichlich hilflos, wenn er die Führer der *Sabaot Land Defence Forces* in einem öffentlichen Appell auffordert, sich endlich zu ergeben, und die Bevölke-rung zur Kollaboration bittet.

Nordkenia und andere Trockengebiete

5. Mai 2008

Kenias Finanzminister Amos Kimunya ist ein armer Tropf. Kaum
hat sich das Land halbwegs von den blutigen Unruhen erholt,
kaum haben sich die politischen Streithähne, die sich gerade noch
gegenseitig an die Gurgel gegangen waren, auf eine gemeinsame Regierung
geeinigt – da ist der ganze Laden auch schon Pleite. Und Kimunya soll irgendwie die Rechnung bezahlen.

Kenias Große Koalition ist ein Projekt des Irrsinns. Zweiundvierzig Minister sollen das Land, das sie vor kurzem noch in Brand gesetzt haben,
jetzt regieren. Zweiundfünfzig Hilfsminister (*assistant ministers*, wie das so
schön heißt) werden ihnen bei der schweren Arbeit unter die Arme greifen.
Insgesamt verfügt Kenia (Bruttoinlandsprodukt: gerade einmal 19,4 Milliarden Euro) damit über ein Kabinett, dem vierundneunzig Abgeordnete
angehören – fast jeder zweite Parlamentarier also. Es gibt ein Kindermi-
nisterium und eins für Jugendliche, eins für medizinische Versorgung und
eins für Gesundheit, eins für »Nordkenia und andere Trockengebiete«, für
»Planung und die Vision 2030«, die »Entwicklung der Metropole Nairobi«
und noch viele andere, die nur den einen schäbigen Zweck erfüllen, einer
überwiegend faulen und korrupten Elite zu Macht und Geld zu verhelfen.

Bereits Ende März hatte es wegen der Selbstbereicherungspläne der
kenianischen Volksvertreter in Nairobi wütende Proteste gegeben. Rund
einhundert Demonstranten hatten Schilder mit dem Schriftzug »No more
than 24« durch die Straßen getragen, darunter Wangari Maathai, die Nobel-
preisträgerin. »Das Land blutet, und wir benötigen mehr Geld für den Wiederaufbau«, schimpfte damals Kamanda Mucheke von der *Kenya National
Commission on Human Rights*, »wir können uns keine vierundvierzig Minister

197

leisten.« Allein, die Marschierer wurden nicht erhört, sondern in bewährter Manier mit Tränengas auseinandergetrieben.

Jeder, der laufen kann, habe nun einen Posten, höhnt ein westlicher Diplomat in der *Frankfurter Allgemeinen*. Als »Mwai Kibaki und die vierzig Räuber«, schreibt Stefan Ehlert in der *Welt*, werde die Truppe in Kenia verspottet. Kein Wunder: Die Unterhaltskosten der neuen Regierung werden auf eine Milliarde Dollar im Jahr geschätzt. Wie Kenia so eine Summe auftreiben will, ist schleierhaft.

Viele Kenianer hungern. Wichtige Grundnahrungsmittel sind bei den rasant gestiegenen Preisen für viele Menschen unerschwinglich geworden. Derzeit beträgt die Inflation des ostafrikanischen Staats rund 20 Prozent, weite Teile der Wirtschaft wurden lahmgelegt, noch immer befinden sich 140 000 Menschen in provisorischen Flüchtlingslagern. Allein vier Milliarden Dollar sollen die bürgerkriegsähnlichen Zustände im Januar und Februar das Land gekostet haben, eine halbe Millionen Arbeitsplätze gingen dabei verloren. Und die sozialen Gegensätze verschärfen sich weiter dramatisch. Rund 56 Prozent der Bevölkerung leben unterhalb der Armutsgrenze, 23 Prozent müssen sogar mit weniger als einem US-Dollar am Tag auskommen. 60 Prozent der Bevölkerung Nairobis vegetiert in gewaltigen Slums vor sich hin, allein im dichtgedrängten Kibera sollen bis zu 800 000 Menschen leben.

Und Kenias Führung? Allein die verhassten kenianischen Abgeordneten verdienen rund 17 000 US-Dollar Monat – mehr als ein deutscher Parlamentarier. Und dafür müssen sie auch noch weniger arbeiten. Kenias neuer Premierminister Raila Odinga hat das in einem bemerkenswerten Interview, das er dem Berliner *Tagesspiegel* gegeben hat, sehr schön auf den Punkt gebracht. »Meine Partei wollte nur fünfundzwanzig Minister, nach langem Hin und Her sind es vierzig geworden, die anderen wollten sogar vierundvierzig«, erklärte der Politiker gutgelaunt, »aber man kann nicht sagen, dass die Bezahlung zu hoch ist. Ein Minister bekommt nur 2000 Euro im Monat mehr als ein Abgeordneter. Aber er arbeitet jeden Tag, auch samstags. Abgeordnete haben montags frei, dienstags arbeiten sie ab 14.30 Uhr, Donnerstag früh und freitags arbeiten sie nicht.« Noch Fragen?

Einige Kenianer stellen sie. Immerhin. In einer empörten Stellungnahme meldet sich *Bunge La Mwananchi* zu Wort. Dieses »Volksparlament«, wie der Name korrekt übersetzt lautet, vereinigt eine ganze Reihe von »Nichtregierungsorganisationen der kenianischen Zivilgesellschaft«, wie das in deren

Jargon so heißt. Sie haben einiges auszusetzen an der Selbstbereicherung ihrer Landsleute. »In einem Land, in dem sich 50 Prozent der Bevölkerung nicht einmal eine Mahlzeit am Tag für ihre Kinder leisten kann, erlaubt sich die Regierung ein soziales Wohlfahrtsprogramm für ihre Parlamentsabgeordneten und erhöht sogar noch die Steuern, die sie den Kenianern aufbürdet, um ein aufgeblähtes Kabinett zu vereidigen.« Und das ausgerechnet zu einer Zeit, da die Preise für Grundgüter wie »Zucker oder Parafin in den Himmel« stiegen. Überhaupt stellen die Aktivisten der Regierung ein trauriges Zeugnis aus. So steige die Kriminalität »besonders in den Slums«, während der Präsident »über 500 Leibwächter verfügt, der Premierminister über 129, jeder Minister über mindestens zwei und jeder Abgeordnete mindestens über einen – obwohl sie in sicheren Gegenden wohnen«. Die Slumbewohner in »Dandora, Kibera und Mathare hingegen leben in armseligen Verhältnissen ohne Strom, fließendes Wasser, ordentliche Toiletten, mit einer kaputten Kanalisation und einer schlecht funktionierenden Müllabfuhr, obwohl ihnen von der Regierung noch hohe Steuern auferlegt werden«. In bestimmten Stadtteilen Nairobis wie Eastleigh, dem Somalierviertel, würden junge Menschen zudem »fortwährend von der Polizei schikaniert« – aus nichtigen Gründen zumeist, etwa, weil sie ihren Pass nicht bei sich tragen.

Besonders krass aber sei das Missverhältnis zwischen Politik und Volk erkennbar, wenn man einen Blick auf die Gehälter werfe. »Zum Beispiel arbeiten normale Arbeiter sieben Tage die Woche, dreißig Tage im Monat und bekommen einhundert Kenia-Schilling pro Tag« (rund einen Euro), während »ein Abgeordneter des Parlaments nur drei Tage in der Woche arbeitet, also zwölf Tage im Monat und dafür ein monatliches Gehalt von 1,1 Millionen Kenia-Schilling erhält« (rund 11 000 Euro).

Und dann rechnet *Bunge La Mwananchi* genüsslich vor, mit welchen Annehmlichkeiten das Leben eines kenianischen Abgeordneten, von denen es derzeit 222 gibt, so auf Staatskosten versehen wird: »mit a) einem Dienstwagen (Mercedes Benz, Prado, Range Rover), b) einem Familienwagen im Wert von 3,3 Millionen Schilling (33 000 Euro), c) einem Familienhaus im Wert von acht Millionen Schilling (80 000 Euro), d) 1,1 Millionen Schilling (11 000 Euro) Gehalt für zwölf Tage Arbeit im Monat und e) Zuschüssen für Telefon, Benzin, Versicherung und den Wahlkreis.«

Das hört sich an, als hätten diese Volksvertreter allesamt bei »Der Preis ist heiß« abgeräumt. Und zwar so kräftig, dass am Ende gar nichts mehr übrig bleibt. Und in Kenia ist es ja auch eigentlich so.

Das ist also das Produkt wochenlanger Unruhen und monatelanger, quälender Verhandlungen, die das Land fast in den Ruin getrieben hätten. Wirft man einen genaueren Blick auf Kenias neue Machthaber, stellt man überdies fest, dass es überwiegend die alten sind. Der korrupte George Saitoti, schon unter dem Autokraten Daniel arap Moi Vizepräsident Kenias, ist als Innenminister wieder dabei; ODM-Scharfmacher William Ruto als Landwirtschaftsminister; Uhuru Kenyatta, der mit der Killersekte *Mungiki* in Verbindung gebracht wird, soll nun das ehrenvolle Amt des Handelsministers und stellvertretenden Premierministers bekleiden. Armes Kenia.

Aber, um auf Kenias bemitleidenswerten Finanzminister Amos Kimunya zurückzukommen: Wie soll das nun alles bezahlt werden? Er habe da einen Plan, verkündete der Minister jetzt: Er will die Ausgaben für die Wiedereingliederung der Flüchtlinge streichen. Man erinnert sich: Als die Regierung des greisen Präsidenten Mwai Kibaki, 76, im Dezember 2007 die Wahlen fälschen ließ, wurden rund 600 000 Menschen vertrieben. Sie flohen vor Mordbanden, die überall ihr Unwesen trieben, und viele wagen sich immer noch nicht zurück. Bei denen soll nun gespart werden. Außerdem will der Minister die Ausgaben für den Bau von Krankenhäusern, Schulen und Straßen kürzen. Die BBC meint, es fehlten rund 300 Millionen Dollar im aufgeblähten Staatshaushalt. Und das ist wohl noch zurückhaltend geschätzt. Unabhängige Organisationen gehen davon aus, dass der Unterhalt eines einzigen Ministeriums rund 130 Millionen Dollar im Jahr beträgt, alle zweiundvierzig Ministerien zusammen kämen dann auf ein Jahresbudget von 5,5 Milliarden US-Dollar. »Allein in den nächsten zwei Monaten«, berichtet die tansanische Tageszeitung *The Citizen*, »werden die kenianischen Steuerzahler 33 Milliarden Kenia-Schilling zur Bezahlung der Großen Koalition aufbringen müssen.«

Kenia stehen also turbulente Zeiten bevor. Schon ist es wieder zu Unruhen gekommen, zu Straßenschlachten, zu Toten. Der Bürgerkrieg, der Anfang des Jahres in sprichwörtlich letzter Minute verhindert wurde, könnte nur vertagt worden sein. Es scheint jedenfalls schwer vorstellbar, wie diese monströse Regierung, die zudem in zwei unversöhnliche Lager – in eines um den Präsidenten Mwai Kibaki und eines um den Premierminister Raila Odinga – zerfallen ist, die Probleme Kenias lösen will.

Angst vor der »Operation Heimkehr«

10. Mai 2008

Plötzlich hat es Kenias neue Regierung, diese »Koalition der Raffgier« (*taz*), ganz eilig. Der Entschluss steht, der Schandfleck muss weg, die Flüchtlinge, immer noch rund 140 000, die in riesigen Lagern überall im Land campieren, sollen nach Hause. Und zwar so schnell wie möglich. Und weil große Taten auch große Namen brauchen, hat die neue Mannschaft des Präsidenten (Kibaki: »We are one team«) schnell einen schönen Titel dafür gefunden: »Operation Rudi Nyumbani«, zu deutsch etwa »Operation Heimkehr«. Seit dem fünften Mai rollen bereits überall durchs Land Lastwagen, werden Menschen aufgeladen und zurückgebracht. Oft ohne gefragt zu werden, ob sie überhaupt heimwollen. Oft wollen sie nicht.

Doch Kenias Ministern ist das egal, sie wollen nicht, dass es bei ihnen einmal so aussieht wie im Kongo. Schließlich war es bislang so, dass die Nachbarn nach Kenia kamen, wenn sie vor dem Krieg flüchteten – all die Sudanesen, die seit vielen Jahren schon im Flüchtlingslager in Kakuma in Nordkenia leben oder die Somalis in Dadaab im Osten. Kenia, das war eben die Ausnahme in Ostafrika. Und so soll es wieder sein.

Innerhalb einer Woche, so die kenianische Regierung, seien bereits 59 784 Binnenflüchtlinge (*Internally Displaced Persons*) in Bussen und auf den Ladeflächen von Militärlastwagen in ihre »Heimatdörfer« gebracht worden, innerhalb der nächsten Zeit sollen 70 000 folgen.

Man kann sich des Eindrucks nicht erwehren, dass die Regierung mit ihrer Hauruckaktion in erster Linie die ausbleibenden Touristen im Auge hat. Lieber soll Kenia wieder mit rotem Sand und Strand assoziiert werden, mit Massaitänzern und Löwen und einem Blick auf das Dach des Kilimandscharo (dem leider der Schnee wegschmilzt).

Doch die rüde Verladeaktion, die in Kenia derzeit praktiziert wird, könnte mehr Probleme produzieren, als lösen. Die 16 000 Kikuyu etwa, die immer noch im Camp in Eldoret ausharren, tun dies ja nicht freiwillig, sondern weil sie erneute Gewaltakte befürchten. Und die Ursachen dieser Gewalt – ethnischer Hass, Streit um Landfragen oder Entrüstung über die vermeintliche oder wirkliche Ungleichbehandlung der verschiedenen Bevölkerungsgruppen im Land – sind ja keineswegs beseitigt worden. Eher sind die Zweifel an der Redlichkeit der neuen Regierung gewachsen, seit sichtbar geworden ist, worum es ihr hauptsächlich zu gehen scheint: um Posten und Ministergehälter.

Man kann die verängstigten Menschen in Eldoret verstehen, die sich weigern, wie Vieh abtransportiert zu werden. »Wir wollen ja nach Hause«, sagte der Flüchtlingsvorsitzende des Lagers auf dem Eldoret-Messegelände, James Muchina, einem Reporter der *Daily Nation*, »aber die Regierung soll zuerst einen Dialog mit uns beginnen. Wir sind Opfer der Gewalt geworden und haben das Recht, angehört zu werden. Die Regierung kann nicht einseitige Entscheidungen, die unsere Sicherheit betreffen, fällen.«

James Muchina und die Flüchtlinge in Eldoret bilden keineswegs eine Ausnahme. In Kitale, im Bezirk Trans Nzoia West, nicht weit entfernt von jener Militärzone, in welcher der Krieg mit den Sabaot-Rebellen so unbarmherzig geführt wird, wurde der Sprecher der Vertriebenen, Joseph Kubaro, vom *District Commissioner* kurzerhand verhaftet, als er verkündete, die 1500 Flüchtlinge dort wollten lieber im Lager bleiben, als zwangsweise zu ihren brutalen Nachbarn zurückgebracht zu werden. »Wir wissen, dass unsere Nachbarn uns nicht wollen«, sagt Muchina, »das ist die bittere Wahrheit.«

Und in Uganda, wohin sich Anfang des Jahres einige Tausend Kenianer gerettet hatten, folgten zuletzt gerade einmal dreihundert dem Ruf des Vaterlands und kehrten heim. Die restlichen 1800, die sich noch in Kenias westlichem Nachbarland befinden, erklärten, sie zögen vorübergehend die Sicherheit in Uganda der eigenen Heimat vor.

»Sie haben immer noch das Gefühl: Es gibt in Kenia keinen Frieden«, so Emanuel Nyabera vom UN-Flüchtlingshilfswerk UNHCR.

Fast überall bietet sich derzeit ein ähnliches Bild. »In Kisii sind die 2000 Flüchtlinge, die hier in Camps leben, besorgt über die Sicherheitslage in den Gegenden, aus denen sie vertrieben wurden«, schreibt der kenianische *Peace and Development Network Trust* in einem Brandbrief, »andere berichten, dass ihre Häuser und anderes Eigentum von den Angreifern besetzt wurden und nicht wieder herausgegeben werden. Die meisten haben den Eindruck, dass die Ursachen der Gewalt nicht angegangen wurden und die früheren Nachbarn nicht besonders glücklich sind, wenn sie zurückkehrten.«

Das ist freilich noch ziemlich zurückhaltend formuliert. In Eldoret wurde eine Gruppe von Heimkehrern mit Steinen angegriffen. Überall im Rift Valley kursieren Flugschriften, in denen Todesdrohungen ausgestoßen wurden. Etliche Ortschaften wurden zudem einfach umbenannt: Kiambaa, der Ort, in dem die Frauen und Kinder in der Dorfkirche verbrannten, heißt jetzt Kipnyikei; Kimumu wird Kamumu genannt, und der Ort Burnt Forest heißt nun Kaptarakwa.

»Indem sie die Lager schließt, zwingt die Regierung die Menschen, entweder zurückzukehren oder aber, sich Hunger, Krankheiten und einer Bleibe in einem Slum auszusetzen«, befürchtet das *National Internally Displaced Persons Network*, das sich um die Belange der Vertriebenen in Kenia kümmert, »und so etwas führt sehr schnell dazu, dass die Armut zunimmt und brutale Banden immer mehr Mitglieder für zukünftige Gewaltakte rekrutieren können.«

Das einzige Interesse der Regierung aber sei, »die Probleme der Vertreibung dadurch zu lösen, dass sie die Menschen zwingt, in ihre Häuser zurückzukehren ohne legale Möglichkeiten der Kompensation in Erwägung zu ziehen, ohne adäquate Sicherheit zu garantieren und ohne den Menschen Zeit zur Versöhnung zu geben«.

Was die Kenianer allerdings besonders erzürnt, ist, dass ihre Regierung noch nicht einmal das Geld für ihre Zwangsmaßnahmen alleine aufbringen kann. Um das Geld zusammenzubekommen, haben Mwai Kibaki und Regierungssprecher Alfred Mutua jetzt eine »Fundraising Kampagne« gestartet. Sie richtet sich an »Private Unternehmen und alle Führer und Wohlmeinenden, die gerne dafür sorgen, dass unsere Brüder und Schwestern zurückkehren können«. Fünfhundert Millionen Dollar möchte Mutua auf diese Weise zusammenkratzen.

Er ist nicht der einzige aus der kenianischen Regierung, der sich derzeit auf Betteltour befindet. Auch der neue Landwirtschaftsminister William Ruto hat einen Appell an Geberländer gestartet. 300 Millionen Schilling würde er gerne für die Vertriebenen bekommen. Die Regierung von Thailand hat schon einmal eine Million Säcke Mais zugesagt und auch Algeriens Präsident Abdelaziz Bouteflika versprach zu helfen. Er will zunächst fünfzehn Stipendien für kenianische Studenten bereitstellen. Das norwegische Ministerium für Umwelt und Internationale Entwicklung hingegen unterstützt lieber die anerkannte *International Organization for Migration* mit 504 000 US-Dollar. Die Krisenhelfer sollen damit traumatisierten Binnenflüchtlingen helfen und unter anderem Therapien für geschädigte Kinder durchführen. Auch Außenminister Moses Wetangula hat sich mächtig ins Zeug gelegt und der chinesischen Botschaft 23 000 Dollar abgetrotzt.

Die kenianische Regierung selbst muss derzeit sparen, da bleibt für das eigene Volk nicht viel übrig.

Der Überlebenskampf der Elefanten
11. Mai 2008

S oila Sayialel ist eine couragierte Frau. Kürzlich wurde sie vom *Kenya Wildlife Service* (KWS), der staatlichen kenianischen Tierschutzbehörde, zum Ehren-Wildhüter ernannt: eine Anerkennung für zwanzig Jahre, die sie nun bereits für die Elfantenfreunde vom *Amboseli Trust For Elephant* tätig ist, eine international hochgelobte Tierschützertruppe um die Amerikanerin Cynthia Moss, die seit 1972 in dem Gebiet forscht.

Als die Kenianerin Soila Sayialel 1986 hier mit ihrer Arbeit begann, war Kenias Elefantenpopulation nahezu ausgerottet. Durch das ganze, weite Land zogen schwerbewaffnete Banden von Wilderern und legten auf die Dickhäuter an, und nicht selten machten sie gemeinsame Sache mit ihren Kumpanen in den Behörden, die in diesen Massenmord tief verstrickt waren. Eine Weile sah es so aus, als sei die Zeit jener urzeitlichen Ungetüme vorbei, von denen Karen Blixen einst schwärmte, »sie schritten aus, als hätten sie eine Verabredung am anderen Ende der Welt. Sie wirkten wie die riesenhaft vergrößerte Kante eines sehr alten, unendlich kostbaren persischen Teppichs von grüner, gelber und schwärzlichbrauner Farbe.«

Es dauerte einige Jahre, bis dem Elefantensterben ein Ende gesetzt werden konnte und sich die Population langsam wieder erholte. Um so schockierender liest sich deshalb die E-Mail, die Soila Sayialel kürzlich an Freunde und Kollegen verschickte, sie war sehr persönlich gehalten und sie war ein einziger Alarmruf, ein verzweifelter Appell. »Wir brauchen eure Hilfe, wir können das alles nicht mehr ertragen«, schrieb die Projektmanagerin des *Amboseli Elephant Research Project* (AERP): »Es schmerzt, es verletzt, es ist traurig, und es ist schwer zu begreifen, wie die Zukunft der Amboseli-Elefanten aussehen soll.«

Allein im Januar und Februar 2008, den beiden Monaten also, in denen die Unruhen wüteten, seien in der Amboseli-Region vierzehn Elefanten mit Speeren angegriffen worden, und von diesen vierzehn seien vier bereits tot.

Sayialels traurige Bilanz: »Tulip, eine erwachsene Elefantenkuh aus der TA-Familie: tot; Teclas Kalb aus dem Jahr 2007: tot; ein vier Monate altes Kalb: tot, mit vierzehn Speerwunden; Isabella, eine achtzehn Monate alte Elefantenkuh: tot; Tulips Kalb aus dem Jahr 2006: schwere Kopfverletzung; zwei sieben Jahre alte Weibchen: Wunden am Körper; Isis, das Oberhaupt der IB-Familie: verwundeter Rüssel; Trevor, ein neun Jahre alter Bulle: Wunden am Körper; Calvin, ein junger Bulle: Wunden am Körper; Eldoret, ein junger Bulle: Wunden am hinteren Bein; ein unbekannter männlicher Elefant der Klasse 1B (fünfzehn bis neunzehn Jahre alt): Speer im Kopf; Ganesh, ein fünfundvierzigjähriger Bulle: Wunden am Ellenbogen; M262, ein vierzig Jahre alter Bulle: Wunde am vorderen rechten Gelenk; unbekannter ausgewachsener Bulle in Kimana: Wunde am vorderen Bein.«

Was von vielen befürchtet worden war, scheint also eingetreten zu sein. Der Zusammenbruch der staatlichen Ordnung und das plötzlich durch ausbleibende Touristen fehlende Geld im Tierschutz haben Kenia wieder zurückgeworfen in die finstersten Zeiten der Wilderei. Allein der *Amboseli Trust for Elephants* benötigt nach Schätzungen Richard Leakeys jeden Monat 1500 Dollar für Geländewagen und 500 Dollar für Telekommunikation, 1200 Dollar würden für eine neue Antenne des Funknetzes gebraucht, jeder der dreizehn Elefantenscouts bekommt 100 Dollar monatlich: »Unser durch Spenden bestrittenes Budget ist ständig ausgeschöpft.«

Amboseli, obgleich mit 392 Quadratkilometern Größe vergleichsweise klein, gehört neben *Tsavo* und *Nakuru* oder *Meru* zu den berühmtesten kenianischen Nationalparks. In der Sprache der Massai bedeutet sein Name so viel wie »salziger Staub«. Er ist von der rund 240 Kilometer entfernten Hauptstadt Nairobi aus mit dem Auto in ungefähr vier Stunden bequem zu erreichen und grenzt direkt an Tansania. Wenn der Himmel nicht gerade wolkenverhangen ist, hat man von hier einen traumhaften Blick auf Afrikas höchsten Berg: den 5895 Meter hohen Kilimandscharo. Vor dem Bergmassiv grasende Elefantenherden gehören wohl zu den berühmtesten afrikanischen Fotomotiven.

Das *Amboseli*-Tierschutzgebiet hat eine lange Geschichte. Einst gehörte der Park zum, 1906 von den britischen Kolonialisten geschaffenen *Southern*

Game Reserve, ein gewaltiges Areal, in welchem die *Massai Mara*, *Amboseli* und *Tsavo West* vereinigt waren; in den dreißiger Jahren tauchten die ersten Touristen auf. 1948 wurde das Gebiet in das *Masai Amboseli Game Reserve* umgewandelt und 1961 unter die direkte Verwaltung durch die Massai, in deren Siedlungsgebiet es liegt, gestellt. Allerdings brachte die Regierung Amboseli 1974 wieder unter staatliche Kontrolle – sie fürchtete wohl, die Massai könnten das Gebiet zu stark überweiden und dadurch Tiere und zahlungskräftige Besucher verprellen.

Ins Gerede kam der Nationalpark zuletzt, als die kenianische Regierung vor einigen Jahren erwog, sie den Massai zurückzugeben. Es war der verzweifelte Versuch von Präsident Mwai Kibaki, Stimmen für das Referendum um die neue Verfassung zu gewinnen: Sollten die Massai *Amboseli* als Geldquelle zurückbekommen, könnten sie für die umstrittene Verfassungsänderung stimmen. Doch Kibakis zynisches Kalkül, Kenias einzigartige Natur für ein paar Wählerstimmen zu verkaufen, ging damals nicht auf.

Tierschutzorganisationen wie die *East African Wildlife Society*, die *Born Free Foundation* oder der *David Sheldrick Wildlife Trust* protestierten heftig gegen die Pläne der Regierung. Sie befürchteten, die Massai würden *Amboseli* wieder als Weideland nutzen (was in einem Nationalpark verboten ist) und damit die Elefanten in andere Gebiete treiben, wo sie Konflikte mit den Bauern provozieren würden.

Denn der Park war immer schon berühmt, vor allem für seine Elefantenherden, die von Wasserloch zu Wasserloch durch das satte Grün ziehen – »eine der letzten« noch intakten Tierpopulationen in Afrika« (Cynthia Moss). Noch immer sollen über 1500 Elefanten im *Amboseli*-Ökosystem leben. Der kleine Park selbst macht allerdings weniger als zehn Prozent dieses 4000 bis 5000 Quadratmeter großen Ökosystems aus: Elefanten legen gewöhnlich weite Wege zurück, ziehen zum Fressen von Tansania in den *Amboseli*-Nationalpark herüber und wieder zurück. Keine Zäune halten sie auf, denn anders als in dem meisten Ländern des südlichen Afrikas sind in Kenia die Nationalparks nicht eingefriedet. Ein Paradies könnte das sein, wenn die Probleme mit der Wilderei nicht wären.

Dabei sind die Probleme mit den Elefanten vielschichtig. Während der schlimmsten Jahre der Wilderei, zogen sich viele der Dickhäuter in unzugängliche Gebiet zurück, wo sie den Gemetzeln ausweichen konnten. In den ehemaligen Lebensräumen der Elefanten siedelten nun Menschen und bauten Getreide an. Seit die kenianische Regierung mit Hilfe des damaligen

KWS-Direktors Richard Leakey aber zu Beginn der neunziger Jahre das Morden halbwegs stoppen konnten, kehren immer mehr Elefanten aus ihren Verstecken zurück und treffen nun in zunehmendem Maße auf Bauern, die in der Zwischenzeit auf den alten Elefanten-Routen ihre Felder angelegt haben.

Auch die Umgebung des *Amboseli*-Nationalparks wird immer dichter bebaut. So berichtet die Tierschutzorganisation *Wildlife Direct*, die einst von Richard Leakey ins Leben gerufen wurde: »Das Ökosystem gerät unter heftigen Druck durch Aufteilung des Lands, das den Park umgibt – dieses wird in steigendem Maß von privaten Geschäftsleuten aufgekauft, die dort Landwirtschaft betreiben oder edle Lodges für Touristen errichten. Einheimische Politiker und Massai-Krieger, die Jobs benötigen, unterstützen diese Entwicklung.«

Man kann es verstehen: Eine Bevölkerung, die immer mehr verelendet und von den Tourismus-Einnahmen, die überwiegend in die Taschen korrupter Politiker fließen, so gut wie nicht profitiert, schaut sehnsüchtig hinüber in den »Lustgarten Afrika« (Blixen), auf jenes fruchtbare Land, in welchem Kenias Wildtiere grasen. Immer stärken drängen deshalb Massai mit ihren Herden in die Nationalparks, wo das Gras hoch steht und die Wasserlöcher teilweise sogar künstlich angelegt sind. Sie sehen die wohlhabenden Reisenden mit ihren Louis-Vitton-Täschchen und den teuren Fotoapparaten. Sie sehen, wie sie selber darben, wie die Preise für Lebensmittel in immer absurdere Höhen steigen, und sie sollen tatenlos zusehen, wie ihnen die Löwen die Rinder reißen und die Elefanten den Mais zertrampeln. »Die Massi haben für viele Generationen in Harmonie mit den vielen Wildtieren gelebt, und sie sahen keinen Grund sie auszurotten, wie es so viele andere Völker taten«, schreibt der Autor und ehemalige Jagdaufseher David Lovatt Smith in seinem Amboseli-Buch *Nothing Short of a Miracle*, »sie werden die ersten sein, die zugeben, dass sie für viele Tötungen verantwortlich sind, aber die Gründe für diese verzweifelten Taten sind nachvollziehbar.« Smith hält in erster Linie die Regierungen für die Zerstörung der kenianischen Natur verantwortlich: zuerst die Kolonialverwaltung, danach die kenianischen selbst: »Sie gaben nur Lippenbekenntnisse bezüglich der Ethik des Tierschutzes ab.« Und auch der kenianische Wirtschaftsexperte James Shikwati beklagt, dass »in der öffentlichen Wahrnehmung die ursprünglichen Kenianer geradezu darauf versessen sind, die wilden Tiere auszurotten«. Dabei sei das ein gefährlicher Fehlschluss: »Afrikaner haben die Tiere immer nur getötet, wenn sie sich verteidigen mussten oder wenn sie die Häute oder das Fleisch benötigten. Auf Kisuaheli werden die wilden Tiere ›Wanyama‹ genannt, und das stammt von dem Wort ›Nyama‹ ab – also: Fleisch. Die Afrikaner haben die wilden Tiere nie in Parks gesperrt, um sie zu schützen. Sie haben sich selbst vor den Tieren geschützt, indem sie Zäune errichtet oder Gräben geschaufelt haben.«

Der amerikanische Professor Robert Nelson von der University of Maryland weist in diesem Zusammenhang gerne darauf hin, dass dort, wo heute Zebras grasen, früher einmal Menschen gelebt haben, nämlich Massai mit ihren riesigen Rinderherden. Erst von den Europäern eingeschleppte Soldaten, die sich um den Kontinent balgten, und Krankheiten entvölkerten ganze Landstriche: »Zwischen 1898 und den ersten Jahren des zwanzigsten Jahrhunderts tötete die Rinderpest zwischen 90 und 95 Prozent der afrikanischen Rinder. Die Rinderpest tauchte zuerst in Somaliland auf und hat sich dann von dort über den ganzen Kontinent, bis nach Kapstadt in Südafrika, ausgebreitet. Den vielen afrikanischen Stämmen, die von der Tierzucht abhängig waren, wurde damit die ökonomische Grundlage entzogen. Ganze Landstriche, in denen traditionellerweise Tierhaltung betrieben wurde, wurden entvölkert.« Nur zur Erinnerung: So entstand die Serengeti.

Dabei könnte der Tierschutz in Kenia hervorragend funktionieren, wenn die betroffene Bevölkerung nur an den vielen Safari-Touristen mitverdienen würde. Immerhin gut fünf Prozent des kenianischen Bruttoinlandsprodukts werden durch den Safaritourismus generiert, zusätzlich erhält die Regierung nach Schätzung Shikwatis (*Reclaiming Africa*) jährlich rund 150 Millionen US-Dollar von internationalen Helfern für den Naturschutz. Doch wie immer fließt das meiste Geld in die Taschen sich selbst bereichernder Politiker, und oft werden selbst Kenianer, die unmittelbar unter den Wildtieren leiden, nicht entschädigt. So wurde im vergangenen Jahr eine Frau in der Nähe des *Amboseli*-Parks von einem Elefantenbullen getötet, ohne dass ihre Angehörigen auch nur einen einzigen Kenia-Schilling vom KWS zu sehen bekamen.

Möglicherweise sind es also enttäuschte Massai, die derzeit Jagd auf Amboselis Elefanten machen. »Die Community will mehr Aufmerksamkeit vom ›Kenya Wildlife Service‹«, sagt Soila Sayialel. Doch Kenias Elefanten haben derzeit viele Feinde. »Die Gründe für die Speerangriffe auf Elefanten sind vielfältig«, schreiben die Aktivisten von *Wildlife Direct*, »sie reichen von Rache, politischem Protest, dem eigenen Schutz oder dem Schutz der Ernte und Kriminalität bis zur Elfenbeinwilderei.« Und viele haben einfach nur Angst. Denn oft ist es ein Kampf um Leben und Tod, der da in Kenias Wildnis stattfindet. Der Farmer John Githinji Kangi aus Nyeri etwa hatte keine Chance. Zuerst war ihm der Koloss gefolgt, dann hatte er ihn mit seinem Rüssel gegriffen, in die Luft geschleudert – und schließlich zertrampelt. Am 11. Juli 2004, um 11.30 Uhr sei Kangi seinen Verletzungen erlegen, notierte der örtliche Polizeichef George Wafula: gestorben auf dem Weg ins *Nyeri Provincial General Hospital.*

Kangi, der nur neunundvierzig Jahre alt wurde, fand den Tod, als er versuchte, eine Herde Elefanten zu vertreiben, weil die über seine Felder hergefallen war. Alarmierte Ranger vom KWS und herbeigeeilte Polizisten konnten die Tiere nur noch zurück in den *Mount Kenya Forest* treiben, einen nahe gelegenen Nationalpark. 30 000 Kenia-Schilling würde die kenianische Regierung später an Kangis Familie zahlen. Das ist die staatlich festgelegte Entschädigung für einen Kenianer, der Opfer eines Elefanten wurde – rund dreihundert Euro. Die Tragödie von Nyeri ist keineswegs ein Einzelfall; überall in Kenia, insbesondere an den Rändern der Nationalparks, tobt seit längerem eine archaische Auseinandersetzung zwischen Mensch und Tier. Kaum eine Woche vergehe, ohne dass ein Mensch von einem Elefanten getötet werde, klagt der *East African Standard.* Da wurden, ebenfalls im Nyeri-Bezirk, ein zwanzigjähriger Farmer und ein Wildhüter von einem »Osama« genannten Elefantenbullen getötet; drei Männer überlebten weitere Attacken schwer verletzt. Auf der Moyale-Isiolo-Road rasten drei Soldaten mit ihrem Lastwagen in ein ausgewachsenes Exemplar der Spezies *Loxodonta africana* – die Männer mussten allesamt ins Hospital eingeliefert werden. Und im Nyandarua-Bezirk verwüsteten zehn Dickhäuter eine Polizeistation und jagten die bewaffneten Ordnungskräfte in die Flucht.

In der Nähe des Massai-Mara-Schutzgebiets kam es sogar zu einer regelrechten Schlacht: fünfhundert Krieger, mit Speeren, Äxten, Pfeil und Bogen bewaffnet, zogen gegen eine Elefantenherde zu Felde, die am Tag zuvor Maisfelder verwüstet hatte. Acht Stunden wogte das Kampfgeschehen hin und her, bis schließlich drei Elefanten auf der Strecke blieben.

Eine andere Herde suchte hingegen den Limuru-Bezirk heim. Ganze Häuser wurden von den »Terror-Elefanten« (*Daily Nation*) dem Erdboden gleichgemacht, »Badezimmer, Küchen, Tore und Kornspeicher«. Verzweifelt knallten Wildhüter schließlich die aggressiven Tiere ab. Bilanz des Gemetzels: vier tote Elefanten, jeder rund sechs Tonnen schwer. Die Stoßzähne wurden abtransportiert, dann schlachteten Dorfbewohner die Kadaver aus: Elefantenfleisch ernährt seit Jahrhunderten die Menschen in Ostafrika.

Überall in Kenia demonstrieren mittlerweile von Elefantenherden heimgesuchte Bauern – sie fordern Kompensationen für verwüstete Baumwoll-, Bohnen- oder Erdnussfelder, dazu rigorose Einzäunungen, ja sogar den Tod jener Tiere, denen in afrikanischen Fabeln eigentlich Weisheit und Güte zugeschrieben werden. Ndovu, wie das größte Landsäugetier der Erde auf Kisuaheli genannt wird, sei zur Gefahr für Leib und Seele geworden.

Dabei ist die zunehmende Spannung zwischen Mensch und Elefant eigentlich Folge einer Entwicklung, die man jahrelang herbeigesehnt hat. 170 000 Elefanten bevölkerten in den sechziger Jahren Kenias endlose Savannen, doch nach Jahrzehnten grauenvoller Massaker lebten 1989 nur noch 19 000 von ihnen. Damals, erinnert sich Richard Leakey, sei die »Elefantenwilderei fast zu einer Seuche des gesamten Kontinents geworden«: »Auf der Jagd nach Elfenbein schlachteten die Wilderer, viele von ihnen mit Kalaschnikow-Sturmgewehren ausgerüstet, die Elefanten in Kenia und Tansania ab und jagten Herden bis in die Zentralafrikanische Republik und selbst in Angola.«

Erst als es schon fast zu spät war, begann der Kampf um den Erhalt der Tiere. Kenias Staatspräsident Daniel arap Moi setzte auf Vorschlag Leakeys im Juli 1989 eine sechs Meter hohe Pyramide aus mehr als 2000 beschlagnahmten Stoßzähnen in Brand, um gegen den massenhaften Elefantenmord zu demonstrieren. Im Washingtoner Artenschutzabkommen wurde 1989 der Handel mit Elfenbein weltweit geächtet, bewaffnete Anti-Wilderer Brigaden wurden aufgestellt. Die Kampagne hatte Erfolg: Die kenianische Elefantenpopulation stieg schnell wieder auf bis zu 29 000 Tiere an; sechzig bis siebzig Prozent der Wildtiere leben laut kenianischem Umweltministerium außerhalb geschützter Gebiete. Die Konflikte, so erwarten Experten, werden deshalb noch zunehmen. Denn nicht nur die Zahl der Elefanten ist in den letzten Jahren gestiegen, auch die der Menschen. Etwa sechsunddreißig Millionen Einwohner hat Kenia inzwischen, 1970 waren es gerade einmal elf Millionen. Deshalb ist unklar, welchen Ausgang das Ringen des Menschen mit dem Elefanten in Kenia nehmen wird. Die Nationalparks einzuzäunen, wie manche fordern, würde Migrationsbewegungen verhindern und die einzigartigen Gebiete in riesige Zoos oder Safariparks verwandeln. Gegen die Zerstörungswut der Riesen scheint einstweilen nur eine Methode zu helfen, die vor über zehn Jahren in Simbabwe entwickelt worden ist. Die geplagten Landwirte legen um die Bananen- oder Getreidefelder Gürtel aus Chilipflanzen an. Zwar fürchten Elefanten offenbar weder Tod noch Teufel – doch wenn sie die scharfen Schoten wittern, nehmen sie Reißaus.

Dabei sind Elefanten »keine mordlustigen und zerstörungswütigen Riesen«, wie mir Karl Heinrich Ebert, ein ehemaliger Projektleiter am tansanischen *College of African Wildlife Management*, einmal schrieb, »vielmehr sind vor allem amerikanische und europäische Tierschutzorganisationen und die von diesen finanziell abhängigen Nationalparkdirektoren verantwortlich für den fast täglichen Tod afrikanischer Bauern, die in einem grausamen Überlebenskampf ihre Maisfelder vor Elefanten zu schützen versuchen. So menschenverachtend kann Tierliebe sein! Die ›Zerstörungswut der Riesen‹ ist schlicht die Folge von Hunger. Hunger von Elefantenüberbevölkerungen, die in vielen Nationalparks schon Tausende Quadratkilometer der artenreichsten Lebensräume der Erde unwiederbringlich beschädigt oder zerstört haben. Solange emotionsgesteuerte Tierschützer über die Naturschutzpolitik in den afrikanischen Nationalparks bestimmen, können wir einen wissenschaftlich fundierten und nachhaltig wirkungsvollen Natur- und Artenschutz – der ohne Regulierung von Wildtierbeständen allerdings nicht möglich ist – getrost vergessen. Die ›Archaische Schlacht‹ wird dann zu Gunsten artenverarmter Elefantensteppen, isoliert hinter Zäunen, bald zu Ende sein. Übrigens, selbst Bernhard Grzimek schrieb schon: ›Elefanten müssen sterben, damit Elefanten leben können‹!«

Ebert hat sicher nicht unrecht. Aber vielleicht gibt es tatsächlich eine Alternative zum *Culling*, wie der systematische Abschuss von Elefanten genannt wird. Diese Methode wird seit einigen Jahren hauptsächlich im südafrikanischen Krüger-Park praktiziert und erregt immer wieder die Tierschützer.

Ein Rückblick.

In Kenia hingegen wird das Keulen strikt abgelehnt, hier sinnt man nach anderen Wegen, wie wir selber beobachten konnten. Im August 2005 war der Kampf zwischen Mensch und Tier am Rande des tropischen *Shimba-Hills-Nationalparks* – etwa dreißig Kilometer südwestlich von der Touristenhochburg Mombasa – so schlimm geworden, dass sich der *Kenia Wildlife Service* nicht mehr anders zu helfen wusste, als die Elefanten in einer gigantischen Verladeaktion einfach umzusiedeln. Ein Mammutprojekt: Über vierhundert Elefanten sollten aus der Luft betäubt, auf Traktoren aus dem Waldgebiet und später auf Sattelschleppern einige hundert Kilometer durch Kenia kutschiert werden, später würden sie schließlich in einem Teils des riesigen *Tsavo*-Nationalparks, einige hundert Kilometer weiter westlich, in die Freiheit entlassen werden.

Zum Glück begannen die KWS-Ranger an diesem Tag schon im Morgengrauen mit ihrer Arbeit. Über dem üppigen Blattwerk des Regenwalds lag der Nebel dicht wie Watte, und in den Hügeln herrschte eine angenehme Kühle, die schon bald jener drückenden Mittagshitze weichen würde, die wir von früheren Besuchen an der Küste bereits zur Genüge kannten. Über uns kreisten Hubschrauber und verursachten einen Höllenlärm, und um uns herum rannten hektisch Wildhüter und quatschten in ihre Walkie-talkies. Einige trugen T-Shirts mit der Aufschrift »The Biggest Translocation Experience 2005«. Immer im Zentrum des Geschehens aber ruhte wie ein Fixstern der Boss, Patrick Omondi, mit seinem Kugelbauch, wedelte mit zwei schweren Funkgeräten und strahlte über beide Pausbacken. Für uns alle sollte das ein besonderer Tag werden. Noch nie war eine so groß angelegt Umsiedlungsaktion versucht worden, und noch nie hatten sich die kenianischen Tierschützer ohne Hilfe aus dem Ausland an so ein Projekt gewagt. Wir würden einige Tage mit den Wildhütern verbringen, und viel über das komplexe Verhältnis zwischen Mensch und Tier in der afrikanischen Wildnis lernen.

In den ersten Tagen herrschte wirklich eine sehr nervöse Spannung im Camp. Eine frühere Aktion, bei der vor einigen Jahren schon einmal fünfzig Elefanten umgesiedelt worden waren, war kläglich gescheitert. Die Dickhäuter haben dieses sprichwörtliche Elefantengedächtnis, und nachdem die Tiere damals irgendwo im Landesinnern ausgesetzt worden waren, machten sie sich einfach auf den Weg zurück an die Küste. Sie können am Tag bis zu zweihundert Kilometer zurücklegen. Natürlich kam es, wie es kommen musste: Einige verursachten auf dem Weg das reinste Verkehrschaos, und ein Koloss musste später sogar aus einem Swimming Pool gehievt werden. Diesmal sollte es anders laufen. Die Elefanten würden diesmal bis nach *Tsavo East* gebracht werden. Außerdem waren damals Einzeltiere ausgewählt worden, und diesmal wollte es der KWS mit ganzen Familien versuchen. Zwei Jahre lang hatte der *Kenya Wildlife Service* auf diese gewaltige Operation vorbereitet. Und dennoch meldeten sich auch jetzt wieder einige Kritiker zu Wort.

Richard Leakey zum Beispiel zeigte sich dem damaligen *Spiegel*-Chefredakteur Stefan Aust und mir gegenüber nicht gerade angetan von den Plänen seines Nachfolgers als KWS-Direktor, Julius Kipng'etich:

Mittlerweile leben wieder 30 000 Elefanten in Kenia – und schon fordern viele, die Trophäenjagd einzuführen oder sogar das »Culling«, den gezielten Abschuss von Elefanten durch Wildhüter.

»Früher lebten 100 000 Elefanten in Kenia, und das ging auch. Das Problem ist nicht die Zahl der Elefanten, sondern die Tatsache, dass sich heute Menschen in den Korridoren angesiedelt haben, die einst die Elefanten benutzten. Diese Tiere hatten sich in Zeiten der Wilderei in sichere Gebiete zurückgezogen, aber jetzt erinnern sie sich an die alten Wege. Elefanten können siebzig bis achtzig Jahre alt werden, und sie haben ein gutes Gedächtnis.«

Aber wenn sie nun auf ihren alten Pfaden auf Menschen stoßen, richten sie oft schwere Verwüstungen an. Jedes Jahr kommen allein in Kenia Dutzende Menschen durch Elefanten zu Tode.

»Das stimmt, und wir müssen dafür auch eine Lösung finden. An bestimmten Orten haben wir zu viele Elefanten – keine Frage.«

Also einfach umquartieren? In Kenia wurde begonnen, vierhundert Elefanten vom übervölkerten Reservat Shimba Hills in den relativ leeren Park Tsavo East umzusiedeln.

»Das ist keine Lösung. So eine Aktion ist sehr teuer und für die Tiere außerdem hochgradig traumatisierend. Sie werden betäubt, mit einem Kran auf Lastwagen gewuchtet, Hunderte von Kilometern transportiert und dann in einer völlig fremden Umgebung ausgesetzt. Hinzu kommt, dass *Tsavo* ein ausgesprochen trockener Nationalpark mit Savannenelefanten ist, *Shimba Hills* dagegen ein Regenwaldgebiet mit kleineren Waldelefanten. Wir wissen nicht einmal, ob sich die Tiere nicht einfach auf den Rückweg machen werden. Die beiden Parks sind gerade einmal dreihundertfünfzig Kilometer voneinander entfernt. Das ist für einen Elefanten keine besonders weite Strecke.«

Würden Zäune helfen?

»Wie wollen Sie ein Elefantengebiet einzäunen? Das endet doch immer woanders, weil es sich permanent ökologisch verändert. Die einzige Lösung ist eine vernünftige langfristige Landnutzungspolitik, die Räume schafft, in denen Elefanten leben und auch in Korridoren herumziehen können. Die Menschen müssen in anderen Gegenden angesiedelt und dafür vernünftig entschädigt werden.«

Soweit Leakey. Die KWS-Leute kannten natürlich seine Bedenken, und dennoch wollten sie sich von ihrer Großaktion, an der über einhundert Mitarbeiter, darunter fünf Veterinäre, beteiligt werden sollten und die über drei Millionen Dollar kosten würde, nicht abbringen lassen. Es war einfach so, dass die Elefantenpopulation um den Park herum zu groß geworden war und es nahezu täglich zu Auseinandersetzungen zwischen Menschen und Elefanten kam. Über 600 Elefanten, manche sagten sogar: 700, bevölkerten damals den kümmerlichen, gerade einmal 250 Quadratkilometer großen Park. Er ist immer noch der einzige in Kenia, der eingezäunt ist. Kipng'etich hielt eine Population von etwa 300 Elefanten für gerade noch erträglich. »Die Elefanten trampeln die Zäune nieder«, hatte uns die deutsche Expertin Inge Burchardt vorher bereits in Nairobi erzählt, »sie walzen sich durch die angrenzenden Maisfelder auf der Suche nach Nahrung, sie sind eine Bedrohung. Es stimmt nicht, dass die Kenianer die Elefanten hassen. Es ist so, dass sie um ihr Leben fürchten. Die Elefanten sind ständig in ihren Köpfen, sie sind monströs.«

Natürlich waren wir neugierig geworden, was uns die Menschen im Osten sagen würden. Wurden sie wirklich von Alpträumen gequält? Wir tasteten uns behutsam durch die Dörfer am Rande des Parks. Die Menschen hier leben sehr einfach, in runden Buschhütten aus Lehm und Blattwerk. Misstrauisch beäugten sie uns. Was wollten die *Wazungu* von ihnen? Sicher hielten auch sie uns für unverbesserliche Romantiker. Doch nach und nach fassten die Einheimischen Vertrauen, und nach einer Weile waren wir von einer lärmenden Schar umgeben. »Die Elefanten zertrampeln unsere Felder«, schrie einer, »sie zerstören unseren Mais und unseren Sukuma-Spinat.« Dann trat einer vor, dessen Arm eingegipst war, seine Jeans war zerrissen, sein Oberkörper nackt, er hieß Mwanamuna Juma Mwanamuna, er sagte, er sei vierundvierzig Jahre alt. »Vor einigen Wochen kam ein Elefant in unser Maisfeld«, berichtete er mit stockender Stimme, »ich stellte mich ihm entgegen, doch er schnappte mich mit seinem Rüssel und schleuderte mich durch die Gegend. Wir müssen uns doch schützen. Wir bauen hier auch Cashew-Nüsse an. Elefanten sind schneller als Autos. Nur Gott hat mir geholfen, zu überleben.« Er war immer noch ein wenig mitgenommen von der unheimlichen Begegnung. Wenig später trafen wir einen jungen Mann, er war siebzehn Jahre alt und hatte den für die Bewohner dieser Küste typischen muslimischen Namen Salim Mwandaro. Seine Mutter war 1999 von einem Elefanten getötet worden. Er hatte damals gemeinsam mit dem Vater den leblosen Körper entdeckt. Sie war von einer Elefantenherde, die zum Trinken durchs Dorf kam, am Abend zuvor totgetrampelt worden, als sie im Fluss Wäsche gewaschen hatte. Dennoch schien Salim keinerlei Hass auf die Dickhäuter zu verspüren.

Wir entwickelten immer mehr Verständnis für die Kenianer, die am Rande der Schutzgebiete lebten und unter den Elefanten litten, obwohl uns die Auswüchse der weitverbreiteten Elefantenfeindlichkeit ein paar Tage zuvor noch schwer zu schaffen gemacht hatten – da hatten wir vor dem stinkenden Kadaver eines Elefantenbullen gestanden, der kurz zuvor in Taita Hills, am Rande von *Tsavo West*, von einer ganzen Dorfgemeinschaft kollektiv mit Macheten zerstückelt worden war, als er in einem sumpfigen Maisfeld feststeckte.

Zurück in *Shimba Hills*. Elizabeth Mwanzia, die Tierärztin, zog die Spritze mit 16 bis 18 Milligramm Etorphine Hydrochlorid auf. Diese Dosis in der Betäubungsmunition würde reichen, einen mehrere Tonnen schweren Koloss für eine ganze Weile ins Jenseits zu schicken, mit Diprenorphine würde er später dann wieder zum Leben erweckt werden. Die Hubschrauber des KWS zogen los, geeignete Elefantenfamilien zu finden, und wir folgten ihnen mit unserem Geländewagen aus sicherer Entfernung und würden diese Übung noch einige Male wiederholen müssen. Es war jedes Mal ein kleines Kunststück. Die Regenzeit stand kurz bevor, und schon hatten einige heftige Schauer den Untergrund schwer passierbar gemacht. Dennoch schafften wir es immer wieder irgendwie, uns durch das Dickicht zu kämpfen.

Ein kurioser Anblick. Da lagen die Elefanten – immer fünf, sechs in einem Umkreis weniger Meter – wie tot auf dem Boden, die Beine weit von sich gestreckt, und um die Dickhäuter herum stand eine Handvoll Wildhüter und machte sich an den Tieren zu schaffen. Jeder Handgriff saß. Einer klappte den betäubten Tieren die Ohren über die Augen, so dass sie selbst im halbwachen Zustand nicht mehr viel davon mitbekamen, was um sie herum vor sich ging. Zwei, drei andere kippten eimerweise Wasser über die leblosen Fleischberge, damit die empfindliche Haut nichts austrockne, die anderen schnallten den Tieren Fußfesseln und Haken an die Beine, und dann wurden die Elefanten entweder auf einen Traktor gezogen und herausgefahren oder sie wurden mit einem Kran auf die Ladefläche eines Lastwagens gehievt. Das war vielleicht das komischste Bild: Minutenlang baumelten die tonnenschweren Tiere kopfüber an schweren Seilen meterhoch in der Luft, bevor sie langsam an auf dem LKW abgesetzt werden konnten. Alles verlief reibungslos. Bereits eine halbe Stunde später waren wir meist wieder auf dem Parkplatz, wo die Verladeaktion eigentlich erst begann. Die Elefanten wurden von einigen kräftigen Männern von den Treckern oder LKW-Ladeflächen in die bereitstehenden Container gezogen und dort wieder zum Leben erweckt. Die vielleicht riskanteste Phase. Meist ging es gut. Dennoch starben während der gesamten Aktion fünfzehn Elefanten, die meisten erhielten einen Schock bei der Verfolgungsjagd durch den Hubschrauber. Nach dem Verladen rasten die Lastwagen möglichst schnell nach *Tsavo* und setzten die Elefanten dort aus. Die Fahrt sollte nicht mehr als fünf Stunden dauern, um die Tiere nicht unnötig zu strapazieren, denn der Transport war der reinste Stress für sie, sie mussten die ganze Fahrt hindurch stehen, um sich nicht zu verletzen. Für die Schulkinder jedoch, deren Weg die Elefantentransporter passierten, war alles eine Riesensensation. Viele hatten noch nie im Leben einen Elefanten gesehen, denn kaum ein Kenianer kann sich die auch für Einheimische hohen Parkgebühren leisten. Und so herrschte bei jedem längeren Halt Trubel, wurden wir von Dutzender aufgeregter Kinder in ihren farbenfrohen Uniformen umringt.

Ich finde, man sollte es dem *Kenya Wildlife Service* hoch anrechnen, dass er damals versuchte, die Konflikte zu lösen, ohne Elefanten töten zu müssen. Und dennoch ist *Translocation* wahrscheinlich kaum eine geeignete Methode. Sie ist teuer und sehr aufwendig. Und sie muss ständig wiederholt werden: In ein paar Jahren dürfte die Elefantenbevölkerung von *Shimba Hills* wieder auf die alte Größe angewachsen sein, und dann beginnt alles wieder von vorne.

Auch Soila Sayialel in *Amboseli* kämpft weiter um jedes einzelne Elefantenleben. Am Ende ihrer bewegenden Mail schreibt sie: »Heute sind wir wie verrückt durch die Gegend gefahren und haben den Bullen mit dem Speer vorne im Kopf gesucht. Wir konnten den KWS nicht per Funk erreichen, und dem Scout muss der Kredit seines Mobiltelefons ausgegangen sein. Sehr frustrierend. Vielleicht finden wir ihn morgen.«

Wer zahlt die Zeche?

30. Mai 2008

Das kenianische Planungsministerium veröffentlicht seine Wirtschaftsstudie. Die Gewalt nach den Wahlen hat demnach einen Schaden von 3,7 Milliarden US-Dollar angerichtet. Das Wirtschaftswachstum des Landes sinkt von 6 bis 7 auf 3,5 bis 4,5 Prozent. Die Produktivität in der Landwirtschaft ist um 8,1 Prozent gesunken. Die Rechnungen für den Import von Öl stiegen um 18,8 Prozent innerhalb des letzten Jahres.

Im *Global Peace Index* rutscht das Land vom 91. auf den 119. Platz, bei 140 untersuchten Staaten.

Das Landwirtschaftsministerium schätzt, dass wegen der Exzesse 3,5 Millionen Säcke Mais weniger produziert wurden als sonst.

In 123 Flüchtlingslagern befinden sich trotz der Rückführungsprogramme der Regierung immer noch 84 752 Menschen, die meisten im Rift Valley.

Die kenianische Regierung bittet sogenannte Geberländer um 100 Millionen Dollar, um Lebensmittel kaufen zu können.

Deutsche Waffen

9. Juni 2008

Seit Jahren wird darüber debattiert, wie das Morden in Ostafrika beendet werden kann. Interventionen werden erwogen und wieder verworfen: Weil der Wille fehlt oder das Geld, oder weil sich schlicht die Erkenntnis durchgesetzt haben mag, dass man Menschen zum Frieden schlecht mit Waffengewalt zwingen kann. Die Jahre nach dem Ende des Kalten Kriegs sind ja auch Jahre der Desillusion geworden: Die Humanitäre Intervention ist fast überall gescheitert, wo sie unternommen wurde, und ratlos verfolgt die Welt im Medienzeitalter die Katastrophe live und aus unzähligen Perspektiven, ohne eine Antwort darauf zu finden, wie man sie abwenden kann. Die Afrikanische Union interessiert das alles in der Regel herzlich wenig. Für alle anderen gilt: Ob es um Kenia geht oder Darfur, den Kongo oder den Tschad, um Simbabwe oder Burma – wer die richtige Gesinnung an den Tag legen möchte, stimmt jammernd ein in die Kakophonie, dass ein herzloser und kolonialistischer Westen oder Norden den Ärmsten partout nicht zur Seite springen möchte und das Unheil wenn nötig auch gewaltsam beseitigt – »da unten gibt es ja kein Öl!« Was aber konkret getan werden soll, wird vornehm verschwiegen: Panzervorstöße vielleicht oder Flächenbombardements? Seeblockaden oder Spezialkommandos hinter den feindlichen Linien? Giftpralinen für Tyrannen, Trainingscamps für Partisanen? Wenn es um konkrete militärische Maßnahmen geht, die Welt wieder ins Gleichgewicht zu bringen, bleiben die Kritiker für ihre Verhältnisse ungewöhnlich einsilbig. Roman Deckert, ein Friedensforscher vom *Berliner Informationszentrum für transatlantische Sicherheit* hat einen einfacheren Vorschlag. Er fordert eine stärkere Kontrolle des Handels mit Kleinwaffen. Deckert war aufgefallen, dass fast immer, wenn irgendwo die Völker übereinander herfallen, auch deutsche Präzisionsarbeit eine Rolle spielt: im Sudan, in Burma oder auch bei den gewalttätigen Auseinandersetzungen in Kenia. Meist sind es Produkte von *Heckler & Koch*: das Sturmgewehr G 3, von dem im Laufe der Jahre mittlerweile über zehn Millionen Stück produziert worden sein sollen, oder die MP-5-Maschinenpistole, die auch die *Rote Armee Fraktion* in ihrem Wappen trug, weil sie dachte, es sei eine Kalaschnikow.

»Wir müssen endlich zur Kenntnis nehmen, dass diese kriegerischen Auseinandersetzungen eben auch mit deutscher Beteiligung geführt werden und können nicht immer so tun, als hätten wir damit gar nichts zu tun«, sagt Deckert, »natürlich ist derjenige der Täter, der den Abzug drückt. Aber ein direkter Kausalzusammenhang zwischen der Verbreitung der deutschen Waffen in der Dritten Welt und dem Elend, das sie anrichten, ist schlechterdings nicht zu leugnen.«

Werden denn diese Waffen, die nach Kenia eingeführt werden, direkt von der deutschen Firma geliefert?

»Im Archiv des Auswärtigen Amts ist nur die erste Lieferung von 500 G-3 direkt durch die Firma *Heckler & Koch* aktenkundig. Danach wurde offenbar nicht mehr direkt aus Oberdorf geliefert. Das hängt wohl damit zusammen, dass es seit jeher die erklärte Politik der Bundesregierung war, die Ausfuhr von Waffen in Entwicklungsländer restriktiv zu handhaben.«

Welche Schlupflöcher gibt es?

»Ausfuhrgenehmigungen für kleine Mengen von sogenannten Testwaffen sind nicht so schwer zu bekommen. Auf diese Art und Weise wurden immer schon fremde Streitkräfte wie Uganda und Kenia oder später die Philippinen mit den Waffen vertraut gemacht und so auf den Geschmack gebracht. Wenn die Bundesrepublik dann aber die Genehmigung für größere Waffenlieferungen verweigert, verweist der Waffenproduzent, also zum Beispiel *Hecker & Koch*, auf Lizenzproduzenten im Ausland, die nicht so strengen Exportrichtlinien unterliegen ...«

... und umgeht so das deutsche Handelsverbot.

»Ja. Die Firmen kassieren entweder eine saftige Vermittlungsgebühr oder sie liefern die Gewehre einfach in ihren Einzelteilen an die Partner im Ausland – wo dann alles nur noch zusammengesetzt werden muss. Lange Zeit war es üblich, komplette Bausätze nach England zu liefern, da wurden die Gewehre montiert, und am Ende stammte nur noch der Schlagbolzen aus einer englischen Waffenschmiede. Immer wieder werden Ausfuhrgenehmigungen für große Mengen von Einzelteilen erteilt – hinterher stellt sich das Auswärtige Amt auf den Standpunkt, bei den exportierten Waren handele es sich schließlich nicht um fertige Waffen. Das ist ein formaljuristischer Taschenspielertrick. Aber er funktioniert.«

Das heißt: Da der Weg über Drittländer führt, lässt sich der Export deutscher Waffen nicht mehr kontrollieren?

»Theoretisch schon, und zwar über einschlägige Klauseln in den Lizenzverträgen. In den Verträgen zum Beispiel, mit denen 1967 Iran und der Türkei erlaubt wurde, das G3 zu produzieren, steht ganz explizit, dass diese nach fünf Jahren auch exportieren dürfen – entsprechende Unterlagen finden sich im Freiburger Bundesarchiv-Militärarchiv. Die Verträge mit der Enfielder Waffenschmiede, die ich im Londoner National Archive einsehen und fotokopieren durfte, hielten fest, dass pro verkauftem Gewehr fünf D-Mark an die Hardthöhe zu zahlen waren. Das Verteidigungsministerium hält immer noch Rechte am G3, weil es die Entwicklung des Gewehrs durch *Heckler & Koch* und die Firma *Rheinmetall* finanziert hatte. Damals produzierte auch *Rheinmetall* das G3 und lieferte beispielsweise nach Burma, aber dann einigten sich beide Waffenproduzenten. *Heckler & Koch* stellt seitdem das G3 in Deutschland exklusiv her und macht dafür *Rheinmetall* keine Konkurrenz bei der Produktion schwerer Maschinengewehre.«

Die deutsche Regierung verdient also kräftig mit bei diesen dubiosen Geschäften?

»Klar. Zumindest bis in die siebziger Jahre war die Proliferation ausdrücklich erwünscht. Mein Kollege Alex Lurz hat im Auswärtigen Amt ein tolles Zitat zur Lizenzvergabe an Pakistan gefunden. Die Beamten dort freuten sich, dass ›die Förderung der Herstellung von Waffen ... uns der Notwendigkeit enthebt, Anträge auf Lieferung von Fertigwaffen entsprechen unserer grundsätzlichen Haltung abzulehnen‹. Ich habe ein ähnliches Beispiel gefunden. Zum Export von Munitions-Fertigungsanlagen nach Kolumbien hieß es: ›Durch Zubehörlieferungen der hier beantragten Art wird Kolumbien von Munitionsexporten unabhängig, was nicht zuletzt auch unseren Zielsetzungen, Lieferungen nach dem Kriegswaffenkontrollgesetz in Länder wie Kolumbien zu unterbinden, entspricht.‹ Das Ergebnis dieser Politik ist, dass heute Islamabads Waffenschmiede, die *Pakistan Ordnance Factories*, munter mit *Heckler & Koch-* und *Rheinmetall*-Produkten werben und diese in alle möglichen Krisengebiete exportieren: nach Burma, in den Sudan oder nach Kenia. Es ist absurd: So behauptet die sudanesische *Military Industry Corporation* auf ihrer eigenen Webseite, die *Heckler & Koch*-Waffen G3, MP5 und MG3 zu produzieren. Der Sudan – ein Land im Krieg

& *Koch*-Waffen G3, MP5 und MG3 zu produzieren. Der Sudan – ein Land im Krieg und Schurkenstaat.«

Das heißt, die Endverbleibsregelungen sind wertlos?

»Im Prinzip ja. In den Akten des Rüstungskontrollreferats im Auswärtigen Amt habe ich so gut wie keinen Beleg dafür gefunden, dass dem Endverbleib ernsthaft nachgegangen wurde. Ausnahmen waren der Einsatz von G3 durch Portugal in Afrika, die vermutete Weiterleitung von G3 durch Tansania an Biafra und eine gefälschte Erklärung für Burundi.«

Dürften wir an ein Land wie Kenia überhaupt liefern?

»Kenia gehört mit Sicherheit nicht zu den Ländern, in die nach den Maßstäben der Bundesregierung Kriegsgerät exportiert werden darf. Deshalb wurden laut Rüstungsexportberichten der Bundesregierung in den vergangenen Jahren Ausfuhren nach Kenia abgelehnt: mit der Begründung, dass der Verbleib dort nicht gewährleistet ist. Nach den jüngsten Unruhen dürfte es erst recht nicht zu neuen Genehmigungen kommen. Das große Problem sind aber die alten Waffen. Sie sind jahrzehntelang funktionstüchtig. Kenia etwa hat in den siebziger Jahren kräftig aufgerüstet. Damals hatten die meisten Nachbarländer wie Uganda, Tansania, der Sudan oder Somalia sich massenhaft mit G3 eingedeckt.«

Das ist doch auch verständlich. Kenia muss in der Lage sein, seine Landesgrenzen zu verteidigen.

»Das stimmt. Wie brisant die damaligen Deals aber waren, zeigt sich schon daran, dass die Waffen nicht direkt aus der Bundesrepublik geliefert wurden, sondern einen Umweg nehmen mussten. Man war sich der Gefahr regionaler blutiger Auseinandersetzungen in dieser Region durchaus bewusst.«

Auch demokratische Staaten brauchen Waffen, um sich zu schützen. Nun kommt es besonders in Afrika ständig vor, dass ein Staat heute als demokratisch eingestuft wird und sich morgen in eine Diktatur verwandelt.

»Das ist das Dilemma. Man muss der Bundesrepublik zugestehen, dass sie seit den sechziger Jahren die Ausfuhr von Waffen nach Afrika sehr restriktiv gehandhabt hat. Mein Vorwurf ist, dass sie ignoriert hat, dass über die Lizenzproduktionen aber trotzdem massenhaft deutsche Waffen dorthin gelangten. Afrika ist überschwemmt von Kleinwaffen. Millionen Menschen wurden damit in diversen Konflikten ermordet, besonders in Ostafrika. Wenn jemand einen Krieg führen will, kann man ihn schlecht davon abhalten. Wir müssen aber nicht auch noch das Mordwerkzeug dazu liefern.«

Epilog

Kenia ist im Sommer 2008 wieder vom Radar der Weltöffentlichkeit verschwunden – ganz so wie das »Floß in Nacht«, als das der Schweizer Soziologe Jean Ziegler Afrika einmal bezeichnet hat. Nun treibt es einer ungewissen Zukunft entgegen. Als die *Kenya National Commission on Human Rights* einige Monate nach den Unruhen ihren Bericht über die Vorkommnisse vorlegte, blieb das Interesse gering. Dabei hatten die Menschenrechtler um Maina Kiai gute Arbeit geleistet. Und: In ihrem Bericht wurden Namen von Menschen genannt, die für die Gewalt verantwortlich waren, insgesamt 209. So soll William Ruto bereits im August 2007 die Vertreibung von Kikuyu aus dem Rift Valley geplant haben. Sally Kosgei, ebenfalls vom ODM, soll Gewalt nicht nur geplant, sondern auch finanziert haben. Najib Balala soll Jugendliche mit 500 Schilling (rund fünf Euro) pro Kopf zu Gewalttaten angestiftet haben. Alle diese Herrschaften sind heute Minister in Kibakis Kabinett: als Landwirtschaftsminister (Ruto), als Hochschulministerin (Kosgei), als Tourismusminister (Balala). Leider ist es ist nicht ganz leicht, dem Land eine günstige Prognose auszustellen. Es bleibt tief zerrissen, und die Zweifel an der Ehrenhaftigkeit seiner politischen Führung haben sich eher verstärkt. Es bleibt ein ungutes Gefuhl, ein Land in so einem Zustand nach fünf Jahren zu verlassen. Viele Menschen sind mir ans Herz gewachsen, andere weniger – wie man vermuten kann. Natürlich denke ich manchmal mit Sorge zurück. Besonders an jene, die uns geholfen haben, uns in dieser fremden Welt zurechtzufinden: Betty und ihr Sohn Ryan, Andrew und Levy, Kim und Ben. Sie haben auch aufgepasst, dass uns in den fünf Jahren nichts zustieß. Selbstverständlich ist das keineswegs.

Ich weiß nicht, aus welchen Erkenntnissen die vielen Statistiken genährt werden, die Afrika immerfort auf dem Weg der Besserung sehen. Ich kann diese Tendenz nicht erkennen. Man muss einen Blick auf die großen Staaten werfen, um zu begreifen, in welch verheerendem Zustand Afrika ist: Der Sudan (38 Millionen Einwohner) befindet sich im Zerfall: Die Konflikte in Darfur sind ungelöst und weiten sich auf Zentralafrika aus, und der Süden spaltet sich entweder demnächst ab, oder es droht ein erneuter Waffengang mit dem Norden.

Äthiopien (79 Millionen Einwohner) ist ein armer, ziemlich undemokratischer Staat, in dem innenpolitisch die Opposition brutal unterdrückt wird, und der außenpolitisch in eine mörderische und nahezu aussichtslose Auseinandersetzung mit den Islamisten in Somalia verstrickt ist.

In Nigeria (140 Millionen Einwohner) werden ununterbrochen Wahlen gefälscht, zudem ist der Staat hochgradig korrupt und ausgelaugt, obwohl er wegen seiner Ölvorkommen steinreich sein müsste. Unzählige Banden terrorisieren dort recht ungestört im Namen des Volks die Bevölkerung.

Im Kongo (67 Millionen Einwohner) ist die staatliche Autorität seit dem Sturz Mobutus atomisiert, außerdem wird der Osten von seiner Nachbarn Ruanda und Uganda und deren lokalen Helfershelfern ausgebeutet. Weite Teile des Landes befinden sich in den Händen von Milizen, und ein Ende ist nicht in Sicht.

Südafrika (48 Millionen Einwohner) steht die Tragödie womöglich erst bevor. Die weiße Mittel- und Oberschicht nimmt Reißaus, weil sie für sich keine wirtschaftliche Zukunft sieht, und der *African National Congress* zerfällt in einen radikalen Flügel um ANC-Führer Jacob Zuma und einen pragmatischeren um den Staatspräsidenten Thabo Mbeki, der Cliquenwirtschaft betreibt, und dessen Leute sich als *fat cats* die Stammplätze an den Futtertrögen des Landes gesichert haben. Darüber hinaus macht das Land hauptsächlich durch seine überbordende Kriminalität und ausländerfeindliche Ausschreitungen Schlagzeilen.

Daneben irrlichtern mittelgroße, wirtschaftlich einst erfolgreiche Staaten wie Côte d'Ivoire (21 Millionen Einwohner) und Simbabwe (12 Millionen Einwohner) zwischen Bürgerkrieg und Rekordinflation hin und her. Von Somalia (rund 10 Millionen Einwohner) ganz zu schweigen.

Liberia (3,4 Millionen Einwohner) und Sierra Leone (5,2 Millionen Einwohner) wurden immerhin befriedet.

Richtig gut entwickeln sich nur Botswana (1,9 Millionen Einwohner) und Mauritius (1,25 Millionen Einwohner), und auch die Seychellen (85 000 Einwohner) bieten wenig Anlass zur Sorge.

Anders als Kenia.

Bildlegende

S. 161
Alexander Graf Lambs-
dorff, der Leiter der
EU-Wahlkommission,
am 27. Dezember 2007
vor einem Wahllokal in
Kibera.

S. 161
Am Wahltag bilden sich
kilometerlange Schlan-
gen. Die Menschen war-
ten stundenlang, bevor
sie ihre Stimme abgeben
können.

S. 162
Wahllokal in der
muslimisch geprägten
Küstenstadt Mombasa:
»Lüpfen Sie mal den
Schleier.«

S. 163
Auf der Ngong Road
in Nairobi erwartet die
Polizei mit entsicher-
ten Kalaschnikows die
Demonstranten.

S. 163
Zwei Tage nach den
Wahlen brennen überall
im Land die Barrika-
den. In Kibera werden
zunächst Autoreifen,
später Häuser in Brand
gesetzt.

S. 164
Essensausgabe am
Rande des Slums. Die
Menschen hungern. Der
Nachschub mit Lebens-
mitteln stockt.

S. 164
Absurdes Theater. Am 30.
Dezember lässt sich Mwai
Kibaki auf dem Rasen seines
State House von Menschen mit
weißen Perücken vereidigen.

S. 165
Oppositionsführer Raila
Odinga vor dem Orange
House, dem Hauptquar-
tier seiner Partei.

S. 166
Der Korrespondent der
Neuen Zürcher Zeitung,
Kurt Pelda, fotografiert
einen brennenden Last-
wagen im Rift Valley.

S. 166
Paramilitärs von der
General Service Unit
bewerfen vor dem
Serena-Hotel in Nairobis
Innenstadt Journalisten
mit Tränengasgranaten.

S. 167
Die Leiche eines jungen
Mannes, der kurz zuvor
von Polizeieinheiten in
Githima, am Stadtrand
von Nakuru, erschossen
wurde.

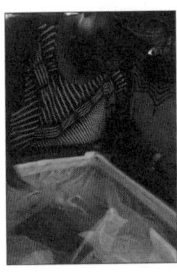

S. 168
Eine Mutter trauert um
ihren toten Sohn, der
von der Polizei erschos-
sen wurde. Wenig später
wurde die Trauerfeier
an der Ngong Road mit
Tränengas aufgelöst.

S. 169
Grace Githuthwa, Über-
lebende des Pogroms
von Kiambaa, nachdem
die Leiche ihrer Tochter
Myriam aus den Trüm-
mern geborgen wurde.

S. 169
Margareth Muthoni am Morgen
nach dem Massaker. Sie verlor
ihre Nichte in dem Feuer.

S. 170
Nandi-Krieger im Rift
Valley. Die schwarze
Paste unter der Pfeil-
spitze ist ein tödliches
Pflanzengift.

S. 170
Die Leiche eines Fah-
rers, der in Cheptiret
von Angehörigen der
Kalenjin-Volksgruppe
ermordet wurde. Sein
Fahrzeug brennt noch.

S. 171
Aufständische rotten
sich im Rift Valley
vor dem Bild ihres
Idols, Raila Odinga,
zusammen und schwen-
ken Macheten und
Schlagstöcke.

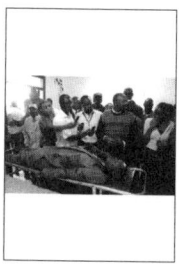

S. 171
Der ermordete Abge-
ordnete des Orange
Democratic Movement,
David Too, im Leichen-
schauhaus in Eldoret,
31. Januar 2008.

S. 172
Sarah Waithera Wamuli,
eine Kikuyu, vor den
Trümmern ihres Hauses
in Timboroa.

S. 172
Ein Anhänger der Op-
position berichtet seinen
Freunden am Handy,
wie sie in Cheptiret
gerade einen LKW-Fah-
rer totgeschlagen und
sein Auto angezündet
haben.

S. 173
Kinder beobachten auf dem
Messegelände von Nakuru die
Ankunft ihrer Habe. Bereits
wenige Tage, nachdem der
Wahlbetrug ruchbar geworden
ist, befinden sich Hundertausende
von Kenianern auf der Flucht.

S. 174
Ein Löwe bahnt sich in der Massai Mara seinen Weg durch eine Schlange von Minibussen mit Touristen.

S. 174
Der deutsche Hotelier Harald Kampa vor dem Diani Sea Ressort in der Nähe der Stadt Mombasa. Wegen der Unruhen wagt sich kaum noch ein Tourist ins Land.

S. 175
Mit einem Kran werden im Shimba-Hills-Nationalpark an der Ostküste Elefanten auf LKWs gehievt, um in den größeren Nationalpark Tsavo East umgesiedelt zu werden.

S. 175
Viele kenianische Kinder haben noch nie in ihrem Leben einen Elefanten gesehen. Immer wenn die Transporter mit den Elefanten auf dem Weg nach Tsavo stoppen müssen, strömen von überall die Schulkinder zusammen.

S. 176
Nach mehrstündiger Fahrt werden die Shimba-Elefanten in Tsavo East in die Freiheit entlassen.

S. 176
Zwei Löwen in der Massai Mara. Immer mehr Tiere werden Opfer von Wilderern oder Massai-Kriegern, die ihre Rinder vor den Raubkatzen schützen wollen.

Literatur

Anderson, David; Histories of the Hanged. Britan's Dirty War in Kenya and the End of the Empire, London 2005

Annassi, Peter; Corruption in Africa. The Kenyan Experience, Nairobi 2004

Anyang Nyong'o, Peter; A Leap Into the Future. A Vision for Kenya's Socio-political Economic Transformation, Nairobi 2007

Bedajo, Babafemi; Raila Odinga. An Enigma in Kenyan Politics, Nairobi 2006

Baedeker; Kenia, Ostfildern 2003

Banner, Alfred; Mombasa, Nairobi 1980

Best, Nicholas; Happy Valley. The Story of the English in Kenya, London 1979

Blixen, Tania; Jenseits von Afrika, Reinbek bei Hamburg 2000

Caputo, Philip; Unter Menschenfressern. Auf den Spuren der mystischen Löwen von Tsavo, Hamburg 2002

Cottar, Charles; The Exception was the Rule, Agoura 1999

Ehlert, Stefan; Wangari Maathai. Mutter der Bäume, Freiburg im Breisgau 2004

Elkins, Caroline; Britain's Gulag. The Brutal End of Empire in Kenya, London 2005

Fedders, Andrew und Salvadori, Cynthia; Peoples and Cultures of Kenya, Nairobi 1979

Hemsing, Jan; The Beauty of Amboseli, Nairobi 1993

Hussein, Tove; Africa's Song of Karen Blixen, Nairobi 1989

Huxley, Elspeth (Hg.); Pioneers Scrapbook. Reminiscences of Kenya 1890 to 1968, Nairobi 1980

Huxley, Elspeth (Hg.); Nine Faces of Kenya. Portait of a Nation, New York 1990

Itote, Waruhiu; General China. Mau Mau in Action, Nairobi 1990

Jewell, John; Mombasa and the Kenya Coast. A Visitor's Guide, Nairobi 1987

Kenyatta, Jomo; Facing Mount Kenya, Nairobi 2002

Kipling, Rudyard; Gesammelte Werke (in drei Bänden), München 1978

Kipuri, Naomi; Oral Literature of the Maasai, Nairobi 2002

Maathai, Wangari; The Green Belt Movement, New York 2004

Maloba, Wunyabari; Mau Mau an Kenya. An Analysis of a Peasant Revolt, Nairobi 1994

Mbuga, Ng'ang'a; Mwai Kibaki. Economist for Kenya, Nairobi 2003

Melber, Henning; Der Weißheit letzter Schluß. Rassismus und kolonialer Blick, Frankfurt 1992

Miruka, Okumba; Oral Literature of the Luo, Nairobi 2001

Moss, Cynthia; Das Jahr der Elefanten. Tagebuch einer afrikanischen Elefantenfamilie, München 2001

Mwangi, Meja; Nairobi, River Road, Zürich 1997

Owino, Joseph; Kenya into the 21st Century, London 2003

Pabst, Martin; Kenia, München 2001

Pavitt, Nigel; Samburu, London 2006

Saitoti, Tepilit Ole; Maasai, New York 1993

Scholl-Latour, Peter; Afrikanische Totenklage. Der Ausverkauf des schwarzen Kontinents, München 2001

Shikwati, James (Hg.); Reclaiming Africa, Nairobi 2004

Smith, Anthony; The Great Rift Valley. Africa's Changing Valley, New York 1988

Smith, David Lovatt; Amboseli. Nothing Short of a Miracle, Nairobi 1997

Smith, David Lovatt; Kenya, the Kikuyu and Mau Mau, Herstmonceux 2005

Thiong'o, Ngugi wa; Weep Not, Child, Johannesburg 1987

Trojanow, Ilja; In Afrika, München 2006

Waugh, Evelyn; Schwarzes Unheil, Zürich 1986

Willock, Colin; Africa's Rift Valley, New York 1974

Wirz, Jürg; Paul Tergat. Champ und Gentleman, Aachen 2005

Wirz, Jürg; Run to Win. The Training Secrets of the Kenyan Runners, Aachen 2006

Wood, Michael; No Turning Back, London 2001

Zweig, Stefanie; Nirgendwo in Afrika. Irgendwo in Deutschland, München 2000

(alle Angaben beziehen sich auf die dem Autor zur Verfügung stehenden Ausgaben)